- 2017年度河北省社会科学发展研究课题（项目编号：201702120205）
- 河北经贸大学学术著作出版基金资助项目

# 国有企业外部的事中监督研究

柴美群 著

中国社会科学出版社

# 图书在版编目(CIP)数据

国有企业外部的事中监督研究 / 柴美群著 . —北京：中国社会科学出版社，2020.1

ISBN 978-7-5203-4224-7

Ⅰ.①国⋯　Ⅱ.①柴⋯　Ⅲ.①国有企业—经济监督—研究—中国　Ⅳ.①F279.241

中国版本图书馆 CIP 数据核字(2019)第 058637 号

| | | |
|---|---|---|
| 出 版 人 | 赵剑英 | |
| 责任编辑 | 车文娇 | |
| 责任校对 | 王洪强 | |
| 责任印制 | 王　超 | |

| | | |
|---|---|---|
| 出　　版 | 中国社会科学出版社 | |
| 社　　址 | 北京鼓楼西大街甲 158 号 | |
| 邮　　编 | 100720 | |
| 网　　址 | http://www.csspw.cn | |
| 发 行 部 | 010-84083685 | |
| 门 市 部 | 010-84029450 | |
| 经　　销 | 新华书店及其他书店 | |
| 印　　刷 | 北京明恒达印务有限公司 | |
| 装　　订 | 廊坊市广阳区广增装订厂 | |
| 版　　次 | 2020 年 1 月第 1 版 | |
| 印　　次 | 2020 年 1 月第 1 次印刷 | |
| 开　　本 | 710×1000　1/16 | |
| 印　　张 | 15.25 | |
| 插　　页 | 2 | |
| 字　　数 | 258 千字 | |
| 定　　价 | 69.00 元 | |

凡购买中国社会科学出版社图书，如有质量问题请与本社营销中心联系调换
电话：010-84083683
**版权所有　侵权必究**

# 序

改革开放 40 年来，我国实行公有制为主体、多种所有制经济共同发展的基本经济制度，这是中国特色社会主义的重要组成部分，也是完善社会主义市场经济体制的必然要求。国有企业是中国国民经济的中坚力量，深化国有企业改革，必须坚持公有制主体地位，发挥国有经济主导作用，保持国有经济强大的实力、控制力和影响力。同时，必须毫不动摇地鼓励、支持、引导非公有制经济包括个体民营经济、股份制经济、外资经济加快发展，激发非公有制经济的活力和创造力。要深化国有企业改革，积极推进混合所有制经济发展，以充分发挥国有企业的实力和民营经济的活力，提高混合所有制经济的市场竞争力。

深化国有企业改革，建立健全完善的法人治理结构是实施现代企业制度的核心。要建立企业现代产权制度，健全归属清晰、权责明确、保护严格、流转顺畅的现代产权制度。

目前，我国大型国有企业实施现代企业制度，董事会成员分为内部董事、独立董事、外部董事。一是内部董事。内部董事包括董事长、总经理、职工董事及其他高管。二是独立董事。独立董事是指独立于公司股东且不在公司中内部任职，与公司或公司经营管理者没有重要的业务联系或专业联系，并对公司事务能做出独立判断的董事。独立董事的选拔、产生和任用，是由控股股东提名产生并由董事会决定的，而且享有的薪酬来自上市公司。这就导致独立董事难以独立行使职责，一些独立董事往往看董事长脸色行事，而不能公正地发表意见，以制衡公司的不当行为，维护和保障国家资本和中小股东权益。当前，在我国上市公司董事会中，独立董事不具有独立性带有普遍性。按理说，独立董事不能偏向任何利益主体，包括其亲属的利益，而能独立实施科学决策和有效监督。三是外部董事。

外部董事是由国资委选拔派到企业的，主要来自央企退下的具有高级职称和丰富企业管理经验的企业高管、金融财贸等中介机构和高等院校与科研院所的专业人士以及境外人士等。外部董事，不拿企业薪酬，可负责任地独立发表意见。目前，我国一些大型、特大型国有企业设有国资委派驻的外部董事，对国有企业一些重大事项的决策发挥了显著作用。

柴美群博士的专著《国有企业外部的事中监督研究》颇具创新性。企业的外部监督中，通常审计监督、纪检监督、巡视监督、检察监督等都属事后监督。从书中章节目录来看，第一章监督综述，主要论述监督一般理论，监督与监督机制；第二章外部监督理念，明确提出以事中监督创新外部监督；第三章外部监督基础，认为其基础建立在企业内部监督根基之上；第四章外部监督蝶变，以案例实证只有实现了企业内部的事中监督才能使企业外部监督发生质变；第五章事中监督前提，创造性地提出信息对称是实现事中监督的正确选择；第六章事中监督实施，主要论述如何落实对称方案；第七章对称方案具体化，详细论证了企业信息不对称的根源主要在会计的账证，特别是原始凭证和监督手段两个方面，别有新意地从会计最初构思和设计偏执等侧面对国内外流行百年的会计账证以内容加注和技术加注进行系列改进，从而实现会计资料信息化和监督手段电子化；第八章事中监督成效，主要阐述了长效监督的实现手段和创新；第九章造假案例剖析，全面深入地论证了信息对称的"九一十五"方案是破解造假密码的金钥匙，并对造假案例进行了反复探究；第十章信息对称应用，主要论述对称方案对保险企业风险防控的应用。

从《国有企业外部的事中监督研究》的内容看，我粗读此书，认为书中有不少创新之处。比如，东西方管理学者都忙于研究信息不对称，并针对信息不对称探索如何以新的模式使委托代理双方经过多次博弈实现动态均衡，柴美群博士却认为信息可以对称并开发出信息对称方案。再如，东西方学者都忙于探密信息不对称原因，认为主要是因为代理人的道德风险和造假故意，柴博士却将此深究一步，认为不对称的根本原因一是监督技术手工化，二是所依资料（特别是会计凭证）低效化，并先人一步明确提出通过两个加注从五个方面对会计账证进行系列改进。我认为，书中提出了不少新理念，特别是通过两个加注实现会计资料信息化，通过工序和流程的连通实现监督的下追上溯，通过下追上溯用企业外部两端的信息真实倒逼出企业内部信息真实，用企业内部信息真实、及时和事中监督促成企业外部的事中监督等。

柴美群博士作为一个青年学者，在取得博士学位后，在河北经贸大学任教六七年内出版三部学术专著，特别是这部《国有企业外部的事中监督研究》，富有创新性，难能可贵，可喜可贺。

2018年是中国改革开放40年。40年，改革开放潮涌神州！40年，历史发展波澜壮阔！

中国改革开放40年来，经济社会发展取得巨大成就，一条重要经验是集中精力搞建设，一心一意谋发展。发展是第一要务。创新是引领发展的第一动力，是民族兴旺发达的不竭动力。

中国进入新时代。正如习近平总书记指出的："青年兴则国家兴，青年强则国家强。青年一代有理想、有本领、有担当，国家就有前途，民族就有希望。中国梦是历史的、现实的，也是未来的；是我们这一代的，更是青年一代的。中华民族伟大复兴的中国梦终将在一代代青年的接力奋斗中变为现实。"青年是未来我国经济繁荣、社会进步、民族复兴的动力之源。我衷心期望青年人在习近平新时代中国特色社会主义思想的指引下快速成长，希望他们在伟大的民族复兴大潮中勇立潮头，奋勇向前！

我们坚信，在新时代，中华民族必将实现从站起来、富起来到强起来的伟大飞跃！

叶连松 2018.12.26.*

---

\* 本序作者为原中共中央委员、中共河北省委书记，现河北省推进京津冀协同发展专家咨询组组长、教授、博士生导师。

# 自　序

国有企业作为我国国有经济的微观载体，在国民经济中无疑发挥着重要的主导作用。但是，由于国有企业自身特殊性，其无论采取何种经营模式，都始终无法避开所有者和管理者两相分离的问题。因此，国有企业监督机制尤显重要。按照监督主体与国有企业之间相互影响所形成的不同联系，可将其划分为国有企业内部监督与外部监督两种类别。尽管这两种监督内容不尽相同，但它们的核心都是为了防止国有企业经营管理者损害国家利益和其他利益相关者利益、防止国有资产流失，保障国有企业健康发展。

党的十八大以来，党中央、国务院多次提出强化国有企业监督。比如，十八届三中全会提出"建立长效激励约束机制"（2013），国务院提出"加大审计力度，创新审计方式"（2014），中共中央和国务院要求国有企业外派监事会"加强当期和事中监督"（2015），"两办"提出要"探索建立审计实时监督系统"（2015），深改组要求更多采用"信息化监管方式"（2016）。众所周知，国有企业日常运营中存在着严重的因信息不对称引发的高管腐败、资产流失和事后监督弊端，它说明只要存在信息不对称，委托代理双方就不可能实现均衡，也使外部监督倍感无奈。它也反证了以信息对称遏制代理人腐败、防止国有资产流失、强化公司治理是多么重要。因此，如何实现信息对称便顺理成章地成为本专著的研究重点。

改革开放40年来，国有企业发展很快但尚未做强，主要表现在少数高管腐败、资产流失和效益不佳等方面。究其原因，一个重要方面是委托代理之间信息不对称并由此引发代理人道德风险和败德行为，各种监督又都是在事后不是事中。本书认为，实现信息对称的有效途径是我们开发的

"九一十五"方案，即九大核对、一组数据库、十种技法和五项操作。九大核对是指将实际发生业务与事前制定的制度、预算相核对，核对包括钱物核对、钱务核对、成本与定额核对、费用与预算核对、双签核对、双价核对、双重核对、"三公"经费公开核对、例外重大事项公开核对九个方面。一组数据库是指核对在数据库中自动完成，数据库又分通用、要素、分、子、小、微若干等级。十种技法是指将财报、账户等集成信息分解为原始信息的十种手法。五项操作是指通过内容加注和技术加注对凭证和账页进行改进以方便提供监督核对所需源头数据的五处变更：（1）将所有经济业务按 ABC 分类法分类以便把握监督重点；（2）增添物料编号以便 ERP 识别；（3）增添预算、定额等指标以便即时核对；（4）增添生产加工的上下工序；（5）增添经营管理的前后流程以便下追上溯实现流程控制等。方案可确保信息的真实、及时和便捷。真实性通过流程控制实现（因为供产销两端的支票、税票、运票是客观真实的，通过流程下追上溯和网上盘库可倒逼企业信息真实）；及时性通过数据库运作保证；便捷性通过电子信息技术完成。

  国有企业外部监督如外派监事会、纪委监察部、各级巡视组、国资委、审计署（厅）、会计师事务所的监督成效可圈可点，但都是事后监督。事后监督的弊端一是亡羊补牢，二是漏网不少。因此，如何实现事中监督，特别是企业外部的事中监督便成为委托人翘首以待的大事。笔者认为，事中监督能够实现，而实现事中监督的基础首先是在企业内部实现信息对称，之后在企业外部连接互联网、大数据，如此外部监督可实现四个突破：（1）信息真实性。真实性靠"九一十五"方案实现。（2）监督及时性。及时性靠"数据库+互联网+大数据+外部监督"实现。（3）监督便捷性。便捷性靠外部监督接通信息对称终端实现，使企业外部监督人员足不出户便可快捷获取所需信息。（4）信息保密性。财务等信息的保密性通过计算机加密技术实现。由于事中监督得以实现，事后审计也便自然而然地转型为实时审计。如此，中央关于企业外部事中监督和实时审计的要求便可在国有企业落地生根，西方事后监督、事后审计的陈旧模式将被成功突破。

  本书共分十章。第一章"监督综述：监督与监督机制"，主要阐述监督机制的构成和存在的问题；第二章"外部监督理念：理论与创新"，主要阐述外部监督的现状和创新之处；第三章"外部监督基础：内部监督",主要阐述内部监督的现状、创新和流程控制;第四章"外部监督蝶变:事中监督",主要阐述事中监督的实施和意义;第五章"事中监督前提:信息对称",此章是本书重点,主要阐述信息对称的"九一十五"方案,以及如何以信息对称使事后监督转型为事中监督;第六章"事中监督实施:方案落实",主要阐述国有企业的现行监督方式是事后监督,评价事后监督弊端以及事中监督创新,讨论对称方案对事中监督的影响;第七章"对称方案具体化:账证改进",主要阐述流程控制的强化和账证改进的具体方法;第八章"事中监督成效:长效监督",主要阐述长效监督的概念、基础、实现手段和创新;第九章"造假案例剖析:信息对称评说",全面深入地论证信息对称的"九一十五"方案是破解造假密码的金钥匙,并以方案源头数据排除造假、电子信息技术快速核对、数据库便捷追溯、内审实时审计和外审企业内化五大功能,对造假案例进行了反复探究;第十章"信息对称应用:保险企业",主要论述对称方案对保险企业风险防控的应用。

本书的主要创新点:一是针对西方经济学者只研究信息不对称及其之下的所谓均衡提出如何实现信息对称;二是针对现行企业外部经济监督都在事后提出如何转型为事中监督;三是针对现行企业内部监督的低效和无奈,提出以信息对称再造、监督技法电子化和会计资料信息化为支撑的监督所需的信息应真实、及时和有用;四是针对现行会计账证的低效提出以"两个加注"彻底改进会计账证,实现会计账证高效有用。

通过本书的写作,希望为强化我国国有企业公司治理和完善公司监督机制提供借鉴,为研究公司治理与信息对称相关领域的高校师生及科研工作者提供参考。

柴美群<br>2018 年 6 月于芝加哥

# 目　录

第一章　监督综述：监督与监督机制 …………………………（1）
　第一节　监督概述 ……………………………………………（1）
　第二节　监督机制 ……………………………………………（13）
　第三节　监督机制构成 ………………………………………（15）
　第四节　监督机制中的问题 …………………………………（21）
　本章小结 ………………………………………………………（26）

第二章　外部监督理念：理论与创新 …………………………（31）
　第一节　外部监督理论 ………………………………………（31）
　第二节　外部监督现状 ………………………………………（37）
　第三节　外部监督意义 ………………………………………（40）
　第四节　外部监督创新 ………………………………………（42）
　本章小结 ………………………………………………………（44）

第三章　外部监督基础：内部监督 ……………………………（46）
　第一节　内部监督现状 ………………………………………（46）
　第二节　内部监督控制 ………………………………………（50）
　第三节　内部监督创新 ………………………………………（53）
　第四节　内部监督未来 ………………………………………（55）
　本章小结 ………………………………………………………（57）

第四章　外部监督蝶变：事中监督 ……………………………（63）
　第一节　监督和事中监督 ……………………………………（64）

第二节 事中监督研究综述 …………………………………… (65)
第三节 典型实例 …………………………………………… (67)
第四节 事中监督评说 ………………………………………… (68)
第五节 事中监督实施 ………………………………………… (72)
本章小结 ………………………………………………………… (75)

## 第五章 事中监督前提：信息对称 ……………………………… (76)
第一节 关于信息不对称 ……………………………………… (76)
第二节 信息对称方案 ………………………………………… (82)
第三节 对称方案功能 ………………………………………… (101)
第四节 对称方案的实施条件 ………………………………… (102)
第五节 信息对称的应用 ……………………………………… (106)
本章小结 ………………………………………………………… (109)

## 第六章 事中监督实施：方案落实 ……………………………… (111)
第一节 引言 …………………………………………………… (111)
第二节 事后监督成因 ………………………………………… (112)
第三节 事后监督评价 ………………………………………… (114)
第四节 事中监督创新 ………………………………………… (119)
第五节 对称方案对事中监督的影响 ………………………… (124)
本章小结 ………………………………………………………… (126)

## 第七章 对称方案具体化：账证改进 …………………………… (128)
第一节 从信息造假说起 ……………………………………… (128)
第二节 流程控制的强化 ……………………………………… (130)
第三节 实时控制 ……………………………………………… (132)
第四节 账证改进 ……………………………………………… (134)
本章小结 ………………………………………………………… (135)

## 第八章 事中监督成效：长效监督 ……………………………… (136)
第一节 长效监督的提出 ……………………………………… (136)
第二节 长效监督的实现 ……………………………………… (142)

第三节　长效监督的创新 …………………………………… (151)
　　本章小结 …………………………………………………… (156)

**第九章　造假案例剖析：信息对称评说** ………………………… (158)
　　第一节　信息造假案例 …………………………………… (158)
　　第二节　信息不对称密码 ………………………………… (160)
　　第三节　方案评说 ………………………………………… (161)
　　本章小结 …………………………………………………… (164)

**第十章　信息对称应用：保险企业** ……………………………… (166)
　　第一节　保险企业风险现状 ……………………………… (166)
　　第二节　风险防控创新 …………………………………… (168)
　　本章小结 …………………………………………………… (171)

**附录　相关文件** ……………………………………………………… (172)
　　附录一　中共中央办公厅印发《关于统筹规范督查检查
　　　　　　考核工作的通知》 ………………………………… (172)
　　附录二　中共中央办公厅、国务院办公厅印发《关于深化
　　　　　　国有企业和国有资本审计监督的若干意见》 …… (174)
　　附录三　中办国办印发《关于完善审计制度若干重大问题的
　　　　　　框架意见》及相关配套文件 …………………… (175)
　　附录四　中共中央、国务院关于深化国有企业改革的指导
　　　　　　意见 …………………………………………………… (177)
　　附录五　企业信息公示暂行条例 ………………………… (188)
　　附录六　中共中央关于全面深化改革若干重大问题的决定 …… (193)

**参考文献** ……………………………………………………………… (218)

**后　记** ………………………………………………………………… (228)

# 第一章

# 监督综述：监督与监督机制

国有企业是我国国民经济的中流砥柱，是壮大国家综合实力、保障人民公共利益的重要力量，因此，深化国有企业改革、搞好国有企业、实现国有资产保值增值，是我国社会主义性质的内在要求。[①] 在现代企业中，所有权与经营权分离是其主要特点，从而形成三层治理结构，包括股东会、董事会和管理层，三层机构分工明确，有分工就需承担责任，并授予相应权力，做到权责相符，同时权力运行必须受到有效制约和监督。[②] 加强监督管理、落实责任是企业从源头上预防和治理腐败的重要手段。在对经理人进行有效激励的同时，必须建立相应的监督机制，有效监督约束是激励机制发挥作用的基础。

## 第一节 监督概述

### 一 监督概念

（一）监督的含义

"监督"一词使用广泛，一般认为经济监督是指由监督人代表委托人依据法规制度、标准定额，运用一定的技术手法对代理人经济运行中的有关信息详加甄别和分析，对违规违纪、超标超耗等偏差行为进行揭示，从而实现预定目标的管控过程。

这一概念强调了七点：（1）监督主体是监督机构的监督人员；（2）监

---

[①] 叶连松：《推进供给侧结构性改革：振兴实体经济》，中国经济出版社2017年版，第232页。

[②] 李勤：《公司治理中的监督机制》，《董事会》2007年第8期。

督对象是经济单位的经济活动；（3）监督依据是有关法规、制度和生产经营中的定额、标准；（4）监督技术是适合实际需要的方式方法；（5）监督内容是揭示经济活动的违规违纪、超标超耗等偏差行为；（6）监督目的是实现预定目标；（7）监督的实质是委托人对代理人的管控过程。

监督的含义也可表述为，为维护公共利益，法定监督主体对依法行使公共权力的行为实施检查、督导和惩戒的活动。具体而言，监督的内涵包括以下几个方面：

（1）监督主体属性方面，表现为主体的法定性和特定性。监督主体由三方面构成：一是依据宪法和法律的明确规定享有监督职权，能以自己的名义从事监督活动的法定监督主体；二是依据条规、政策和法律规范特别授权，负有特定事项行使特定监督权的授权监督主体；三是受法律主体的委托，依据专有职能，履行专业性较强的监督活动的委托监督主体。

（2）内容特征方面，监督内容是指国家机关及其公职人员的廉政与勤政情况。廉政情况和勤政情况分别针对国家机关及其公职人员是否存在违法违纪行为和其施政行为是否具有高效能。具体而言，一是"硬件"，即督导国家机关合法有效地配置"组织、职权、职责、程序、措施与资源"，监督的目的侧重于预防腐败和效能提升方面。二是"软件"，即"施政行为"，监督的目的侧重于执法检查和违法违纪案件的查办。通过惩戒，追究违法违纪责任人的法律责任和纪律责任。例如，对构成职务犯罪的国家工作人员予以刑事处罚，对违反党纪政纪的公职人员给予行政处分。

（3）形式特征方面，监督是一种"整体性"的管控活动。整体性包含三个方面：一是监督主体的整体性，即各种监督主体之间既相互分工又相互协调，形成一个有机的整体监督力量。二是监督模式的整体性，即通过预警监督模式、防范模式和惩戒监督模式，实现预防与惩治相结合的监督模式，也就是说，以多样性的监督模式确保监督工作不出现"漏监、虚监和弱监"。三是监督过程的整体性，做到事前（前馈）监督、事中（同步）监督和事后（反馈）监督相结合。

（二）监督制度

监督需要制度，没有制度的监督无所谓监督，制度是监督的主要依据。为预防国有资产流失、强化国有企业监督，改革开放以来，我国立法机构和中央机关颁发的有关外部监督的法规、文件主要有《公司法》《国有企业国有资产法》《关于实行党政干部问责的暂行规定》《中国共产党巡视工作条例（试行）》《行政监察法》《会计法》《审计法》《党政主要领导干部和国有企业领导人经济责任审计的规定》《企业信息公示暂行条例》《关于加强审计工作的意见》《关于加强和改进企业国有资产监督防止国有资产流失的意见》《关于完善审计制度若干重大问题的框架意见》及其相关配套文件等。颁发的有关内部监督的法规、文件主要有《全民所有制工业企业职工代表大会条例》《建立和完善中央企业职工代表大会的指导意见》《国有企业监事会暂行条例》《中国共产党内部监督条例》《中央企业内部审计管理暂行办法》《中央企业全面风险管理指导》《内部会计控制规范——基本规范（试行）》《中央企业效能监察暂行办法》《国有企业领导人廉洁从业若干规定》《关于进一步推进国有企业贯彻落实"三重一大"决策制度的意见》等。

（三）监督机构

监督制度靠监督机构执行，缺乏强有力的监督机构，制度只能纸上谈兵。外部监督机构有专职和非专职的工商、环保、税务、财政和中央企业监事会、中央巡视组、中纪委监察部、检察院、审计署、国资委、会计师事务所和社会公众"八重门"。内部监督机构主要有企业设置的纪委、监事会、内审、财会、工会、员工等。

（四）监督和控制的关系

监督是指评价内部控制系统运行质量和效果的过程，是为了实现企业既定的目标，根据监督标准，了解战略执行过程中的主要信息，将获得的阶段性实施情况与期初指标对比，发现问题和偏差，及时调整方案，并通过激励问责手段推动工作按时完成目标。① 而内部控制的建立是为了弥补企业契约不完全性而设计的控制过程，因此内部控制是指为确保委托人财产安全、提高经管效率、实现公司增值最大化目标，对生产经营过程和结果提供制度保证的过程。

从上述两个概念可以看出，第一，先有控制后有监督，监督是为了克服控制的缺陷，监督的目的在于强化控制确保公司实现目标，监督是控制的一部分，监督是对控制中发生问题的纠正，是确保控制目的实现的保障。第二，监督的重要作用，一是纠正，纠正偏离内控目标的差错和不

---

① 李勤：《公司治理中的监督机制》，《董事会》2007年第8期。

足,保证内部控制高质量的运行;二是评价,定期对内控存在的缺陷提出改进建议,使内控更加完善和有效。也就是说,通过评价发现内控的薄弱环节并建议控制主体加以改进。

监督程序的实施包括持续监督和单项评估,持续监督植入企业日常的、反复发生的经营活动中,为管理层提供控制有效性的日常信念,单项评估提供定期的确认。由于持续监督常常是在实时的基础上,最早识别和纠正控制缺陷,持续监督有效性越高,对单项评估的需要程度就越低,在进行单项评估的同时也可充分利用在持续监督中多获得的信息。[①] 持续监督和单项评估相辅相成,通过在两者基础上形成的内控报告把内控效率有关信息及时传递给控制主体,以便其做出决策,进一步促进内部控制体系有效运转。

(五)监督与信息的关系

监督是对控制系统运行过程中存在问题的纠正,纠正的客观条件必须具备三点:一是要掌握控制过程中的运行情况即信息;二是必须有监督的依据,比如法规、制度、标准,这还是信息;三是将运行信息与标准、规定等信息相比对,通过比对对控制过程进行评价,发现差异,生成评价信息。可见,监督依据信息,控制运作的信息,制度、标准的信息,两者差异的信息。可以说,离开信息,监督寸步难行,没有信息就没有监督。

在企业内部,监督主要针对代理人,典型的代理人就是经理层:总经理、副总经理及其下属部、处、科,分公司、工厂、车间等层层代理人。由于代理人与委托人投资入股不同,权益关系不同,"劣币"代理人的道德风险、逆向选择和败德行为常有发生。所谓道德风险是指代理人违背事前契约合同,不是诚心诚意地为委托人尽职尽责,而是追求自身利益,"搭便车"捞取私利;所谓逆向选择是指代理人不是维护委托人利益,在执行决策的调剂权范围内选择不利于委托人,而是有利于代理人利益的方案;所谓败德行为是指代理人懒怠、偷懒、腐败、贪污等丑行。

(六)监督制度的变迁

薛有志和马程程(2018)论述了我国国有企业监督制度的变迁,变迁呈现"一元监督—简政放权—多元监督"的演进过程。虽然演进过程表现为监督主体数量的转变,但事实上监督主体演进并非单纯的形式与数

---

① 雷晓艳:《内部审计与持续监督》,《中国管理信息化》2011年第7期。

量的演进，而是融入国有企业现代企业制度改革的全过程，是质的突破。国有企业监督制度的变迁可划分为如下阶段。

1. 改革开放前期，国有企业监督体现为党和政府的一元监督

以1978年党的十一届三中全会为标志，我国开启改革开放大幕。在计划经济时代，企业的生产、销售、工资、福利等决策事项由政府决定；国有企业成为政府的附属机构，缺乏自主经营权，体现为典型的行政型监督。[1] 在此背景下，内部监督主体体现为党和政府的领导与控制，外部监督机制则缺乏市场基础，具有较浓厚的计划色彩。计划经济时期国有企业产权界定不清以及政企合一导致企业效率低下，监督效果不佳，进而导致企业既缺乏经营自主权，又难以实现自负盈亏。

2. 改革开放后至建立现代企业制度前，国有企业领导结构改革，从"一元监督"向"内部多元监督"过渡

计划经济时期的国有企业监督机制虽然对经济增长发挥了积极作用，但是一旦公有制经济规模超过政府的理性边界，这种监督体系的效果与效率就会下降。同时，国有企业不受国有产权的约束，也不承担国有资产保值增值的责任，从而导致国有资产流失与企业经营亏损。因此，改革开放以后我国开始探索建立有效的国有企业监督制度，实施放权让利与产权改革，着力破解政府的一元监督体系。一是重视政府对国有企业所有权约束的同时强调市场监督力量的约束，尤其关注国有企业的预算软约束。二是在优化政府一元监督体系的基础上，建立厂长负责制与共同治理结构，成立专门的国有资产监管机构。1986年国有企业全面推行经理负责制，经理负责主导企业决策，党委成为主要的监督力量，职工则发挥咨询与指导作用，形成了"老三会"共同监督的内部治理结构。1988年，国有资产管理局成立，政府对其赋予监管职权，目标是使其能够通过恰当的制度安排使国有企业经营者行为与国有资产经营效率紧密挂钩，强化激励机制；同时，国有资产管理局能够对经营者的经营成果实施清晰的业绩考察，实现对经营者的行为与业绩监督。[2]

综上所述，改革开放后至建立现代企业制度前的这段时期，囿于国有产权性质问题，国有企业监督制度仍然难以跳出政府监督的逻辑。但与计划经济时期相比，这一时期的国有企业监督制度促进了政府监督体

---

[1] 厉以宁：《中国经济双重转型之路》，中国人民大学出版社2013年版，第52—59页。
[2] 黄速建、金书娟：《中国国有资产管理体制改革30年》，《经济管理》2009年第1期。

系的优化，并开始关注市场中的监督力量，尝试探索市场机制的监督作用。这一阶段虽然监督主体进一步丰富且更加依赖市场，政府也开始简政放权，解决了"一管就死"的监管问题，但也带来了"一放就乱"的新问题。

3. 现代企业制度的建立为国有企业监督主体的多元化发展提供了契机，形成了内外部并存的多元监督主体

1993年，党的十四大提出了新的改革目标，要求国有企业试行股份制并按照现代企业制度要求进行改组，为建立社会主义市场经济体制夯实基础。现代企业制度建立的目的就是要解决国有企业长期动力机制和社会监督机制缺失的两大问题。因此，在建立现代企业制度以及发展社会主义市场经济的大背景下，国有企业监督主体的构成随之发生较大变化，既涵盖了政府监管机构（履行出资人职责）、董事会、监事会、职工等内部监督主体，又涌现出审计师、媒体、银行等外部监督主体。内部监督主体主要通过提升国有企业治理水平来对代理人进行监督约束，内部监督主体聚焦于国有企业治理结构中的董事会、监事会、管理层以及职工等。"新三会"的引进作为重要的国有企业监督制度改革，与国有企业的"老三会"（党代会、职代会和工会）之间产生了相互掣肘。① 而外部监督主体则主要体现为企业利益相关者，包括政府、独立审计师、媒体等。外部监督主体凭借灵活的机制对企业进行外部监督。但在实践中如何协调内部监督和外部监督之间的"无缝衔接"，防止出现"多头监督"的局面，仍然是一个难题。

4. 国有企业改革进入以国有资产管理体制改革推动国有企业改革发展的时期，"多龙治水"的国有资产监督格局逐渐得到改善

从2003年国资委成立到党的十八大召开，国有资产管理体制改革的主要任务是成立国有资产监督管理部门负责监督管理国有企业，实现国有资产保值增值，解决以往国有经济监督部门林立、机构臃肿、监督效率低下的问题。与此同时，相关部门纷纷出台国有企业监管制度。例如，2003年5月国务院颁布《企业国有资产监督管理暂行条例》；2006年发布《地方国有资产监督工作指导监督暂行办法》；2007年下发《关于试行国有资本经营预算的意见》，国有资本经营预算制度初步建立。但随着国有资产

---

① 薛有志、马程程：《国有企业监督制度的"困境"摆脱与创新》，《改革》2018年第3期。

规模剧增以及企业经营业务纵深扩张，国有资产监管部门"管人、管事和管资产"相统一的监管体制也出现了一些问题。如在管人方面，经理层管理权主要还在组织部门和国资管理部门；在管事方面，董事会职权还有待进一步到位，投资管理过多过细。国有资产管理体制中政企不分、政资不分问题依然存在，国有资产监管还存在越位、缺位、错位现象；国有资产监督机制不健全、国有资产流失、违纪违法问题在一些领域和企业比较突出。因此，改革的重点是国有资本授权经营体制，进一步明确国有资产所有权与企业经营权的职责边界，确保国有资产所有权有效行使，保障企业享有独立的法人财产权，真正确立企业市场主体地位。在实践中就是，完善国有资产管理体制，以管资本为主加强国有资产监管，改革国有资本授权经营体制，组建若干国有资本运营公司，支持有条件的国有企业改组为国有资本投资公司。①

5. 随着国有企业混合所有制经济的快速推进，逐步形成以"新型国有企业"为主的国有经济

以党的十八大召开为标志，国有企业改革进入了一个"深化改革"的全新时期。以混合所有制经济为主线的国有企业改革已经全面展开。截至2016年年底，中央企业及其下属企业中的混合所有制企业占比约70%，省级国有企业及其下属企业中混合所有制企业占比达到47%。石油、电力、电信、军工等重点行业和领域均有个案式的改革探索。2017年4月发布的《国务院办公厅关于进一步完善国有企业法人治理结构的指导意见》提出，到2017年年底前，国有企业公司制改革基本完成；到2020年，国有独资、全资公司全面建立外部董事占多数的董事会。目前，102家中央企业中已有83家建立规范的董事会；88%的省级国有企业已经建立董事会，外部董事占多数的企业占比为13.1%。与此同时，为推进国有企业改革深化，《中共中央、国务院关于深化国有企业改革的指导意见》以及相应配套文件陆续发布，逐步形成了以该指导意见为中心、以其他改革政策文件为配套的"1+N"的制度体系（见表1-1）。

---

① 薛有志、马程程：《国有企业监督制度的"困境"摆脱与创新》，《改革》2018年第3期。

表 1-1　　　　　国有企业改革的指导文件（"1+N"）体系

| 文件类别 | 文件名称 | 发文时间 |
| --- | --- | --- |
| "1" | 《中共中央、国务院关于深化国有企业改革的指导意见》 | 2015 年 8 月 |
| "N" | 《中共中央办公厅关于在深化国有企业改革中坚持党的领导加强党的建设的若干意见》 | 2015 年 6 月 |
| | 《国务院关于国有企业发展混合所有制经济的意见》 | 2015 年 9 月 |
| | 《落实贯彻〈中共中央、国务院关于深化国有企业改革的指导意见〉重点任务分工方案》 | 2015 年 10 月 |
| | 《关于鼓励和规范国有企业投资项目引入非国有资本的指导意见》 | 2015 年 10 月 |
| | 《国务院关于改革和完善国有资产管理体制的若干意见》 | 2015 年 10 月 |
| | 《国务院办公厅关于加强和改进企业国有资产监督防止国有资产流失的意见》 | 2015 年 10 月 |
| | 《关于国有企业功能界定与分类的指导意见》 | 2015 年 12 月 |
| | 《加快剥离国有企业办社会职能和解决历史遗留问题工作方案》 | 2016 年 3 月 |
| | 《关于深化中央管理企业负责人薪酬制度改革的意见》 | 2014 年 11 月 |
| | 《关于合理确定并严格规范中央企业负责人履职待遇、业务支出的意见》 | 2014 年 9 月 |
| | 《国务院办公厅关于进一步完善国有企业法人治理结构的指导意见》 | 2017 年 4 月 |
| | 《国务院国资委以管资本为主推进职能转变方案》 | 2017 年 4 月 |

资料来源：薛有志、马程程：《国有企业监督制度的"困境"摆脱与创新》，《改革》2018 年第 3 期。

在"1+N"政策体系中，2015 年 11 月发布的《关于改革和完善国有资产管理体制的若干意见》，进一步明确了改进国有资产监管方式和手段，强调大力推进依法监管，着力创新监管方式和手段。例如，可通过"一企一策"制定公司章程、规范董事会运作、严格选派和管理股东代表和董事监事，将国有出资人意志有效体现在公司治理结构中。针对企业不同功能定位，在战略规划制定、资本运作模式、人员选用机制、经营业绩考核等方面，实施更加精准有效的分类监管等。2015 年 11 月下发的《关于加强和改进企业国有资产监督防止国有资产流失的意见》，强调了以国有资产保值增值、防止流失为目标，坚持问题导向，立足体制机制制度创新，加强和改进党对国有企业的领导，切实强化国有企业内部监督、出资人监督和审计、纪检监察、巡视监督以及社会监督，严格责任追究，加快形成全面覆盖、分工明确、协同配合、制约有力的国有资产监督体系等。[①]

---

① 薛有志、马程程：《国有企业监督制度的"困境"摆脱与创新》，《改革》2018 年第 3 期。

## 二 监督假设

我国国有企业监督研究建立在监督假设基础之上。

(一) 监督的信息假设

监督需要信息,以必要、充分的信息为依据,如果没有必要的、真实的信息,监督必定无效走走过场。因此,代理人向监督人员提供及时、可靠和有用信息是顺利监督的首要假定。在现实中,高官和高管的腐败行为恰恰在于屏蔽信息,以使监督无法进行。阳光是最好的防腐剂,凡信息公开、实行阳光财务的企业一般问题较少,而"劣币"代理人总是千方百计隐瞒信息。因此,强调信息公开,强调信息的真实有用是实施任何监督的前提。

(二) 监督的人性假设

新制度经济学在广泛研究人性的基础上,提出人性复杂论,即假定自然人具有"有限理性""个人利益最大化""机会主义倾向"等属性。[①] 所谓"有限理性"是指人的智慧、认识和能力是相对的,从而使管理者实施的内部控制具有不确定性和不可预知性,而监督则能防范其中的消极影响。所谓"个人利益最大化"是指人具有自利性,总在追求地位、待遇、薪俸的满意状态,因此容易出现道德风险和败德行为。所谓"机会主义倾向"则指人性在"向善"还是"向恶"方面,受多种因素影响,如果制度严谨、监督到位可能"向善",否则可能"向恶"。因为人性复杂,理性有限,为实现目标,公司应设计完善的内控制度,用内控约束"有限理性"。但内控制度不可能尽善尽美,执行中会有偏差,执行主体也会发生机会主义倾向,因此需要监督,通过严格监督以识别、克服有限理性和内控缺陷。

(三) 风险永恒假设

在内部控制确定的条件下影响企业目标实现的风险只能管控或减少,不可能消除。确认风险,承认风险永恒存在,对维护内控持续性、监督必要性有重要作用。企业在风险意识下重视风险控制,明确内部监督重点,不断强化内部监督,提高监督效用,是设计监督制度的认识基础。

---

① 樊行健、宋仕杰:《企业内部监督模式的内涵与生成机理》,《财会学习》2011年第10期。

### （四）监督边界假设

监督边界假设是对企业内部监督范围的界定。① 监督主要指对内控制度及其执行情况的监督，因此内部监督的边界应是内部控制的边界。但企业发展到今天，企业内部控制往往超过企业自身，比如企业将某些服务外包给企业外部单位时，也应相应管控外包过程中与实现企业目标相关的风险，从而使内部监督相应延续到服务供应商的控制系统。

## 三 监督现状

2016年10月18日，人民网发表的题为"受贿超2亿 魏鹏远被判死缓"的报道说，2000—2014年，魏鹏远利用担任发改委能源局煤炭司副司长等职务便利，"为他人在煤炭项目审批、专家评审和煤炭企业承揽工程、催要货款、推销设备等事项上谋取利益，非法收受他人财物，共计折合人民币2.1170911317亿元"，经法院审理判处死缓。② 魏鹏远利用职权贪腐2.1亿元，给国家和人民造成重大损失，理应判死。冷静分析发现，为什么案例事后几年才查出，为什么企业领导动辄拿几千万元行贿监督不能及时发现呢？它说明，我国国有企业在监督上存在明显的漏洞。国有企业经济监督，改革前主要学习苏联有关制度，改革后吸取西方有益经验，最终形成一套现行的监督制度体系。

国有企业所有经济活动都有专门监督。

### （一）对物的监督

企业的基本活动是以高质低价的商品满足社会需求从而赚取利润。其中，物流是基础，对物的监督是一切监督的中心。

对物的监督被习惯称作控制，主要有：

（1）计划部门。对企业各产品供产销的数量、质量、成本、收入、进度等方面的事前控制。

（2）生产部门。对生产中零部件、总承总装等数量、质量、进度、协调配合等方面的流程控制。

（3）质检部门。对零部件、产成品的质量，包括物理性能、化学成分、公差配合、效率效能等方面的检测控制。

---

① 樊行健、宋仕杰：《企业内部监督模式的内涵与生成机理》，《财会学习》2011年第10期。
② http://politics.people.com.cn/n1/2016/1018/c1001-28787073.html.

（4）安保部门。对生产物料、污染排放等方面的监测控制。

（5）供应部门。对原辅材料、备品备件、低值易耗品等在购发存方面的保障性控制。

（6）销售部门。对销售合同执行、销售数量、单价、收入和货款回收等方面的过程控制。

（二）对钱的监督

资金是物质内含价值的货币表现。对资金监督的专门机构是财会部门。对钱的监督主要表现在对资金筹集、使用中的数量多少、期间契合、满足程度、成本水平、风险大小和日常流动的监控上。

（三）对人的监督

物是死的，要想物尽其用全靠人的作用。

对人的监督主要体现在对人才、员工的招聘、培养、使用、开发、晋升和劳动定额、劳动纪律等方面的人事管控上。

（四）对监督的再监督

以上监督都是代理人（经理层）对代理人（员工）的监督。因为代理人的身份使委托人认为这种监督易生信息虚假甚至欺诈，因此又设置专门机构对代理人的监督进行再监督，即内部审计。内审主要针对经理人的人钱物监督行使不受其左右的再次监督，特别是对资金信息进行甄别、评价、鉴证，以向委托人提供强化监督的措施和建议。

## 四 监督评价

对一事物，只有深入了解、客观评价、找准优势和不足，才有可能提出创新性举措，国有企业监督也不例外。

（一）主要优势

国有企业经济监督优势明显，有力地促进了国有企业高速发展，主要优势有：（1）法规优势。改革开放不到40年就形成一套比较完整的国有企业监督的法规体系。（2）组织优势。有一套从上到下、由内到外比较完善的监督检查机构。（3）执行优势。党内党外、领导和员工、专业和非专业等各个方面在目标、行动、措施和效能方面上下一致，说干就干的联合联动优势。

(二) 存在的不足

1. 两则报道

国有企业经济监督中确实存在许多问题和不足，这些漏洞通过网站、报刊披露的信息可见一斑。人民网 2016 年 10 月 28 日的报道《释放从严治党的最强音——十八大关键词解读六中全会公报》中第 7 个关键词"反对腐败"称，"中央纪委监察部网站数据显示，2013 年至 2016 年 9 月，全国有 101 万人受到党纪政纪处分"，这其中很大比重属于国有企业高管。① 2016 年 10 月 27 日新华社"新华视点"揭示，黑龙江省煤矿业集团股份有限公司物资供应分公司负责人、原副总经理于铁义利用手中职权，贪污收受财物折合人民币 306809764.09 元。②

简例虽简但能从宏观和微观两个侧面说明不少党政干部，特别是国有企业高管存在严重的贪腐行为。贪腐背后原因多种多样，但制度不严、监督不力应是主因，因此强化监督、预防腐败、防止国资流失应是下大力气抓紧抓好、一抓到底的当务之急。

2. 一般问题

我国国有企业经济监督的主要不足表现在：(1) 法规制度。我们有成套的国有企业监督法规制度，但不细致、不具体，一般缺乏配套法规和执行细则，执行困难，同时存在明显的立法跟不上发展需求的问题。(2) 监督机构。监督机构众多，但各干各的，形不成合力，往往是这拨未离那拨又来，甚至同时有五六个监督机构同驻一企，且互不沟通。(3) 监督队伍。监督队伍庞大但真懂专业、能翻开账簿的人很少。(4) 外部监督。外部监督基本上都是事后监督，时过境迁且受人力、财力、物力、时间限制很难彻查深究。

笔者对国有企业现行经济监督的评价分为四点。

(1) 对下有力。由于对一线生产经营监督有力，使国有企业发展很快。

(2) 对上不力。因为对高管监督不力，造成国有资产大量流失。

(3) 信息不对称。外部对高管监督乏力在于信息不对称，内部对上监督不力在于信息不对称和制度缺失，信息不对称 (包含制度缺失) 是

---

① http://cpc.people.com.cn/n1/2016/1028/c407815-28815305.html.
② http://www.xinhuanet.com/politics/2016-10/26/c_1119794124.htm.

对国有企业关键少数监督不力的主要原因。

（4）缺乏创新。现行国有企业监督是百多年监督模式的延续。自改革开放以来，经济监督虽然不断强化，效果显著，但是始终未能跳出事后监督的固有模式，缺乏创新是现行监督不适应经济发展需要的症结。

## 第二节 监督机制

监督是委托者通过一定方式对代理人行为进行监察和控制的行为。其主要目的是及时发现代理人可能发生的背离委托人利益目标的行为并及时纠正。监督就是为了实现公司既定战略目标，根据监督标准，通过掌握战略执行过程中的主要信息，将获得的阶段性交付成果与预期指标对比，以发现差距和问题，及时调整方案，并运用激励问责手段推动按时完成战略目标的过程。[①]

监督机制是为规避经理人在经营活动中出现的偷懒行为、短期行为、保守行为和不作为行为，根据对企业经营业绩及经理人各种行为的检查结果，所有者或市场对经理人、内部控制人做出适时、公正、无情的奖惩决定。监督机制的核心内容是所有者或相关的市场载体对企业经营结果、经理人行为或决策所进行的一系列客观而及时的审核、检查和分析行为（王正斌和洪安玲，2006）。

公司存在、发展的客观要求需要把监督工作形成普遍长效的监督机制。监督机制是公司所有者及其利益相关者对经营者经营决策的行为、结果进行监察和控制的制度设计。

监督主体、监督内容、监督方案、监督支持系统、监督方法和监督法规六个方面构成了完整的监督机制。

第一，明确监督主体。即要明确谁拥有权力监督以及监督对象是谁。

第二，明确监督内容。监督是为了实现公司的既定目标，满足股东投资回报要求，所以监督内容应围绕公司经营工作展开。股东对董事会的监督内容包括监督投资回报和业绩达成情况、监督投资风险情况、监督管理透明化；董事会对管理层的监督内容包括监督业绩指标和重点工

---

① 李勤：《公司治理中的监督机制》，《董事会》2007年第8期。

作计划的达成情况、风险控制、财务报表真实、管理透明、基础管理建设等。

　　公司是以盈利为目标的基层经济组织，特别是制造类公司的日常监督主要是对钱、物、务（管理业务）的监督。对重大投融资、重大工程项目、大宗采购、企业改制、资产转让的监督又有另外一系列专门的方法和内容。针对制造业，监督内容也可做如下表述：（1）对物的监督。包括原材料、在产品、产成品、机械设备、房屋建筑物等。（2）对钱的监督。包括现金、银行存款、有价证券、应收账款、应付账款等。（3）对务的监督。公司管理运行要花费一笔业务支出，包括办公费、差旅费、招待费、咨询费、审计费、诉讼费、工资、奖金等。高管腐败中的违规招投标、贵买贱卖、私分牟利、铺张浪费等多隐藏其中。由于管理费用往往由高管直接决定，不良代理人违规操作造成资产流失更是难以监督之处。

　　第三，完善的监督方案。管理层要明确整体监督实施方案，比如经营计划和重点工作计划、组织结构设计、关键人物选择、资源配置方案、激励问责方案和监督方案等。

　　第四，健全的监督支持系统和方法。支持系统可分为制度保障支持系统和组织保障支持系统，制度保障支持系统包括信息管理制度和流程、审计制度和流程、定期的经营分析制度和流程等；组织保障支持系统的主要作用是辅助监督主体，比如审计部、财务部、经营管理部、外部审计单位等，以有效执行整个监督环节的完成。监督方法包括如何监督财务报表的真实性、风险、指标达成情况等。对钱、物、务日常监督的方法主要是，制定制度、预算、定额等标准，然后将实耗与标准比较核对，通过核对发现差异以决定批准或拒绝，核对是经济监督的主要方法。

　　第五，监督十分重要，监督必须有法可依。我国针对国有企业监督制定和国有企业参照执行的法规可谓层层叠叠，其中又分外部和内部两类，目的在于通过法规约束监督代理人。外部监督法规主要有《公司法》《国有企业国有资产法》《关于实行党政干部问责的暂行规定》《中国共产党巡视工作条例（试行）》《行政监察法》《会计法》《审计法》《党政主要领导干部和国有企业领导人经济责任审计的规定》等。内部监督法规主要有《全民所有制工业企业职工代表大会条例》《建立和完善中央企业职工代表大会的指导意见》《国有企业监事会暂行条例》《中国共产党内部监督条例》《中央企业内部审计管理暂行办法》《中央企业全面风险管理指导》《内部会计控制规范——基本规范（试行）》《中央企业效能监察暂行办法》《国有企业领导人廉洁从业若干规定》《关于进一步推进国有企业贯彻落实"三重一大"决策制度的意见》等。

## 第三节 监督机制构成

监督机制分为内部监督机制和外部监督机制。内部监督机制是来自企业组织内部所有者通过公司治理结构对经理人的监督约束，包括股东（会）、董事（会）、监事（会）等的监督。外部监督机制是指通过企业外部的市场及管理机制（如资本市场、经理市场、政府管理部门）对企业管理行为进行约束。

### 一 公司内部监督机制

（一）股东（会）

按照《公司法》，在正常经营状态下，股东是公司的最终所有者，对公司资产拥有终极控制权和剩余索取权。股东会由全体投资的股东组成，是对公司的长远发展、整体规划进行部署的最高权力机构。它是由股东参与公司重大决策的一种组织形式，是股东履行自己的责任，行使自己权利的机构与场所。[①] 股东对经理人的监督主要有用手投票、用脚投票两种机制。具体表现为：用手投票机制可通过集中行使投票权，替换对经营业绩下降应承担责任的董事会成员，并更换经营者。用脚投票机制则是当公司经营不善、绩效不佳或是预期股价下跌时，股东可通过在股票二级市场上及时抛售拥有股票以防止自我利益受到损害。

就用手投票机制而言，股东的高度分散化，使得股东通过股东大会行使权力的成本很高，股东对经理的有效监督是通过董事会的这一内部治理机制和控制权市场的代理权争夺这一外部治理机制来实现的。[②] 用脚投票机制能在一定程度上维护小股东利益，约束经营者的行为，但由于股票市场存在较大波动性以及市场信息不对称性和不完全性，股东用脚投票行为本身也常常带着很大的盲目性，小股东自身往往会遭受利益损失，由此产

---

① 聂宏光：《新形势下"新、老三会"的职能与定位》，《理论界》2011年第1期。
② 付琛瑜：《论完善国有企业经营者行为内部法律监督制衡机制》，《河南商业高等专科学校学报》2006年第1期。

生的风险比较大,特别是在股票市场还不成熟、市场有效性还很低的条件下,用脚投票机制有很大的局限性。

(二)董事会(独立董事)

大多数国家的法律规定,董事会在法律上代表公司,由股东大会选举产生,享有重大事项的决策权。在某种程度上,期望董事们实际执行公司的日常事务是不现实的,因此董事会做出公司决策,并将有关公司日常事务的管理委派给经理人员,并对他们是否正确执行了相关决策进行监督。[1] 所以,董事会对经营者的监督主要通过制定公司的基本管理制度和长期发展战略,审议公司经营计划和投资方案,行使对经营者的聘用和解雇权力等方面进行。其目的是监督经营者是否执行了董事会的经营方针与政策,考察经营者是否称职。

为了保障董事会对经理人的独立性,有效制衡内部人控制,英美法系国家普遍引入独立董事制度,以期在董事会与管理层之间建立一种新的制衡关系。所谓独立董事,又称外部董事,是指独立于公司经营者,不参与公司日常经营管理事务,以独立身份监察公司运作的非执行董事。[2] 独立董事的权力包括对公司重大关联交易活动进行审计,提请召开临时股东大会,提议召开董事会,公开向股东征集投票权,对企业经营者任免事项发表意见等。独立董事具有事前监督、内部监督和决策过程监督等特点,对监督经营者的不称职行为发挥着重要的作用。

(三)监事(会)

监事会是股东大会领导下的公司常设监察机构,执行监督职能。监事会对股东大会负责,对公司经营管理进行全面监督,包括调查和审查公司业务状况,检查各种财务情况,向股东大会或董事会提供报告,对公司各级干部的行为实行监督,对领导干部的任免提出建议,对公司的计划、决策及其实施进行监督等。[3] 监事会具有经常性监督、事后性监督和内部性监督三个特点。监事会一旦发现违反公司章程的越权行为和其他损害公司利益的问题,可随时行使对经营者经营行为的监督,要求经营者纠正。

监事会不参与公司的具体业务活动,也不干预董事会正常行使职权。

---

[1] 姚玉蕊:《公司监督机制比较研究》,硕士学位论文,西南政法大学,2004年。
[2] 同上。
[3] http://www.lawtime.cn/info/gongsi/gfyxgsjsh/2010090350979.html,2010年9月3日。

监事会的议事方式和表决程序由公司章程规定。总的来说，监事会对以上两个部门乃至整个企业的运作都起着监督的作用。监事会的监督作用表现为权衡协调每个股东的利益，对资金的投资、利润的收益及分配、股份的情况等都进行监督。① 监事会在国有企业内部监督制衡机制中处于核心的地位，监事会制度的立法完善对于国有企业内部监督制衡机制的建设意义重大。②

（四）内部监督体系的制衡关系

公司内部监督体系的要旨在于明确划分股东、董事会、监事会和经理人员各自的权利、责任和利益，从而形成四者之间的制衡关系。股东作为所有者掌握着最终的控制权，可以决定董事会人选，并有推选或不推选直至起诉某位董事的权利。但一旦授权董事会负责公司经营后，股东就不能随意干预董事会的工作。董事会作为公司法人代表，全权负责公司经营，具体委托经理人员负责日常经营管理事务，并负有对经理人员进行监督的责任和决定对经理人员激励的权利。董事会最终要对全体股东负责。经理人员受聘于董事会，负责企业日常经营管理事务，只有在董事会的授权范围内，经理人员才有决策权。可见，经理人员的权限和代理权不能超过董事会决定的授权范围，经理人员经营成果的好坏也要受到董事会的监督和评判。股东会选举监事组成监事会，授权监事会负责对董事及经理人员的管理行为进行监督，检查其违反法律法规、企业规章的行为，并要求其纠正。③

（五）公司内部监督机制的主要优势

公司内部监督虽然不具有外部监督机制那样较强的威慑力，但由于它是建立在契约安排之上，体现为公司内部的自主、自愿、自治本性，因而在运行过程中阻力较小，监督成本较低。而且，公司内部监督是一种积极主动的全过程监督，无论是监事会还是独立董事，他们在履行监督职能时较之公司外部监督更能及时、准确、有效地获取相关信息，使得监督更具实效。有效的公司内部监督机制是外部监督机制发挥作用的基础。

---

① 聂宏光：《新形势下"新、老三会"的职能与定位》，《理论界》2011年第1期。
② 付琛瑜：《论完善国有企业经营者行为内部法律监督制衡机制》，《河南商业高等专科学校学报》2006年第1期。
③ 严复海：《监控机制与公司治理》，《甘肃社会科学》2002年第6期。

## 二 公司外部监督机制

外部监督机制是内部监督机制的补充,其作用在于使经营行为受到外界评价,迫使经营者自律和自我控制。国家法律法规是最重要的,也是最有力的外部约束机制,能使企业经营者与整个社会有效整合。

### (一) 外部市场

外部市场包括资本市场、产品市场和经理人市场。资本市场是企业的重要资金来源,不能提供好的投资回报的企业将很难从资本市场上获得资金支持。[①] 产品市场更是检验企业竞争实力的舞台。经理人市场是显示经营者的人力资源价值的市场,人才竞争将造成经营者的优胜劣汰。

外部市场约束来自以下三方面:

一是资本市场竞争约束。资本市场的竞争是缓解代理问题的一个有力手段。资本市场主要是控制权市场和债权市场。控制权市场,是指在资本市场的激烈竞争中,任何公司若经营不好都有被收购的可能,经营者则会有下岗危险。债权市场治理表现在两个方面:(1) 在债权市场上,债券契约相对完备,签订契约双方的权利、责任比较清晰和明确,对债权的违反很容易在法庭上得到证实。经营者有债务压力,迫使其必须努力经营,创造利润,按时还本付息。(2) 当作为债务人的公司出现财务危机而不能按时履行债务时,债权人可通过法律程序接管公司,实现对经营者的撤换。

二是产品市场约束。来自产品市场的竞争构成了对企业经营者市场约束的主要方面。因为面对竞争市场,如果不能努力满足市场需求,或不能做得比竞争对手更好,那么企业就会被市场抛弃。而经营者的任何偷懒行为、无能决策都会在市场竞争面前充分表现出来。因此,企业在产品市场上的表现是衡量经营者经营能力和努力程度的标志,竞争性的产品市场自动约束着企业经营者。[②]

产品市场的竞争机制对经理市场约束机制的发挥也是相当重要的。在产品市场上,企业产品竞争力大小与经营者管理好坏有很大关系,股份公司股东和职工可以通过委托社会中介组织及其他形式获取企业产品竞争的

---

① 严复海:《监控机制与公司治理》,《甘肃社会科学》2002 年第 6 期。
② 同上。

信息，从而了解经营者的经营业绩，乃至可通过监控机构对经营者进行奖惩，而经营者也只有精于管理、勤于管理，才能赢得产品市场，从而赢得经理人市场竞争的胜利。

三是外部经理人市场约束。经理人市场是一个特殊的市场，它通常由各公司董事会的聘用委员会、"猎头公司"、人力资源评估机构、审计机构等组成。评价标准除了知识、经验以及信用度和忠诚度，主要看其经营绩效。① 如果经理出现经营劣迹，他甚至会断送职业生涯。为此，每个经理人面对社会评价和市场选择，不可能不形成对自身行为的自我约束，即利用职业经理人市场对经理晋升任免的作用机制，给在位的经营者施加足够强的外部竞争压力，促使他们努力工作以及自觉维护企业所有者的利益，否则随时都有被人取代的可能。经营者的名誉、地位和前途都取决于他在外部经理人市场中的竞争实力。

(二) 政府及法律体系的监督

在市场经济条件下，政府通过制定完善的法律法规规范企业行为，使其成为公司治理中检查与监督所使用的标准，比如《公司法》《证券法》《反不正当竞争法》《商标法》《价格法》《消费者权益保护法》等。另外，政府通过制定行业或产业政策，实施生产经营许可证，利用国家财政、金融手段、国有企业与国外对等交流等对一定的产业进行扶持或限制②；利用宏观总量和结构调整的经济手段、行政手段等去调节市场，进而对企业行为进行规范。政府的这些法规体系和政策成为企业行为的规范。公司治理功能的一个重要方面就是企业经营者必须按照政府宏观调控政策经营企业。

(三) 相关的管理机构监督

对于股份公司而言，如果是国有资本投资企业，则会受到国有资产管理部门的特别监控，包括外派监事会和政府稽查员监督。国家证券交易委员会及各证券交易所在规范上市公司行为及对外信息披露方面作了一系列强制性和非强制性规定③，所以证监会和证券交易所对上市公司有极强的约束作用。

---

① 严复海：《监控机制与公司治理》，《甘肃社会科学》2002年第6期。
② 于敏：《谈企业的外部监督机制》，《山西财税》2005年第7期。
③ 严复海：《监控机制与公司治理》，《甘肃社会科学》2002年第6期。

（四）社会舆论监督

企业作为社会的一个子系统，影响着整个社会发展、人们生活水平、生存环境质量，因此受到社会的广泛关注。而社会舆论的根本目的在于及时向企业各方面当事人和团体真实地报道他们关注对象的活动。正向的社会评价能强化企业管理者的积极向上的心理，使有才华和勤奋的经营者得到工作、生活及精神上的满足。负向评价也能产生一些压力，给那些企图损害企业利益的管理者造成精神上的压力。社会评价系统能在全社会形成一种舆论力量，对企业管理者的行为造成一种冲击或压力，从而达到监控的目的。社会评价系统包括新闻媒介、社会组织、行业协会等系统。新闻舆论传播信息快，受众面广，它往往能抓住公众的心理，引起全社会的普遍关注和共鸣，从而使企业管理者感到时时有监督之眼存在，从而约束自己的行为。建立以会计师事务所、审计师事务所、资产评估事务所、产权交易机构等社会中介组织为依托的评价机制，科学确认或评价企业管理者的工作业绩和职业水平，从而约束经营者。各种社会团体，如消费者协会、企业家协会、环境保护团体、公用事业监督委员会、产品价格的社会评价会等都对企业管理者的行为起到约束作用。[1]

（五）公司外部监督机制的基本特征

公司外部监督是一种法定性监督，监督权的行使来源于法律的规定。如《消费者权益保护法》对公司损害消费者自身合法利益的行为进行追偿。公司外部监督是一种结果监督，监督机制启动一般是在公司行为可能已经违反法定义务情况下，由相应监督部门按照法定程序进行。公司外部监督是一种惩罚性监督，监督最终的实现方式大多表现为对违反法定义务的公司和直接责任人给予行政的、刑事的惩处。外部监督主体与企业内部无直接关联，阻隔了企业内部监督中监督主体与被监督主体的利益关联，有利于监督主体独立地开展各项监督工作，弥补企业内部监督之不足。[2]

## 三 内部监督与外部监督的关系

依据国企监督主体与国企之间的相互关系来划分，内部监督与外部监

---

[1] 邹燕秋：《建立对国有企业管理者的全方位监督网络》，《学习论坛》2001年第2期。
[2] 张慧：《国有企业外部监督机制研究》，硕士学位论文，福建师范大学，2014年。

督是国企监督的两个方面，两者既紧密联系也有区别。

（一）两者联系

内部监督和外部监督，两者互相配合，共同承担监督职责。两者都是为了保证国有企业生产经营活动得以顺利开展，防止国有资产流失，实现国有资产保值增值。国有企业的出资人或股东只是名义上的出资人或股东，并不是真正的产权主体。与私企相比较，国有企业这一产权特殊性，可能诱致更多道德风险。比如，履行出资人职责的机构或其派出的产权代表不积极履行出资人职责，放任经营管理者损害国有企业利益的行为，或者与经营管理者共谋损害国有企业利益。所以，国有企业在建立和健全内部监督机制的同时，还需借助外部监督来弥补内部监督存在的不足。离开了外部监督，内部监督不仅不足以对国有企业的经营管理者进行有效监督，而且内部监督也难以充分发挥。另外，由于外部监督主要来自企业外部，获得信息比较困难，外部监督也需要借助内部监督来获取所需信息，离开内部监督，外部监督效率也将大打折扣。①

（二）两者区别

内部监督和外部监督存在诸多不同之处。比如，内部监督的监督主体是国有企业内部机构，如股东（大）会、董事会或董事（含独立董事）、监事会或监事（含独立监事）；外部监督的监督主体是国有企业之外的主体，包括公权力机构、相关管理机构、社会公众等。内部监督依据企业治理法律制度、企业章程及企业内部管理制度，主旨在于平衡企业利益相关者之间的利益关系；外部监督主要依据公法进行监督活动，主旨在于保护国家和社会公共利益，防止国有资产流失。②

## 第四节 监督机制中的问题

我国国有企业的监督机制不健全，既缺乏内部监督又缺乏外部监督，结果既影响了企业效率，也为国有资产流失留下过大空间。目前，我国国有企业的监督机制存在诸多问题。

---

① 张慧：《国有企业外部监督机制研究》，硕士学位论文，福建师范大学，2014年。
② 同上。

## 一 内部监督机制存在的问题

### (一) 股权结构不合理

我国公司股权结构过于集中,存在明显的"一股独大"问题。"一股独大"导致在资本市场上难以取得接管所必需的股权,使接管成为不可能。研究表明在我国国有企业中,公司董事会的决策职能和经理层执行职能并不能真正分离,普遍出现董事会和经理班子人员基本重合或大面积交叉的现象,从而形成普遍的"内部人控制"。由于经营者没有被替换的压力,过度的"在职消费"和机会主义行为成为其最优选择,使国有企业的资产或资本不能得到有效配置。

### (二) 股东大会与监事会形同虚设

我国公司法的不完善,使得监事会既缺乏依法履行监督职权的外在压力,也缺乏有效的监督手段。董事会在企业中的超强地位与股东大会和监事会在企业中的弱势地位,也使得监事会成为董事会控制下的附属机构,监事会不监事。[①] 另外,监事会主席、监事都由企业董事或企业内部人员担任,这种"内部人控制"也决定了监事会监督难以发挥作用,使得国有企业监事会监管效率低下,形同虚设。

### (三) 监督主体职权划分不明确

在我国,既有公司法规定的监事及监事会制度,又有国有大中型企业的稽查特派员制度,还有上市公司的独立董事制度。这些监督主体都有行使监督权的权利,但具体职权分工没有明晰划分,既降低了工作效率,又增加了监督成本。

### (四) 监督主体与监督对象之间信息不对称

我国国有企业的监督主体和董事会与经理层之间的信息不对称,使得监事会掌握的信息不全面、不及时、不真实,进一步降低了监事会监督的有效性。调查显示,监事获取公司信息的主要渠道是列席董事会会议,局限性太大。在检查财务方式上,96%的监事采取听取财务报告的方式获取财务信息。法律和公司章程只是笼统地授权监事会可以检查公司财务,可以对董事、经理违反法律和公司章程的行为进行监督,但缺乏具体明确规定。

---

① 高旭军:《"公司监督机制失衡症"和独立董事》,《南开学报》2003年第1期。

（五）缺乏监事会成员的激励监督机制

相对于管理层的报酬，监事收入要低很多。在我国，公司管理层的激励问题一直是人们关注的话题，而对监事的激励却常常被忽视，且监督成效与自身利益脱节。因此，监事缺乏认真行使职责的内在动力，且监事之间也存在"搭便车"现象。在对监事缺乏激励的同时，也同样缺乏监督，使得监事会成员的工作积极性低下。

（六）委托代理层次过多

我国国有企业的委托代理层次极其复杂，委托代理链条十分冗长。一般来说，国有企业的监督效率与委托代理层次过多有直接的关系，初始委托人与最终代理人之间的层次越多，监督效率就越低。在国有企业里，委托代理链条过长，造成了过多的中间层，致使信息传递缓慢，加大了委托人对代理人的监督难度，人为提高了代理成本，这不仅空耗了大量的社会资源，还导致了国有企业的监管效率极其低下。

## 二 外部监督机制存在的问题

由于资本市场、经理人市场发育迟缓，又由于国有股高度集中，股东无法用"脚"投票对代理人施加约束，从而使外部约束机制失灵。存在的主要问题如下。

（一）经理人市场不完善

目前，我国职业经理人群体较小，经理人市场起步较晚，而且相关机构缺乏基本的对经理人资格认证制度、评价制度及科学的遴选制度。国有企业经营者还不是通过市场来选拔，更多的是由组织部门或政府官员任命或委派，这也是造成我国国有企业经理人市场化程度低的一大原因。而且，经营者将主要精力用于"经营"政府或官员，而不是经营企业。经营者的行为不是企业价值最大化，而是短期效益最大化。[①] 由于市场体系还不成熟、市场机制还不健全，我国国有企业经理人几乎不受来自各方面市场的任何约束和威胁，使约束机制缺位。

（二）资本市场不发达

长期以来，我国资本市场行政干预强，市场功能残缺。经过40多年

---

① 刘银国：《国有企业公司治理问题研究》，博士学位论文，合肥工业大学，2006年。

的企业改革,我国已经形成资本市场,但还不发达、不健全,存在的不足主要集中在以下几个方面:一是资本市场层级结构没有形成;二是机构投资者偏少,市场投机文化浓烈;三是规范有效的股票注册和交易机制没有建立;四是有效的监管模式还需进一步构建。①

(三) 产品市场不规范

在产品市场上,公司的产品和服务直接受到消费者的裁决。企业如果不能以有竞争力的价格向市场提供消费者所需要的产品,或落后于竞争对手,将导致市场占有率下降,一旦市场不能提供足够的"货币选票",最终将被市场抛弃。而企业经营者的任何无能决策和偷懒行为都会在市场竞争中充分表现出来。因此,企业在产品市场上的表现是衡量企业经营者经营能力和努力程度的标志,竞争性产品市场会自动约束企业经营者。②但是,产品市场还存在诸多不规范,比如地方保护和地方封锁较为严重,存在造假与欺骗、商业贿赂及诋毁他人商业信誉等的过度竞争,这就使得从产品市场得到的反馈信息严重失真,无法反映企业真实业绩,从而对经理人很难进行有效监督。

(四) 法律法规不健全

在我国国有企业改革过程中,暴露出许多问题,比如大搞虚盈实亏、滥发奖金、贪污腐化,甚至有些经理人明明触犯了法律却逍遥法外。可以说,我国国有企业的制度环境建设中法律制度仍然不完善。而健全的法律法规制度是市场经济有效运行的保障,是约束经营者的主要机制。但从当前来看,这一约束机制还没能发挥其有效作用,突出表现在还存在无法可依和有法不依状况。比如,对经营者渎职、偷懒、投机等行为,还没有相应的法律可以约束。法律法规的缺失,导致的是经营者行为缺少足够的规范法律法规约束的低效,导致经营者的违规成本较低,助长了经营者的违规行为。③

## 三 监督软肋

综前所述,我国国有企业监督软肋可概括为现行法规制度、信息质地

---

① http://www.chinairn.com/news/20140801/133049223.shtml,2014 年 8 月 1 日。
② 严复海:《监控机制与公司治理》,《甘肃社会科学》2002 年第 6 期。
③ 刘银国:《国有企业公司治理问题研究》,博士学位论文,合肥工业大学,2006 年。

和审计监督的无奈三个方面。

（一）现行法规制度

企业内部监督无力与以下七个因素直接相关：（1）国有企业的董事会、经理人、监事会三者"一母所生"，不易监督且易合谋；（2）法律规定监事会只有监督权没有否决权；（3）监事会是三权制衡中弱势一方，以弱制强原本就困难；（4）监事会往往没有"抓手"，两手空空监督难以施展；（5）不少监事（独立董事）是专家学者、政府官员，不在其位不谋其政多是摆设；（6）监督所需的高成本、监督成效与己无关都使监督难见成果；（7）监督观念传统、监督技术落后于"劣币"代理人的作弊手段。上述七点的共同作用铸成监督软肋，特别表现在监督不可能做到适时监督、事事监督即监督全覆盖上。因此，漏洞常开、漏网常在成为常态，监督往往陷入一抓就好一停就犯，抓了几个漏掉一片的怪圈。

（二）信息质地

企业经济信息最终归结为会计信息，但此信息难为委托人监督代理人直接使用。原因在于：

一是信息生成目的。会计信息生成目的和规范是根据受托人报告业绩、解脱受托责任的需要而设计，并未考虑直接满足委托人检查监督要求。因此，委托人监督核对时首先要进行信息转换，把业绩报告信息转换成监督核对的信息。可惜这种信息转换技术尚未系统提出，监督实务中一般多是根据个人不完整经验进行浅层转换。

二是信息晦涩难懂。在一个大型制造企业，生产产品百多种，耗用物料千百类，生产工序万千道，加工中车钳铣刨磨样样俱全，工卡量模刃每每必用，水暖电气风全程投入。月末财会人员面对百十万张原始凭证，依据弹性较大的会计原则、会计政策，通过一笔笔地确认、计量、记录，运用多种核算方法一次次地归集分配、再归集再分配，最后计算出产品成本、营业利润，按照国际规范编制四张报表向委托人报告大约200条高度浓缩的信息。这种信息高度概括、晦涩难懂，管理人员看不懂，委托人也很头疼。

三是信息很难用于控制。目前的监督查账多是手工技术，翻阅账证脑记笔写，即使计算机审计也是模拟手工。这种手工查账无法应对几千万笔经济业务的笔笔审查，抽样核对成为必然。《中共中央、国务院关于深化国有企业改革的指导意见》提出要"强化内部流程控制"，但现行账证因其内容和结构的原因不能提供物料、资金前后贯通的流程信息。核对中若要对从购料、加工到销售进行不间断的全程监控，必须从头到尾对万千道流程、工序一一核查，这是成本效益原则不能允许的。也就是说，监督依赖的会计账证不能提供全程监控的源头数据，很难直接用于流程监控。

（三）审计监督的无奈

以注册会计师审计为例，其由会计师事务所派出，事务所是公证机构也是营利单位。它一方面力求审计报告客观公正，另一方面又要赚钱盈利。为了获利，注册会计师只能尽量降低审计成本并在很短时间内完成鉴证。为此，抽样审计、单一的资金审计成为通行惯例。实务中注册会计师作为外来人员在情况不明条件下，仅仅根据审计程序和方法，靠抽取全体样本的30%，只对资金（很少有实物）进行审查，这种审计不管是多么高明的注册会计师也很难做出客观公正的审计结论。正如大家熟悉的，尽管审计被誉为"经济警察""客观鉴证"，但也发生不少经注册会计师审计出示了"健康"证明的企业不久被曝光问题严重而破产的案例，事务所由此被取缔或重罚。这就说明，即使专司审计监督的权威，面对真真假假的会计信息也常是无奈。监督软肋何等之软可见一斑。

## 本章小结

公司外部监督机制是以国家公权力为依托，具有较强的威慑力。但这种外力作用方式容易招致抵触，也易为公权力寻租提供便利，因而监督成本比较高。同时，由于监督者和被监督者之间的信息偏差，监督部门所获得的信息滞后、失真，监督权的行使往往比较消极、被动。另外，外部监督的最终结果也会转嫁到公司利益相关者身上。

监督机制的存在不可能完全防止经理人欺诈行为的发生，但关键是要知道在多大程度上防止了欺诈行为，是否保证了发生的欺诈行为得到及时曝光和查处。公司治理监督机制的重要作用恰在如此。

总之，我国经济体制自改革以来，在国有企业改革中对企业经营管理者的约束未能与企业经营权的扩大同步加强，缺少有效的约束和监督机制。在委托人失去对代理人监督与约束的情况下，代理人与委托人利益发生背离，代理人会以牺牲委托人利益为代价，换取自己私利，使许多国有资产不仅使用不当，有的大量流失，还出现了过度的在职消费现象以及经营短期行为等。为了有效扭转这种情况,保证全体人民的根本利益,国家应该制定各项方针政策,从各个方面对经营者进行约束,比如通过董事会和监事会的内部约束、市场的外部约束等方式建立科学有效的约束机制。

## 案例一 国有企业腐败典型案例剖析①

### 案例1-1:党建和业务"两张皮"

遵义市道路桥梁工程有限责任公司原党委书记、董事长徐建勇32岁就当上道桥公司董事长。作为一把手,他只抓业务不管党务,对全面从严治党的要求充耳不闻,对党的纪律、国家法律法规更是不知、不懂、不用,认为党建工作是"虚招",是搞"花架子",把公司的业绩搞上去才是硬道理。

在主体责任的缺失下,员工的政治学习几乎为零,以致走上重业务轻党建,企业人员抱团腐败的不归路。截至案发,道桥公司相关人员共套取私分国有资金3000多万元,涉案73人,其中徐建勇、代明溢、李明强三名"老总"共计分得1200余万元,徐建勇个人分得550万余元。

中国移动通信集团贵州有限公司原党委书记、董事长芈大伟也是放弃了"根"和"魂"的典型。芈大伟在其建立的权钱"交易规则"中烂了"根"、丢了"魂",做起了"两面人",台上讲反腐、台下搞腐败,自己带头违规违纪,对下更没有底气管理。上梁不正下梁歪,在芈大伟的错误带动下,公司部分干部纷纷在"捞钱"上"前赴后继"、有恃无恐。最终,6名中层干部因犯受贿罪被追究刑事责任。

而在贵州省水矿控股集团有限责任公司,作为总资产几百亿元、在岗职工2万余人的省属国有独资企业,集团党委自1991年以来,竟然多年没有召开过党代会,长期没有换届。

【病因】

徐建勇、芈大伟等人全然忘记党委书记身份,党的领导和党的建

---

① 案例参见邱杰《查"病根"开"药方"》,《中国纪检监察报》2018年6月20日第5版。

设虚化、弱化，管党治党不力，党建工作没有很好地与生产经营管理工作有机结合，甚至出现"两张皮"现象，严重弱化了党委对重大事项的决策权，党组织的领导核心作用未能有效发挥。

【药方】

必须加强和完善党对国有企业的领导，绷紧党风廉政建设这根弦，切实发挥国有企业党组织的领导核心作用，在把方向、管大局上真正抓好落实。同时，明确党组织在企业决策、执行和监督各个环节中的权责，强化对关键岗位、重要人员特别是一把手的监督管理，完善"三重一大"决策监督机制。

**案例1-2：把企业当"家业"**

对于七冶建设有限责任公司原党委委员、总工程师，七冶金沙建设项目有限公司原执行董事、总经理、法人代表张泽进来说，在企业，自己就是说一不二的"老大"，一声令下，财务人员就将1000万元公款腾挪私借给处于亏损状态的民营煤矿。

张泽进本人擅自决定、隐瞒不报，上到上级公司、下到金沙公司没有召开过党委会、董事会或经理办公会研究此事，其他班子成员事先、事中没有一个人知晓此事。时隔一年，个别领导甚至等到网上都有了新闻报道才"后知后觉"。

用权如此任性的，还有贵州省开发投资有限公司原党委书记、董事长赵家兴，他一人拍板，就向世纪神奇公司借款6000万元，安排其子赵亮实际控股的贵州黔商投资有限公司"认领"5%的股权，实际非法获利1510万元。

【病因】

国有企业领导人员肩负着经营管理国有资产的重要责任。但张泽进、赵家兴等人却把企业当"家业"，追求享乐、喜好应酬、随意挥霍，严重危害了国有企业政治生态，损害了国有企业形象，影响了班子队伍的稳定性，侵蚀了职工的根本利益。深究其因，根源在于他们未正确看待自己，把权力、功劳和荣誉视为骄傲自满、任性妄为和谋取私利的筹码。同时，"老板化"的行事作风也折射出部分国有企业管党治党失之于宽松软、"两个责任"落实不力等问题。

【药方】

反思国有企业运行之漏和监管之疏，唯有加强对"关键少数"

的监督，把权力关进制度的笼子，依法设定权力、规范权力、制约权力、监督权力，才能有效约束其在用权时不专权、不越权、不谋私，才能有效确保权力在正确的轨道上运行，进而保障整个企业政治生态风清气正。

**案例1-3："父子兵""夫妻档""全家腐"**

毕节市七星关区天河城建开发投资有限公司原总经理宋邦友"坐镇幕后"，其弟宋某国具体"操盘"，联合商人李某某，在两年时间里，就在倒天河三期流仓桥至陆家桥截污干管工程、倒天河三期一号路工程、百里杜鹃大道及安置工程、德溪二号路延伸工程等工程中"精诚合作"，获利颇丰。通过提前透露信息、向下属打招呼等方式为相关人员谋利，通过特定关系人受贿800余万元。案发后，拔出萝卜带出泥，其关联的天河公司、德溪公司、建筑商以及家人近20名涉案人员相继落网。"自己对家属管得不严，有时明知存在问题，但又不敢去大胆管理，放弃了对家人的管理也是可悲的。"这是贵州茅台酒股份有限公司原副总经理、财务总监谭定华的深深忏悔。细查发现，谭定华所有的违纪细节，都有一个明显的情形，"老公办事，妻子收钱"。茅台酒经销商找妻子陈某，陈某出面揽活、收钱，谭定华负责"照单办事"，这样的恶性循环使谭定华越陷越深。前门当官后门经商，这样的家族式、寄生性腐败不断上演。贵州省开发投资有限公司原党委书记、董事长赵家兴利用权势造就"父子公司"，带着儿子谋取不义之财；贵州广电传媒集团有限公司广电网络公司毕节市分公司原党委书记、总经理黄某违规违纪为妻子、儿子等亲属经商谋利提供便利……

**【病因】**

一些国有企业人员忽视家风建设的重要性，利用自己在企业担任领导职务的便利，为配偶、子女或亲属经商办企业谋私利，进而上演"父子兵""夫妻档""全家腐"等腐败现象。在宋邦友、谭定华等国有企业领导人员走上违纪违法犯罪的道路上，有的是放弃了对家人的管理，有的是被家人拉下水，还有的是与家人"合谋"。归根结底，还是由于有关人员没有足够的定力，经不住家人和亲朋的围攻、诱惑，从而利用职权便利为家人收好处、拿回扣、收钱财，害了家人、毁了自己、败了全家。

【药方】

国有企业领导干部要始终保持清醒头脑和坚定决心,切实管好身边人;家人之间也要相互提醒、互相支持,在关键时刻提出善意的忠告和劝诫。如此,才不至于落入"全家腐"、全家哭的结局。

### 案例1-4:用公款为个人"爱好"买单

中国储备粮管理公司松桃直属库原副总经理金正平,原本是勤奋有加、事业有成的干部,因为一场婚姻变故,金钱观、价值观逐渐迷失,做起了买彩票中大奖的白日梦。为了能不劳而获、一夜暴富,金正平节衣缩食穿梭于大街小巷彩票投注站。一次偶然的机会,金正平被安排临时主持工作,手中的权力瞬间成为他大肆购买彩票的"金钥匙"。主持工作一年,金正平就利用手中的权力挪用公款366万元,全部用于购买彩票。金正平的疯狂程度令人咋舌。

贵安新区开发投资有限公司计划财务部核算四分部原副部长王柏君同样令人吃惊。为填补内心的空虚和寂寞,手握保管七冶博盛公司巨额集资款大权的王柏君迷恋网络秀场直播节目,陷入情色困境。不到一年时间,就挪用公款"打赏"直播节目女主播882.54万元。

【病因】

金正平身陷彩票美梦难以自控,王柏君涉足色情不可自拔,其共同之处是不注重个人修养和作风,挪用公款为个人"爱好"买单,数额之大,触目惊心。分析其作案手段,都是通过伪造公章、做假账等方式,一步步套取国家资金,暴露出企业在资金管控制度上的漏洞和监督管理上的疏忽。

【药方】

要堵住不法分子钻企业资金管理和控制的漏洞,就必须采取有力措施,强化企业廉洁风险防控,增强制度执行力。关键要完善财务制度、严格企业财务管理,重点是对资金使用的审批、划转、拨付等操作实行全程监督,保证企业资金规范使用和安全运转。

# 第二章

# 外部监督理念：理论与创新

2015年8月24日颁布的《中共中央、国务院关于深化国有企业改革的指导意见》指出，"加强监管是搞好国有企业的重要保障"。在"建立健全高效协同的外部监督机制"部分，其指出，"加强改进外派监事会制度，明确职责定位，强化与有关专业监督机构的协调，加强当期和事中监督"。并分别对出资人监管、外派监事会监督、审计、纪检监察、巡视等监督力量提出明确要求，对社会公众和舆论媒体监督提出指导意见。2017年1月6日，中央全面深化改革领导小组第30次会议通过的《关于深化国有企业和国有资本审计监督的若干意见》指出，"要健全完善相关审计制度，让制度管企业、管干部、管资本。国有企业走到哪里，审计监督就要跟进到哪里，不能留死角"。并提出"要改进监管方式手段，更多采用市场化、法治化、信息化监管方式"。

笔者认为，认真学习和领会中央精神，探索国有企业外部监督的创新举措，防止国有资产流失，是摆在学者和实务工作者面前的一项重大课题。

## 第一节 外部监督理论

### 一 控制权市场理论

在控制权市场中，最具有代表性的是以"敌意买收"的方式取得公司经营控制权，被称为"敌意收购"。还有一种运作形式是"委托权争夺战"，即对公司管理层的现行政策心怀不满的股东从公司其他股东那里努力争取足够多的投票委托权，以重新选举全部或者大部分公司董事并获得公司控制权。主张该理论的学者认为，首先，这两种运作方式的存在使得公司经营者面临丧失公司控制权的危险。为了避免这种危险成为现实，经营者就必须尽力为公司的利益最大化而工作，抑制为自己的利益而非公司利益的行为，以赢取良好的经营效果和多数股东的信任与支持，企求避免敌意收购和委托权争夺战的发生。其次，当敌意收购和委托权取得成功时，将会由有活力诚信高的管理者替换掉原来效率低下或不诚实的管理者，从而使公司治理发生优化。最后，即使敌意收购和委托权争夺战最终没有取得成功，也会对管理层产生很大的警告作用，从而促使管理者做出为公司的利益工作的行为。正是这种存在于公司控制权市场中的潜在的和现实的危险，使得公司的经营者不得不放弃自己不道德的行为，并且有动力以使公司和股东财富最大化的方式来运行公司。[1]

控制权市场理论的有效前提是所有权分散的结构。如果公司有控制股东存在，公司的控制权转移将不会在控制权市场以"敌意收购"的方式进行，而是在控制股东与收购方之间以协商友好方式进行，委托权争夺的作用将会大打折扣。控制权理论局限性主要包括：第一，进行收购需要一定的成本和风险，这些情况会阻止投标人收购公司。第二，中小股东在接受收购要约过程中会存在严重的"搭便车"行为。在股权过度分散情况下，单个股东往往认为自己是否卖出股份并不会影响并购成功，而在并购成功后股价会大幅度上涨，这样单个股东很可能并不接受收购要约。第三，更换效率低下的管理层并不是收购的唯一目的，其他因素也会起一定的主导作用，比如扩大规模、增加市场份额等。另外，反并购法和公司采取的反并购措施设置了很多有形和无形的障碍。如康蒙特和熊威特认为，美国87%的上市公司都有各种类型的反并购措施。由此可见，公司控制权市场作为一种外部因素，对公司管理层发挥的约束作用有限，不能把公司控制权市场作为公司监督的唯一选择。[2]

## 二 资本市场理论

资本市场可以抑制管理者的道德危险，起着同控制权市场相类似的功能。可从以下两个方面来分析：第一，如果存在严重的道德风险和巨额代

---

[1] 李宗勇：《公司外部监督制度与理论的思考及批判》，《商业研究》2004年第3期。
[2] 李宗勇：《公司外部监督制度与理论的思考及批判》，《商业研究》2004年第3期；解冲：《完善公司治理的外部因素——对美国的考察和我国的借鉴》，《江苏商论》2003年第12期。

理成本，意味着投资人面临较高的风险，就会要求高报酬率或根本不进行投资，这样公司的融资成本提高，在资金筹措上就处于不利的地位，进而对公司的发展不利，更可能引起管理层的更换。第二，当存在巨额代理成本时，会导致公司股价低落，由此不仅管理者所持有的股票期权价值减少，管理者也可能被解雇，甚至出现控制权市场争夺。资本市场发挥监督作用有两个必要前提：一是经营是否良好的各种资讯可以正确地反映市场股票价格，二是需要有专业融资中介机构来审查和判断公司管理者的行为。缺少这两个前提，是否存在巨大的代理成本无从体现在股票价格上，也无法为投资人所知晓，资本市场就难以发挥作用。同时，资本市场也存在以下缺陷。首先，经营是否良好不能够完全反映在股票价格上。其次，公司对资金的需求并不等同于管理者的需要。最后，公司内部留存利润所产生的现金往往可以满足资金需要，这种情况下资本市场的作用是受到限制的。①

### 三 委托—代理理论

所有权与控制权分离导致所有者失去控制权。委托—代理理论所要解决的核心问题就是失去控制权的所有者如何监督制约拥有控制权的经理人，以实现所有者利益最大化为目标去进行经营决策，而不是滥用经营决策权。

委托—代理理论是研究非对称信息下激励问题的科学，即给定信息结构下，委托人和代理人之间最优契约安排，或由于信息不对称以及所有权与经营权分离而产生的代理问题的企业理论。委托—代理理论的一个重要假设就是委托人和代理人之间信息不对称，即代理人拥有不易直接被委托人观察的私人信息，比如知识和行为等。委托人和代理人之间的信息不对称既可在签约前，也可在签约后。若发生在签约前，可能导致委托人的逆向选择，逆向选择会带来"劣币驱逐良币"，有能力的没有被选为代理人，或者合约有利于代理人；若不对称发生在签约后，则可能导致代理人的道德风险，而道德风险的后果则是委托人的利益受损。②所以说，规避逆向选择和道德风险是委托—代理理论研究的主要问题。

---

① 李宗勇：《公司外部监督制度与理论的思考及批判》，《商业研究》2004年第3期；解冲：《完善公司治理的外部因素——对美国的考察和我国的借鉴》，《江苏商论》2003年第12期。
② 刘银国：《国有企业公司治理问题研究》，博士学位论文，合肥工业大学，2006年。

逆向选择规避。乔治·阿克洛夫（1970）在论文《"柠檬"市场：质量、不确定性与市场机制》中建立了旧车市场模型（Lemon model），开创了逆向选择理论的先河。在旧车市场上，卖方知道旧车的真实情况，而买方只知道旧车市场的平均质量，因而只愿意根据平均质量支付价格，而这就导致高质量的旧车退出市场，并导致旧车价格进一步降低，最终较高质量的旧车退出市场。在均衡情况下，只有低质量的车成交。罗斯查尔德和斯蒂格里斯（1976）关于保险市场逆向选择的经典模型显示，如果有关消费者风险程度的信息程度是不对称的，帕累托最优保险合同不能实现。实现交易的帕累托改进，或逆向选择的规避方法主要有两种：信号传递（signaling）和信息甄别（screening）。所谓信号传递，是指拥有私人信息的一方（代理人）以某种可信的方式向交易的另一方（委托人）传递信息。所谓信号甄别，是指没有私人信息的一方（委托人）向交易的另一方（代理人）提供多种契约，使代理人根据自己的私人信息做出相应的选择，并根据选择结果判断代理人的类型。[①]

道德风险规避。道德风险规避是委托—代理理论所要解决的核心问题，道德风险规避的模型化方法是通过模型化以下问题而建立的：一个参与人（委托人）想使另一个参与人（代理人）按照前者的利益选择行动，但委托人不能直接观测到代理人选择的行动，能观测到的只是变量，这些变量由代理人的行动和其他外生的随机因素共同决定，因而只是代理人行动的不完全信息。委托人的问题是如何根据这些观测到的信息来奖惩代理人，以激励其选择对委托人最有利的行动。委托—代理关系是决定整个公司法人治理结构运行效率的关键，因为股东追求利润最大化的内在激励和承担财产责任的内在约束是企业中激励约束机制的基础。[②]

## 四　利益导向理论

公司治理中的利益导向问题来源于"谁应拥有公司治理主导地位"的争论。一种观点认为股东是正常状态下的企业所有者，形成股东治理模式；另一种观点认为利益相关者占据公司治理主导地位，形成利益相关者治理模式。

---

[①] 刘银国：《国有企业公司治理问题研究》，博士学位论文，合肥工业大学，2006年。
[②] 同上。

(一) 股东主义理论

该理论认为企业的唯一目标是利润最大化,认为实现股东回报最大化就实现了社会财富最大化,因而企业应由股东控制。该理论的倡导者 Shleifer 和 Vishny(1997)认为公司治理的核心是保证资本所有者的利益。

在股东主义者看来,公司的本质是资本雇用劳动的契约安排。股东作为契约关系的委托人,是公司最重要的资源(物质或货币资本)的提供者(Hart,1995),公司的一切权力均来源于股东出资。股东大会是公司最高权力机构,股东参与公司治理天经地义,公司追求的目标就是股东收益最大化,即利润最大化。而且他们认为,公司的全部剩余都应归股东占有,这是对股东发挥关键经济作用的一种奖赏,即对股东承担风险与等待行为的激励。[①]

此外,股东大会是体现股东意志的最高权力机构,董事会受股东委托,在公司决策中发挥主导作用,即股东是公司唯一的委托人,董事会的成员要由股东大会选举产生,并代理股东行使对公司的决策权。董事会是公司的最高决策机构,但不是公司的最高权力机构;董事会的功能主要在于监督经理层,以确保其真正为追求股东利益而行事;董事会的设置应便于对经理层的监管,包括设有一定比例的外部独立董事,而其咨询或顾问功能则处于次要地位,这是股东价值最大化在组织结构及其功能安排上的逻辑延伸。在他们看来,董事会成员只是股东的信托人,需对股东负有忠诚、谨慎的义务。股东通过授权董事会对经理层进行必要的激励和约束。[②]

股东主义的实质是市场主义,强调权责利对等和公司内部市场化程度,以及内、外公司治理机制的相同及互补作用。这可提高或改善我国的国有企业特别是产权不清晰、内部市场化程度低的国有企业的治理水平,对通过健全经理市场、资本市场和产品市场来完善治理机制很有意义。

(二) 利益相关者理论

利益相关者广义上指凡是与公司产生利益关系,与公司发生双向影响

---

[①] 剧锦文:《公司治理理论的比较分析——兼析 sane 公司治理理论的异同》,《宏观经济研究》2008 年第 6 期。

[②] 同上。

的自然人或者法人机构，都是公司的利益相关者，如股东、债权人、员工、顾客、供应商、零售商、社区及政府等个人和团体。① 该理论认为，公司的目的不能局限于股东利润最大化，而应同时考虑其他利益相关者，包括员工、债权人、供应商、用户、所在社区及经营者的利益，企业各种利益相关者利益的共同最大化才应当是现代公司的经营目标，也才能充分体现公司作为一个经济组织存在的价值。因此，有效的公司治理结构应当能够向这些利益相关者提供与其利益关联程度相匹配的权利、责任和义务。

利益相关者主义也被称为多元化学派，是因为其主张公司的经营目标不仅仅是股东利益至上，而是追求经济目标、社会目标、个人目标和公共目标的平衡②，管理层的目标应该是将企业所有利益相关者的利益内部化③。公司的董事会应由各方利益主体的代表组成，而不仅仅是股东的代表，董事会也不应仅在于监督，咨询和顾问应作为董事会的首要功能。④

美国学者 Blair（1995）指出，在大多数现代公司中，股东只承担有限责任，股东的风险可以通过投资多元化而化解，或者选择退出，一部分剩余风险已经转移给了债权人及其他利益相关者。公司除了股东，其他利益相关者如公司管理人员、员工等也应该是公司治理的主体，而不是股东的代理人。⑤ 因为，从风险分担角度看，真正处于风险之中（at risk）的不是股东而是公司中的人力资本的投入者，如技术人员、技术工人等，他们投资所形成的专用性人力资本，是一种沉没成本（sunk costs），高度依赖于公司的存在，一旦离开了公司其价值将大打折扣。因此，他们应当通过参与公司治理，以保护其专用性人力资本及其收益。此外，公司所有决策要充分考虑所有利益相关者的利益均衡，受托人不仅应考虑现有股东利

---

① 王继强：《关于金融危机环境下民营企业公司治理与内控有效性问题的研究》，中国会计学会高等工科院校分会2009年学术会议（第十六届学术年会），2009年10月，第436页。

② ［英］布赖恩·科伊尔：《公司治理手册》，周清杰译，中国财政经济出版社2007年版，第9页。

③ ［西］泽维尔·维夫斯：《公司治理：理论与经验研究》，张定胜等译，中国人民大学出版社2006年版，第29页。

④ 剧锦文：《公司治理理论的比较分析——兼析sane公司治理理论的异同》，《宏观经济研究》2008年第6期。

⑤ ［美］玛格丽特·M. 布莱尔：《所有权与控制——面向21世纪的公司治理探索》，张荣刚译，中国社会科学出版社1995年版，第39页。

益，而且还应考虑利益相关者的利益。①

## 第二节 外部监督现状

改革开放 40 年，我国国有企业外部监督现状如何？笔者认为，监督现状可概括为机构太多、队伍庞大、成效显著、创新不足。

### 一 法规制度

监督要依据法规制度，通过法规制度约束代理人。针对国有企业监督和国有企业参照执行的法规制度主要有《公司法》《国有企业国有资产法》《关于实行党政干部问责的暂行规定》《中国共产党巡视工作条例（试行）》《行政检察法》《会计法》《审计法》《党政主要领导干部和国有企业领导人经济责任审计的规定》等。党的十八大以来，有关强化国有企业监督的文件主要有：国务院的《企业信息公示暂行条例》《国务院关于加强审计工作的意见》《中共中央关于全面推进依法治国若干重大问题的决定》《国务院办公厅关于推广随机抽查规范事中事后监管的通知》《中共中央、国务院关于深化国有企业改革的指导意见》，中办国办的《关于完善审计制度若干重大问题的框架意见》及相关配套文件，深改组的《关于深化国有企业和国有资本审计监督的若干意见》等。

### 二 监督机构

为发挥监督作用、落实监督法规，必须组建执行机构。国有企业外部监督除受工商、财政、税务、环保等部门的不同业务监督外，还受外派监事会、中央巡视组、中纪委监察部、国资委、审计署、检察院、会计师事务所、新闻媒体和社会公众等的监督。

国有企业外部监督机构被称为"九重门"，它们各有不同的侧重点。

（1）外派监事会。《中共中央、国务院关于深化国有企业改革的指导意见》指出，要"强化与有关专业监督机构的协作，加强当期和事中监督，强化监督成果运用，建立健全核查、移交和整改机制"。可见，强化事中监督是其首要任务。

---

① 剧锦文：《公司治理理论的比较分析——兼析 sane 公司治理理论的异同》，《宏观经济研究》2008 年第 6 期。

(2) 各级巡视。中纪委和省部级纪委十八大前的巡视时有时无，作用不很突出。党的十八大后，中纪委和各级纪委的巡视得到重建和强化，突显了巡视工作。巡视侧重点在于加强纪律建设、落实中央八项规定。

(3) 审计监督。通俗理解，外部审计是指由注册会计师受托对企事业单位的经济业务按照专门程序进行校对验证并提出审计意见的信息鉴证过程。由此可知，审计目标是确定被审单位的认定（发生的经济业务）与既定标准（会计准则和制度）之间的相符程序。审计过程具有独立性、客观性和专业性，所以审计意见被社会认定为权威结论。审计侧重点在于通过对信息的评价、鉴证，揭示信息虚假，监督、促进经济工作按预定标准运行。而如何真正实行审计全覆盖，如何建立实时审计制度是其探索的课题。

(4) 检察监督。行政检察工作侧重点在于强化对国有企业领导人廉洁从业和行使权力的监督，因此查办大案要案、惩治犯罪、威慑贪腐、构建不敢腐的堤坝是其主要职责。

(5) 国资委。国资委监督的侧重点应是防止国资流失，保证国有资产与国有资本的安全、完整和增值增效。

(6) 财政税务。财政监督的侧重点应是管控财会工作按《会计法》和会计制度规定提供客观信息；税务监督的侧重点应是督查企业是否按有关财税法规制度交纳税金。

## 三 外部监督特征

公司外部监督可以分为公权监督和社会监督。前者主要是指法定的国家机关或者法律授权的组织在法定权限内对公司行为进行的监管活动。后者则是指社会公众依法享有对公司行为进行监督的权利。[①]

公司外部监督具有下述基本特征：一是公司外部监督是一种法定性监督。这种监督权的行使来源于法律的直接规定。如我国证监会依据《证券法》等对上市公司的监管，产品质量监督部门依据《产品质量法》等对公司产品质量的监管，消费者依据《消费者权益保护法》等对公司损害自己合法利益的行为进行追偿。而没有法律授权的外部监督则是侵犯公司经营自主权的行为。二是公司外部监督是一种结果监督。这种监督机制

---

① 欧婷：《我国公司监督机制现状分析》，《内江科技》2009年第2期。

的启动一般是在公司行为可能已经违反其法定义务的情况下，由相应的监督部门按照法定程序来进行。如上市公司出现虚假陈述，则由证监会对其展开调查和处罚。① 三是公司外部监督是一种惩罚性监督。这种监督最终的实现方式大多表现为对违反法定义务的公司和直接责任人给予行政的、刑事的惩处，并以此警诫当事者和其他人不再从事类似行为。②

## 四 对外部监督的评价

改革开放特别是党的十八大以来的国有企业外部监督得到不断强化，作用很大，但也存在明显的不足。

（一）主要优势

党的十八大以来，党内监督、行政监督等对国有企业的监管越来越严，对遏制腐败防止国资流失的作用越来越明显。中纪委监察部网站的数据显示，2013年至2016年9月，全国有10万人受到党纪政纪处分。截至2015年11月24日，中纪委监察部网站《纪律审查》栏目中，已发布64名中管央企各级领导接受调查或被查处的消息。③ 这些人大多来自能源、通信、交通运输、机械制造等领域。其中，"一把手"占56%，副职和其他班子成员共占33%，关键岗位负责人如总会计师、办公室主任等占11%。④ 比如，中石油原总经理廖永远，中海油原副总吴振芳，中石化原总经理王天普，武钢原董事长、党委书记邓崎琳，中国电信原副总冷荣泉，中国电信原党组书记、董事长常小兵等。监督机构战果卓著，其主要优势如下。

1. 握有"尚方宝剑"

党的十八届六中全会公报提出，监督是权力正确运行的根本保证，必须加强对领导干部的监督，党内不允许有不受制约的权力，也不允许有不受监督的特殊党员。正如习近平同志最近指出的，惩治腐败力度决不减弱，零容忍态度绝不改变。中央强化监督、打赢反腐败正义之战的尚方宝剑，为强化监督、惩治腐败表明了决心，指明了方向。

---

① 欧婷：《我国公司监督机制现状分析》，《内江科技》2009年第2期。
② 欧婷：《我国上市公司监督机制的完善与发展》，硕士学位论文，西安建筑科技大学，2009年。
③ http://www.xinhuanet.com/finance/2016-01/04/c_128593778.htm，2016年1月4日。
④ 同上。

2. 掌握中央的方针政策

党的十八届六中全会公报强调,"要坚持有腐必反、有贪必肃,坚持无禁区、全覆盖、零容忍,党内决不允许有腐败分子藏身之地",特别强调把高级领导干部这个"关键少数"作为严肃党内政治生活的重点和关键。中央反腐决心、反腐重点指向,为强化监督特别是剑指关键少数指明了政策取向。

(二) 主要不足

公司外部监督机制是以国家公权为依托,具有较强的威慑力。但这种外力作用方式容易招致抵触,也易为公权力寻租提供便利,因而监督成本比较高。同时,由于监督者和被监督者之间的信息不对称和信息偏差,监督部门获得的信息往往是滞后的、失真的,监督权的行使也比较消极、被动。另外,外部监督的最终结果也会转嫁到公司的利益相关者头上。其他不足主要表现为:不够了解基层具体情况;监督人员专业知识较差;一些员工对外部监督心情复杂;所有外部监督都是事后监督,能够掌握的都是事后信息。

## 第三节 外部监督意义

国有企业是壮大国家综合实力、保障人民共同利益的重要力量,必须不断增强活力,实现国有资产保值增值。坚持公有制的主体地位和国有经济的主导地位,是中国特色社会主义制度的物质基础,也是改革开放40年来中国经济社会高速发展的重要保障。国有企业作为国民经济发展的中坚力量,能够在适度扩大总需求的同时,着力加强供给侧结构性改革。深化国有企业改革,既要遵循市场经济规律,又要更好地发挥政府的作用,在着力提高国有企业的效益和质量上下功夫,提高市场竞争力和抗风险能力。① 国有企业属于全民所有,这就意味着国有企业的所有者无法亲自行使出资人权利,只能通过委托代理关系由代理人代为行使,但全民很难像其他委托人一样行使对代理人的监督权。这被称为初始委托人缺位,也即缺乏所有人的终极关怀。有学者曾撰文指出:"企业国有资产这种缺乏所

---

① 叶连松:《推进供给侧结构性改革:振兴实体经济》,中国经济出版社2017年版,第232页。

有人的终极关怀，几乎可以用来解释国有企业和国有控股企业存在的一切问题……"① 根据国有企业这一特点，对国有企业的监督，除了需要建立内部监督机制，企业外部监督机制也是不可或缺的。国有企业外部监督的意义可以概括为以下几点。

### 一 弥补内部监督不足

国有企业外部监督，是在国有企业内部监督基础上结合其他多种监督模式而产生的。在我国国有企业股份制改革的进程中，政府对国有企业行政上的"超强控制"和产权上的"超弱控制"并存，这就导致企业经理在与政府博弈的过程中，利用政府在行政上的"超强控制"来转嫁风险；同时，又利用政府在产权上的"超弱控制"，形成"内部人控制"的局面。② 在这种国有企业内部监督可能会因企业"内部人控制"而发挥失灵的情况下，国家就不得不寻找其他方式来对国有企业进行相应监督。国有企业外部监督的产生，弥补了内部监督的不足，弱化了国有企业"内部人控制"对监督的影响，完善了国有企业监督机制，为企业国有资产保值增值和国有企业的稳定发展提供了相应的保障。③

### 二 提高国有企业的经营效率

有效率的经济组织是经济增长的关键，一个有效率的经济组织在西欧的发展正是西方兴起的真正原因。④ 国有企业作为国民经济的中流砥柱，其效率影响着国家经济的发展方式、水平和稳定性。国有企业所有者缺位、委托人虚化、委托代理层次多、代理链条长等问题，使得国有企业在生产经营活动中较易受到"内部人控制"影响，诱发企业管理者的道德风险，进而影响国有企业效率，不利于国有企业发展。而国有企业的外部监督可降低管理者偏离企业利益的道德风险，抵御国有企业"内部人控制"现象的发生，从而提高经营效率，巩固我国以公有制为主体的社会

---

① 王新红：《企业国有资产的诉讼保护》，《中南大学学报》（社会科学版）2006年第1期。
② 崔如波：《股权结构、治理绩效与国企改革》，http://www.bjqx.org.cn/qxweb/n58402c775.aspx，2012年9月9日；韩烨：《国有企业公司治理研究》，硕士学位论文，吉林大学，2013年。
③ 张慧：《国有企业外部监督机制研究》，硕士学位论文，福建师范大学，2014年。
④ 郑新成：《提高国有企业效率的途径分析》，《河南工程学院学报》（社会科学版）2010年第2期。

主义经济基础。①

### 三 防治国有企业经营管理中的违法犯罪行为

由于国有企业初始委托人缺位，作为出资人代表的机构只是代理人，从而导致对企业经营管理者的监督不如企业真正的所有者那样尽职尽责，造成企业内部监督机制失灵。内部监督机制失灵导致的监督不力，便会为企业经营管理者背弃信托责任、损害企业利益的行为提供机会，导致国有企业经营管理者违法犯罪行为泛滥成灾。外部监督独立于企业，外部监督者与企业之间没有直接利益关系，那么就不存在内部监督无法避免的非独立性等固有缺陷。②

有效的公司治理机制，既要有公司治理的内部机制，又要有公司治理的外部机制。而建立健全的公司内部机制，一方面要借助于董事会对经理层的监督和制约机制，另一方面要建立独立的外部董事的监督和制约机制。③

## 第四节 外部监督创新

笔者认为，中央有关外部监督的要求旨在打破东西方所有监督都是事后进行、续断实施、手工技术和效果有限的传统套数，从而开创事中监督、实时审计和采用信息化手段的新模式。

### 一 事中监督的创意

通俗地理解，事中监督泛指经济监督不是在过程之后而是与过程同时进行，即经济业务一面发生经济监督一面进行。实时审计泛指审计与事中监督一样与经济业务过程同时进行。所谓联网审计可一般地理解为"互联网+审计"，即外部审计通过互联网技术在网上进行。

纵观党的十八大以来中央提出的有关强化国有企业监督的指示精神，笔者认为最少具有五大新意。

---

① 张慧：《国有企业外部监督机制研究》，硕士学位论文，福建师范大学，2014年。
② 同上。
③ 谭鹏：《完善公司治理结构下的独立董事制度》，《市场周刊》（理论研究）2007年第3期。

（1）思路新。国有企业外部监督不是一般地上对下的监督，而主要针对国有企业权力集中、资金密集、资源富集、资产聚集等重点部门、重点岗位和重点决策环节的领导机关及其领导干部，特别是一、二把手的强力监督。

（2）信息新。传统监督方法依据手工技术提供的期末、集成、有钱无物的不对称信息，在信息化时代要实现事中监督必然从质上创新信息采集、生成、存储、输送等技术，即依据真实、及时、有效、有用的对称信息。

（3）技术新。国有企业外部监督主要不是靠手翻账簿、眼看凭证、明察暗访、座谈讨论，而是依据企业数据库、企外互联网和大数据技术，即运用信息化方式和方法。

（4）执行新。当前的国有企业外部监督都是监督人员不远百里千里从外地进入企业。我国有央企百家之多，一般国有企业超过15万家，如果外部监督时时进驻国有企业实行事中监督、实现实时审计和审计全覆盖需要多少监督人员？这是难以承受的成本之重。因此，必须创新执行模式，比如如何使监督人员足不出户便能获取国有企业有关信息以实现远距离的随时随地的监督。

（5）体系新。对国有企业而言，外部监督主要有出资人监督、外派监事会监督，以及审计、纪委监察、巡视监督等不同机构、不同侧重点的监督。但是，如何避免多头监督、重复监督和监督不到位，就要创新监督的一个载体、一套数据、一个思路、同一信息的崭新体系。

## 二 事中监督的信息

事中监督是委托人最为追求的监督，自然对信息质地要求也是前沿的、高质量的。这种高质量应是真实、及时、有效、有用及联网的信息，即对称的信息。

（1）信息真实，是指企业提供给外部监督的必须是符合经济业务客观实际的信息。会计核算经常面对未来经济情况，而未来充满了不确定性，核算要根据以往经验和能力进行职业判断。由于认识和能力不同，往往不同会计人员做出的职业判断有所不同，但只要采用的技术方法符合会计准则和会计制度，只要不同结果在允许差异之内，也认定此信息是真实的。信息真实是事中监督的第一要求。

（2）信息及时，是指企业提供给外部监督的信息必须是随时随地的。只要记账凭证输入数据库，只要凭证数据记入账簿应能立即输送给外部监督。也就是说，能做到外部监督掌握信息的时效与企业领导大体一致。信息及时是事中监督的第二要求。

（3）信息有效，是指企业提供给外部监督的信息必须是有效的。监督的基本点是核对，把实际结果与事前标准、计划相核查。据此提供给外部监督的信息不但包括实际执行结果，重要的是还应包括制度、预算、定额等指标，如此才能实时核对、有效监控。信息有效是事中监督的第三要求。

（4）信息有用，是指企业提供给外部监督的信息必须是有用的。监督不能仅仅根据会计报表、账簿记录等综合信息，更需要能方便获取具体的、详细的信息，特别是钱物并存的原始信息、源头数据。信息有用是事中监督的第四要求。

（5）信息联网，是指企业提供给外部监督的信息不能封存在企业档案库，让外部监督人员深入库房一本一本、一张一张地翻阅查找，像大海捞针一样从几亿、十几亿账凭证中找到监督所需信息，而是要把全部数据，特别是A、B两类钱物信息输入数据库，联通外部大数据信息库。信息联网是事中监督的第五要求。

## 三　事中监督信息的获取

事中监督是适应信息时代对经济监督提出的崭新要求，而实现这一要求的信息真实、及时、有效、有用和联网，只有靠信息对称才能获取。

何为信息对称？笔者认为，信息对称是相对于西方信息不对称的一个概念，是指在委托代理之间，在拥有信息的数量、质量、结构、密度和时效等方面实现大体一致，即委托代人在评价业绩、监督管控和重大决策方面所需的信息都能及时获取。[①] 而获取对称信息的有效途径是笔者开发的"九一十五"方案（具体方案参见第五章）。

# 本章小结

外部监督优势明显，成效突出，但也存在诸多不尽如人意之处，比如

---

[①] 柴美群、杨文会：《信息对称下公司审计转型研究——兼论国有企业财务信息公开》，《财会通讯》2014年第8期。

不够了解基层具体情况；监督人员专业知识较差；一些员工对外部监督心情复杂；所有外部监督都是事后监督，能够掌握的都是事后信息；等等。

  监督是权力运行的根本保证，是搞好国有企业的重要保障。迄今为止，我国国有企业依然是事后监督，通行的仍是手工技术，尽管效果显著但弊端不少。按照中央指示精神应实行事中监督，探索实时审计和采用信息化监管方式。笔者认为，实现事中监督的关键在于信息质量，在于信息的真实、及时、有效、有用和互联网技术。

# 第三章

# 外部监督基础：内部监督

2015年8月24日印发的《中共中央、国务院关于深化国有企业改革的指导意见》指出，"加强监督是搞好国有企业的重要保障"，要"强化企业内部监督完善企业内部监督体系"，"强化内部流程控制，防止权力滥用"。2016年10月27日党的十八届六中全会公报指出，"监督是权力正确运行的根本保障"，强调"党内监督的重点对象是党的领导机关和领导干部特别是主要领导干部"。监督的重要性和监督直指主要领导干部这个"关键少数"完全适用于国有企业。那么，应如何根据中央精神审视和强化国有企业内部监督呢？

## 第一节 内部监督现状

### 一 引言

中华人民共和国成立前，我们没有国有企业，最多只有少数生产军需品的小工厂，目前我们形成了一套比较完整的工业体系，经济总体实力排名世界第二。在管理上，初期学苏联，后来学西方，尚未形成别具特色的管理体系。笔者将国有企业管理的优势和不足概括为"五重五轻"，即重数量轻质量，重速度轻效益，重规模轻创新，重发展轻监督，（在监督上）重一线轻领导特别是关键少数。

### 二 内部监督特征

公司内部监督主要指公司机关及机关内部相互之间基于契约关系的监督行为，也包括公司员工对公司行为的监督。其特征表现为：

（一）公司内部监督是一种契约性监督

其起源于股东之间的资本集合的合约。随着资本规模的扩大，股东们不得不委托职业经理人管理公司，而股东只负责重大事项的决策和监督；另外，因为进行直接监督的不便不得不将监督权委托给监事会。由此形成的公司内部监督体系实际上是建立在一系列合约基础之上的，如股东对公司事务的参与权和监督权源于股东的投资契约，监事或独立董事行使监督权，职工因与公司之间的劳动合同关系而享有的批评、建议权等。① 由此可见，这种监督是建立在契约之上的，体现出明显的自治性特征。

（二）公司内部监督是一种过程监督

这种监督贯穿于决策过程的每一个阶段，比如事前监督、事中监督和事后监督。如股东的监督功能主要通过对公司重大事项的决策权或对公司董事会的质询权、对公司财务等信息的知情权表现出来；独立董事作为董事会的成员，通过参加董事会会议，在董事会决议形成的过程中，对公司的决策过程形成有效监督。监事会的作用除了发挥着强有力的事后监督，还可以通过列席董事会并提出建议和议案的方式表现出来。可见，在公司行为的整个过程中，内部监督是贯穿始终的。②

（三）公司内部监督是一种预防性监督

这种监督贯穿于公司行为的全过程，可以做到防患于未然，做到事前监督。如独立董事不仅在董事会会议上拥有表决权，还可以针对董事会决议在公开媒体上发表独立意见。监事会既可进行常规监督，也可在发现公司经营情况异常时，通过调查方式进行特别监督，提请公司经营层的注意并修正自己的行为。③

公司内部监督虽然不具有外部监督机制那样较强的威慑力，但由于它是建立在契约安排之上，体现为公司内部的一种自主、自愿、自治本性，因而在运行过程中阻力较小，监督成本较低。并且，公司内部监督是一种积极主动的全过程监督，无论是监事会还是独立董事，它们在履行监督职能时较公司外部监督更能及时、准确、有效地获取相关信息，

---

① 欧婷：《我国上市公司监督机制的完善与发展》，硕士学位论文，西安建筑科技大学，2009年。
② 同上。
③ 同上。

使得监督更具实效。而且,有效的公司内部监督机制也是外部监督机制发挥作用的基础。

### 三 监督特点

我国国有企业不到 70 年能交出人人赞叹的答卷,主要是因为坚持党的领导和员工的辛勤努力,而美中不足则与基层管理,特别是内部监督不力有关。国有企业内部监督的主要特点有六个方面。

(1) 对下不对上。内部监督,从制度设计到组织实施主要针对一线员工而不是上层领导,比如生产进度、等级品率、出工考勤、遵纪守法等对员工很严很细,效果很好;对领导机关特别是关键少数不起作用。

(2) 对小不对大。内部监督,从着眼点到具体督办主要针对日常具体事务,比如机械故障、次品过高、偶然停工、库房失盗等抓得很紧、很及时,随时查办以恢复常态;对领导机关特别是关键少数的违规违纪、奢靡之风视而不见。

(3) 对蓝不对白。内部监督,从剑锋所指到实际监管,比如岗位表现、行为勤懒、违规超标、纪律惩戒等对蓝领、对一线员工非常严谨、非常认真,对领导机关特别是关键少数的钱权交易、资产流失漠然视之。

(4) 对物不对钱。内部监督,从宏观到微观、从内涵到外延,主要针对实物,比如生产领料从消耗定耗、物料规格到时间进度等按照作业计划,经过车间主任、库管员、仓库主任、供应处长等多重审核,一丝不苟;对领导机关特别是关键少数在招标投标、资产处置、大宗采购、企业改制等重大例外经营活动中的资产流失不予重视和关注。

(5) 对多不对少。由上述可见,国有企业内部监督主要针对众多员工而不是关键少数。实际上,国有企业重大资产流失没有一例是一线员工所为,而全是关键少数,特别是腐败分子造成的。中纪委监察部网站数据显示,2013 年至 2016 年 9 月,全国有 101 万人受到党纪政纪处分。[①]

(6) 关键少数。2016 年 1 月 4 日,央视网报道,历时两年多中央巡视组已完成对 55 家央企巡视全覆盖,其中有 64 名央企各级领导被查处。其中,"一把手" 36 人占 56%,副职和其他班子成员占 33%,关键岗位负责人占 11%。这些腐败分子动辄上亿元,造成国有资产极大损失,严

---

① http://politics.people.com.cn/n1/2016/1020/c1001-28795090.html,2016 年 10 月 20 日。

重败坏了党的形象。①

上述信息说明，国有企业监督的主要问题不在一线员工而在经理人，特别是总经理、副总经理和董事长等关键少数。党的十八届六中全会指出，党内监督的重点对象是党的领导机关和领导干部特别是主要领导干部。将此引入国有企业就是，监督的重点对象是国有企业的决策者和决策执行机构的一、二把手这个关键少数。对关键少数放松监督、不能监督、缺乏监督是国有企业高管腐败丛生、国资大量流失的根本原因。

### 四　主要原因

内部监督存在"五对五不对"的主要原因在于：

（1）党内监督弱化。正如党的六中全会公报指出的，"办好中国的事情关键在党，关键在党要管党、从严治党"。改革开放40年来，形式主义、官僚主义、享乐主义、贪污腐败和资产流失的主要原因在于治党不严。党内监督弱化，党领导下的国有企业内部监督自然不会强化。

（2）体制机制不畅。国有企业内部监督是先学习苏联"一长制"，之后借鉴西方委托代理双方博弈的俗套，在体制机制构建上没有真正把员工作为委托人和监督人。因此，对国有企业关键少数的权钱交易、铺张浪费、资产流失失去监督。比如，纪委、内审、财会、工会等对下严、对上宽，对关键少数缺乏监管。

（3）监督技术落后。暂且不说下对上，即使上对下的监督也都是传统技术，比如调度督办、每日汇报、会计账表、考勤记录等都依靠手工技术。至于下对上监督，惯用的年度职代会也因信息堵塞、渠道不畅而不能真正发挥监督代理人的作用。

（4）信息不对称。经理人特别是一、二把手严控违背股东利益的虚假信息，哪怕董事、监事也难以知晓，更何况内审人员了。信息严重不对称是管不住关键少数的直接原因，也是主要原因。

（5）信息滞后。现行信息的采集、核算、披露基本上沿用百多年前手工核算的思路和技术，只提供期末资金和前后孤立的集成性信息，这种信息不能满足信息时代所需实时、钱物相应和前后序贯的针对性信息需求，信息滞后使监督面临诸多困难。

---

① http://news.cntv.cn/2016/01/04/ARTI1451908975791604.shtml.

（6）监督理念陈旧。由于信息技术滞后、监督技术落后，外部对内的监督、内部对上的监督，无不例外地沿用事后监督的陈旧套数。年末审计，几年一查，只进行概率极低效果有限的抽样督查，这种陈旧的理念通行于国有企业内外监督。

（7）条件受限。外部监督受资金、时间、人力、技术等限制，只能对百多个央企实行全面监督，对15万个国有企业实行抽样监督，对近千万个民企一般不予监督。条件受限使外部监督面对海量的企业无可奈何。

（8）内外监督少有配合。内部监督最为了解企业内情，外部监督不掌握有关信息，内外结合、相互配合可使效率大增。遗憾的是，大多外部监督机构进入国有企业往往另起炉灶、自行其是，未与内部监督紧密配合。

（9）大数据尚未落地。大数据可通俗地表示为容量极大、速度极快、处理能力极强的数据集合，这种大数据已在我国一些省市的市政、交通、医疗、侦破以及日常生活中得到较多应用，但是经济监督方面尚未引进。若将大数据引入经济监督，若国有企业实现了信息对称，则外部监督人员足不出户便可及时获取国有企业的真实信息，经济监督也必将由事后迈向事中监督的黄金时代。

## 第二节 内部监督控制

中共中央、国务院及其"两办"多次提出"强化内部流程控制，防止权力滥用"。笔者认为，实现内部流程控制的基础是信息对称。本书下面提到的内容加注、技术加注、下追上溯和掌控例外重大经济活动尤显重要。

### 一 内容加注和技术加注

两个加注是指为实现事中监督，对经济凭证、账簿记录等提供的信息在内容和格式上的增添和说明。其中，加注的内容包括物料编号（以便ERP识别）、计划标准（以便随时将执行情况与制度、预算相比较）、上下工序和前后历程（以便从生产经营的任何一个节点快速下追上溯直至前后两端）。技术加注是指在有关账证的适当位置新辟或增加栏目记载来增添内容。具体如表3-1、表3-2、表3-3所示。

第三章 外部监督基础：内部监督

表 3-1　　　　　加注后的增值税专用发票（简化格式）

| 购货单位 | | 密码区 | | |
|---|---|---|---|---|
| 货物名称 | | 金额 | 税率 | 税额 |
| 价税合计（大写） | | （小写） | | |
| 销货单位 | | 备注 | | |

内容加注
物料编号：ZL-Nb
前后流程：银行存款支票→运单→税单→运单→入库
计划安排：数量16000公斤，单价1700元/公斤

表 3-2　　　　　加注后生产用料的记账凭证

转账凭证　　　　　　　　　　　　　　　　　　　金额单位：元
日期：　　　　　　　　　　　　　　　　　　　　计量单位：公斤

| 摘要 | 物料编号 | 上下工序 | 借方 | | 生产成本——ZZ-101 | | | | 贷方 |
|---|---|---|---|---|---|---|---|---|---|
| | | | 实际成本 | | 责任成本 | | 计划成本 | | |
| ZL-Nb | | Lj-101→bj-101→Zj-101→ZC-101→ZZ-101 | 实际单价 | 177 | 计划单价 | 170 | 计划单价 | 170 | 原材料 ZL-Nb |
| | | | 实际用量 | 1950 | 实际用量 | 1950 | 计划用量 | 2000 | |
| | | | 金额 | 345150 | 金额 | 331500 | 金额 | 34000 | |

表 3-3　　　　　加注后的生产成本明细账户

生产成本账户——ZZ-101

| 日期 | 摘要 | 物料编号 | 上下工序 | 成本项目 | 责任成本 | 单位成本 |
|---|---|---|---|---|---|---|
| | 产量 100套 | ZZ-101 | Lj-101→bj-101→Zj-101→ZC-101→ZZ-101 | 直接材料 | 331500 | 3315 |
| | | | | 直接人工 | 851901 | 8519.01 |
| | | | | 直接燃动 | 348257 | 3482.57 |
| | | | | 制造费用 | 113183 | 1131.83 |
| | | | | 合计 | 1644842 | 16448.42 |

## 二 下追上溯

下追上溯是指监督检查中，按照生产的上下工序或经营的前后流程，下查可追查到商品售后的银行存款入账通知单，上查可溯查到材料采购后的银行存款支出支票，以快速便捷地查办哪一个环节信息不实或不符合计划、标准。下追上溯的框架思路可以用图3-1表示。

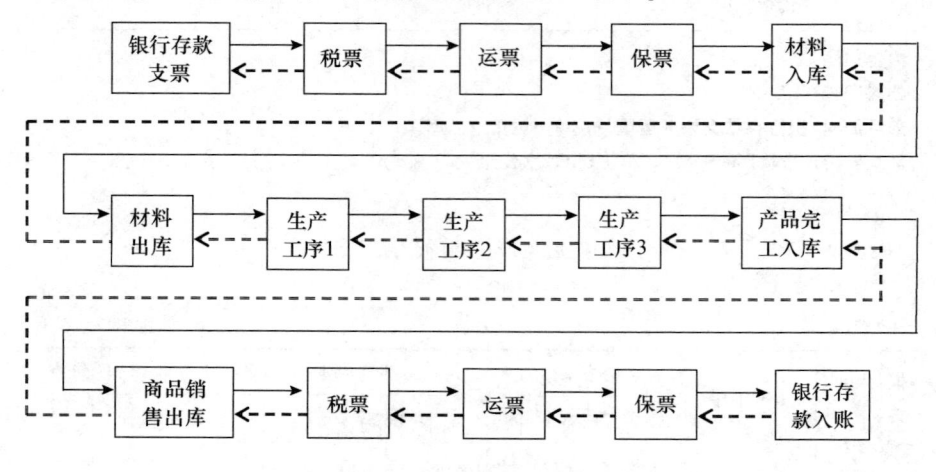

**图3-1 监督核对中的下追上溯**

注：实线箭头代表下追，虚线箭头表示上溯。

由表3-1、表3-2、表3-3和图3-1可见，由于所有账证票据都已内容加注和技术加注，监督检查可从生产经营的任何一个节点，下追可追至商品售后取得的运票、税票、保票和银行存款入账通知单；上溯可回溯到材料购买后取得的运票、税票、保票和银行存款支出回单。由于银行、税务、运输、保险公司等单位独立性很强，不会屈从企业压力出示虚假单据，因此经营两端票据的客观真实可确保企业外部获取信息的真实。由此，企业盘库信息也会真实。加之所有账证都加注了供产销每一流程和工序的标准、定额，方便的核对使内部流程控制和事中监督得到实现。

## 三 掌控例外重大经济活动

例外重大经济活动是指正常生产经营之外的重大经济、经营活动，比如大宗采购、工程承包、资产转让、公司改制以及关联方交易等。这些例外重大经济活动平时很少发生，员工无从参与，实务中也缺乏标准和制度规定，都由领导个人拍板决策，是权钱交易高发区。笔者认为，遏制例外重大经济活动的主要举措是信息公开，将有关信息在公司网站及时、详细公示以让员工参与评价、监督。只要员工拥有了知情权、诉求权和监督权，权钱交易可基本消除。比如，工程招标的网上公示设计可如表3-4所示。

表 3-4　　　　　　　　　　工程招标信息公示

| 序号 | 投标公司 | 规模实力 | 信誉等级 | 以往业绩 | 技术力量 | 工程预算 | 完工工期 | 其他 |
|------|----------|----------|----------|----------|----------|----------|----------|------|
|      |          |          |          |          |          |          |          |      |
|      |          |          |          |          |          |          |          |      |
| ⋮    |          |          |          |          |          |          |          |      |

## 第三节　内部监督创新

党的十八届六中全会公报强调指出，"必须加强对领导干部的监督，党内不允许有不受制约的权力"，特别强调要"改进自下而上的民主监督"。笔者认为，"加强对领导干部的监督""改进自下而上的民主监督"，在国有企业中的创新性举措应是信息对称、事中监督、实时审计和大数据技术。

### 一　信息对称

从技术层面分析，不少国有企业领导贪污腐败的主要原因是信息不对称，严重的权钱交易、挥霍浪费等员工无从知晓。因为员工不能掌握少数关键的有关信息，就不会形成自下而上的民主监督。所谓信息对称是指在委托代理双方实现拥有信息无大差异，即委托人的信息在数量、质量、构成、密度和时效方面与代理人别无二样。制造类企业实现信息对称的有效途径应是笔者开发的"九一十五"方案，即九大核对（监督核对的内容界定)、一组数据库(监督核对的运作载体)、十种技法(监督核对中将综合信息分解为原始信息)和五项操作(通过内容加注和技术加注为监督核对提供便于下追上溯的源头数据)(对称方案的具体内容请参见第五章)。

## 二 事中监督

事中监督对应着事后监督,即监督检查出现在问题发生过程之中而不是过程之后。《中共中央、国务院关于深化国有企业改革的指导意见》在"强化企业内部监督"部分明确指出要"完善企业内部监督体系","强化内部流程控制,防止权力滥用","加强企业职工民主监督"。2015年10月31日印发的《国务院办公厅关于加强和改进企业国有资产监督防止资产流失的意见》中强调,企业内部监督要"强化流程管控的刚性约束,确保内部监督及时、有效"。笔者的理解是,内部流程控制、职工民主监督以及企业下对上的监督,不仅体现在每年的职代会上,而且通过数据库的下追上溯功能随时对生产经营"三公"经费、例外重大经济事项等进行及时有效的全流程监督,即事中监督。通过事中监督防止关键少数滥用职权、权钱交易。而实现这种流程控制、事中监督的前提是信息对称。

## 三 实时审计

审计泛指审计人受托对经济单位的财会信息和其他经济信息进行审核和鉴证,借以评价、监督和促进经济行为按照预定目标进展。迄今为止,国内国外,不管是政府审计还是社会审计都是事后进行。2014年10月9日印发的《国务院关于加强审计工作的意见》强调"对重大政策措施、重大投资项目、重点专项资金和重大突发事件等可以开展全过程跟踪审计"。2015年12月8日中办、国办印发的《关于完善审计制度若干重大问题的框架意见》及相关配套文件强调要"探索建立审计实时监督系统,实施联网审计"。笔者认为,国务院提出的"跟踪审计"、两办的"审计实时监督系统"就是实时审计,即随着生产经营的进展,审计工作无时间差地随时随地开展。这种无与伦比的实时审计只有在信息对称、信息及时、信息有效下才能实现,即信息对称是实时审计的直接前提。

## 四 大数据技术

所谓大数据,麦肯锡全球研究所给的定义是,一种规模大到在获取、存储、管理、分析方面大大超出了传统数据库软件工具能力范围的数据集合。① 可见，大数据技术是一种传输速度极快、存储功能极大、分析能力极强、能适应各种各样处理模式的数据集合。一个大型国有企业的原始凭证、记账凭证少说有几亿、几十亿份，没有大数据技术的引进和应用，要实现实时审计、事中监督是不可想象的。

## 第四节　内部监督未来

现代化的大型公司之内部架构是典型的两权分离，而经营者与出资人的利益在很大程度上表现出不一致性，这种建立在契约基础之上的利益冲突更多地需要依靠公司内部监督机制来调整。当然，加强公司的外部监督固然必不可少，但完善公司的内部监督机制所具有的防患于未然的优势及其对外部监督机制的支撑作用，应该是完善我国公司监督机制的当务之急。

### 一　内部监督机制亟待完善

（一）完善公司内部监督机制是公司企业本质的基本内涵

1937年，科斯（R. H. Coase）在他的经典之作《企业的性质》中，运用传统微观经济学的成本收益分析方法，对企业内部的层级结构与企业外部的市场机制加以比较，指出二者的优势互补和替代关系，揭示出现代企业的本质。科斯企业理论主要包括：（1）企业是作为价格机制的替代物而存在。在企业内部，资源的配置不是通过市场的价格机制，而是通过一只"看得见的手"——企业内部的行政指令协调和完成的。（2）如果没有企业制度而通过使用价格机制的市场交易来实现资源配置，将存在有时甚至是相当高的费用。（3）市场经济中存在企业的基本理由在于企业内部组织的交易比通过市场进行同样的交易费用要低。（4）企业规模不可能无限扩大，企业边界是企业在企业内部组织一笔额外交易成本等于在市场上完成同一笔交易所花费的成本。（5）企业存在的最根本原因是企业组织成本与市场交易费用的差异。

---

① McKinsey Global Institute, Big Data: The Next Frontier for Innovation, Competition, and Productivity, May, 2011.

按照科斯企业理论，现代公司企业的本质就是一种节约交易成本的制度安排。然而，组织公司除了协调成本，最主要的费用则是"代理成本"。而如何降低代理成本，恰恰一直是现代企业制度孜孜以求的目标。换言之，如果现代公司制度不能很好地解决公司组织中的代理成本问题，公司本身就无法健康地、大规模地发展。因此，在建立公司制度，特别是设计公司内部组织机构时，必须致力于如何最大限度地节约制度运行的费用，降低代理成本。这样，建立完善的公司内部监督机制理所当然地成为公司本质的基本内涵。

（二）完善公司内部监督机制是辩证发展规律的因果法则

唯物论辩证法的最基本原理告诉我们：内因是事物发展的根本，外因是事物发展的条件，外因通过内因发挥作用。在公司监督机制问题上，内部监督机制就是决定公司监督机制能否有效运行的内因，也是决定公司自身能否良性发展的内因之一。在我国，公司的外部监督机制一直在不断加强，但是，仍然有许多公司因为内部监督机制失灵而走向末路穷途。相反，如果公司能够通过加强和完善内部监督机制，即使外部监督环境不尽如人意，公司也能够探寻出自身长久生存发展的康庄大道。

（三）完善公司内部监督机制是我国公司治理的现实需要

我国公司制度已经初步完成国企改革的阶段性历史使命，如今，已开始真正切入发展主题。我国公司治理所要解决的问题是要回归公司的主体本性，构筑起适应现代市场经济需要的公司治理机制，增强全球化背景下公司的竞争力，实现公司的长久发展。在这个宏大体系之下，公司内外部监督机制的完善都是不可或缺的。完善公司外部监督机制需要社会整体法制环境的协调配合，必然比较缓慢，因此，面对我国公司治理的严峻现实，我们现阶段必须致力于解决的主要问题是，遵循哲学和经济学的基本规律，完善公司内部监督机制。

## 二　内部监督的未来取向

本书认为，我国国有企业未来内部监督的取向应是一个指向、一套数据、一组平台和一个体系。

（一）一个指向

国有企业内部监督，经过70年的学习和实践，在向下、向小、向物的监督方面已很出色。但揭发出的主要领导干部腐败和资产流失现实告诉我们，内部监督主要指向应是领导机关及主要领导干部。正如《中共中央、国务院关于深化国有企业改革的指导意见》指出的，要"落实企业内部监事会对董事、经理和其他高级管理人员的监督"，内部监督的主要指向应是关键少数。因为国有企业的腐败现象、权钱交易和大量资产流失概因主要领导和高级管理人员专权、滥权发生，所以只有剑锋集中指向关键少数才能有效防止国有资产流失。

（二）一套数据

这是指内部监督依据同样一套源头数据。众所周知，检查监督越是深究，就越是依据原始数据。这种原始数据主要来自统计、报告、请领单、银行支票、出入库单、初始票证、契约合同等。原始票证数量极大，绝大部分集中在会计档案中。这种数据在大型国有企业以亿数量级进入且票据之间互不连通，查找十分困难。通过信息对称的五项操作和两个加注能把每年发生的亿万笔业务，有机地输入数据库。这样一来，不管什么监督都可靠数据库方便快捷地查询任何信息，为各种监督提供伸手可得的源头数据。

（三）一组平台

信息对称的一组平台即一组数据库是指监督核对的运作载体。时下的内部监督各有各的数据资料，相互之间缺乏业务联系，监督成效大打折扣。数据库建起后，虽然内部监督同用一组数据库，同用统一源头数据，但是数据库分为总、分、子、小、微五级平台，不同监督部门使用针对各自独立业务的具体数据库而互不干扰，同时又因同属一数据库、统一源头数据而有机联系，从而大大增进了内部监督的协同力。

（四）一个体系

由于内部监督实现了一个指向、一套数据、一组平台，国有企业内部监督便形成了一个完整的监控体系。

## 本章小结

中华人民共和国成立 70 年来，国有企业内部监督的主要优点和不足可概括为"五对五不对"，即对下不对上、对小不对大、对蓝不对白、对物不对钱、对多不对少。呈现"五对五不对"的主要原因，一是党内监督弱化，二是体制机制不畅，三是监督技术落后。根据存在的问题和原因进行分析，笔者提出的强化内部监督的主要举措是，创新信息对称、实施事中监督、探索实时审计、严控内部流程和引进大数据技术。本书认为，实现信息对称后，由于内部监督瞄准一个指向、依据一套数据、实用同一平台，由此必将形成一个完整的强有力的监督体系。

## 案例三 内部控制制度为何失效[①]

### 一 案件的基本情况

2003 年年初，中国航天科工集团柳州长虹机器制造公司审计处在进行公司 2002 年报审计中发现这样一个反常现象：公司 2001 年、2002 年的民品销售收入分别为 4563 万元、5323 万元，呈上升趋势；财务反映的废旧物资销售的数量分别是 863 吨、510 吨，废旧物资销售的收入分别是 78 万元、45 万元，呈下降趋势。正常情况下，生产过程中发生的边角料等废旧物资应该与生产规模同比例增长或下降，为什么财务数据反映的却是不合理的趋势呢？带着疑问，审计处对公司物资处的废旧物资的回收、销售、收款等情况进行了重点审计。查出异常情况的背后是一起舞弊案件。

经审计，发现物资处处长、综合室主任、仓库主任、废旧回收站站长、计划员等人为了小团体的利益，擅自决定出售、截留废旧物资数量 81.5 吨，款额 91200 元，截至审计时，已经将私自出售和截留的销售收入私分 50605.80 元（涉及 63 人，每人 500—2000 元），同时擅自决定降价销售废旧物资，造成损失 1.4 万元。其舞弊的手法如下：

（1）擅自出售废旧物资并全部截留货款。主要是与租赁公司厂房的湖南个体经营者串通，擅自将废旧物资销售给没有此项业务来往也没有签订合同的湖南个体经营者，并要求其将销售货款不交财务而直接交物资处；私自销售的废旧物资出门时，借湖南个体经营者的名义，由湖南个体经营者以自己在锻工房加工的少许产品掩盖，或以其

---

[①] 案例参见温胜精《内部控制制度缘何失效——一起舞弊案例引发的思考》，《中国内部审计》2005 年第 12 期。

加工的产品或废料需要出门为由，堂而皇之地将盗卖的废旧物资办理出门手续。

（2）私自截留出售废旧物资款。主要是通过与签有合同业务的柳州个体经营者截留收入，物资处处长要求柳州个体经营者在销售废旧物资过程中，一部分销售的废旧物资款交财务，另一部分销售的废旧物资款截留下来，交到物资处作为"小金库"（即通俗说的开阴阳收据）。私自截留出售废旧物资出门时，以部分销售的废旧物资办理出门手续，即以少量的废旧物资申报并取得出门单，然后以超过出门单标明的废旧物资实际数量的舞弊手法出门。

（3）收买门卫。为了能将违规销售的废旧物资顺利办理出门，物资处处长指使综合室主任，给以门卫送钱物等好处，致使门卫在违规废旧物资办理出门时放弃职守，大开方便之门。

（4）擅自决定降价。物资处处长明知道废旧物资销售及其销价变动要经过有关部门审核并履行合同手续，但其却擅自决定降低废旧物资销售价格，造成损失1.4万元。

由于舞弊性质恶劣，这起案件的主要责任人物资处处长被给予党内严重警告处分和行政免去物资处处长职务的处理，其他人员也受到相应处理。

二 舞弊案件暴露内部管理存在的问题

这起舞弊案件涉及金额并不算很大，但它暴露出来的内部管理问题却是严重的。经审计，物资处废旧物资的回收、分类、登记、过磅、合同、出售、收款、门卫检查等业务流程环节均出现了失控或有章不循的情况。

（1）超越内部组织分工责任原则处置业务。根据公司内部职责权限，废旧物资的出售业务需要计划处（如签合同）、财务处（如价格变动审批）等部门和主管领导的审批。但是2002年下半年大部分废旧物资的出售违反了组织分工控制原则，不通过计划处、财务处等业务部门，擅自决定和处理。在物资处内部也出现了这样的越位行为，本来公司为了规范废旧物资的出售，在物资处内专门设立了废旧物资回收站，负责废旧物资回收和销售，但很多废旧物资业务没有经过废旧物资回收站，由物资处处长指定没有此项业务权限的综合室主任直接处理。

（2）违反职务分离原则授予或办理业务。按照职务分离原则，某项经济业务的授权批准职务，应与执行该业务的职务分离，但在废旧物资出售业务处理中，出现了批准人（物资处处长）亲自与客户处理降价、交款等业务。又如物资计量有过磅员专司其职，却出现综合室主任参与废旧物资过磅等现象。

（3）不遵守业务流程控制。每一项经济业务的完成都需要经过一定的业务流程环节。废旧物资销售业务的环节包括：业务批准→物资过磅→填单（包括磅码单和结算单）→交款→办出门单→门卫验单放行（包括复验或抽检）。但是案件中废旧物资销售却违反了业务流程，门卫复检先通知物资处人员后复检，致使参与废旧物资销售舞弊的人知道复检则按过磅如实填报，不复检则以少量的废旧物资申报并取得出门单，然后以超过出门单标明废旧物资实际数量出门。又如废旧物资应先交款，才能办理出门单，门卫并据此验单决定是否放行，但实际操作中出现了没有交款，也没有办出门单也放行的现象。湖南个体经营者就是采用先做生意后交款的方式，将废旧物资拉出门卖了之后隔几天才将款交到物资处。

（4）不遵守业务单据控制管理原则。一是《磅码单》和《产品、材料转移结算单》随意置放，无专人管理；二是《产品、材料转移结算单》有两种，其中一种没有编号，无法知道使用了多少，什么时间使用，谁领用。由于单据管理不当，审计核查废旧物资销售业务时，竟出现了有废旧物资销售业务却没有《磅码单》和《产品、材料转移结算单》相对应的现象，无法核对销售业务的真实情况。

（5）废旧物资业务管理混乱。废旧物资的回收、登记、过磅、销售，没有做到点点相连，环环扣紧，有的无记录、无单据，没有形成连续性、完整性、有效性。回收和出售的数字统计与实际出入较大。由于物资处废旧物资销售业务记录不完整，财务数据与物资处废旧物资销售业务记录无法核对，物资处的废旧物资回收记录，与各生产单位也无法核对，因为各生产单位没有记录。

（6）规章制度没有起到作用。公司专门制定了《废旧物资回收利用管理办法》，同时涉及的相关制度还有《出入生产区管理制度》《现金有价证券管理办法》《资产管理总则》等，但在这起舞弊案件中，相应的制度没有起到作用。这么多的违规废旧物资（有据可查的有 81.5 吨），从过磅、填单、合同、收款、门卫检查等要经过多个业务环节和多个部门，但这些违规的物资却都能顺利出门。

三　由舞弊案件引发的思考

（1）集体舞弊很容易发现吗？对于舞弊行为，在理论界有这样的观点很流行：在舞弊审计中，两个人以上的集体合谋舞弊行为难度要高于一个人的个体舞弊行为，容易因信息源的扩大而暴露，因此，集体舞弊很容易被发现。在此案例中，主要起因是物资处主要领导的一个错误决定，参与的另外三个人没有按岗位职责和规章制度予以抵制，同时由于舞弊者在门卫等重要部门、岗位给予好处，致使舞弊行为畅通无阻。如果不是审计处在年报审计中使用分析性复核时正好选中舞弊者行为的相关数据，则短时间内难以发现。而集体合谋舞弊行为难以发现的案例很多。如上市公司银广厦、东方电子、东方锅炉等，这些管理舞弊案例，涉案金额大，作案时间跨度长，参与的都是高层管理人员，且手段高深。如银广厦，为了使造假的财务报表能够互相吻合，通过倒推的方法，根据"成本"倒算出"销售量"和"销售价格"，并依据这些销售量和销售价格的结果，安排每个月的进料和出货单，以及每个月、每季的财务数据。由于是集体合谋，加之在整个业务循环流程上弄虚作假，所提供的整套信息全是虚假的。上述公司舞弊案的暴露，均不是审计人员发现的。应该说，查找舞弊，特别是集体舞弊行为，还是审计界的难题。

（2）每个舞弊者的舞弊行为都有压力、机会和借口三要素吗？应该说都有。舞弊的三角理论认为，舞弊产生的三个因素是动机、机会和忠诚（借口），当三个因素可能性都增加时，舞弊的发生将确信无疑。此起案件的当事人物资处处长解释他这样做的原因，在压力方面，是因为他原来是劳动人事处处长，刚调到物资处履新职，来后，很多职工认为他是外行，业务能力不强，他感到压力很大，因此想通过别的渠道弄点钱给职工，让职工在干部评议时投他的票；在机会方面，他正好管理物资，有条件；在忠诚（借口）方面，之所以心安理得，他认为，卖的东西大都是边角料等废旧物资，钱也是发给物资处的职工，职工收入多了，积极性也就上去，会以工作成绩回报单位。每起舞弊行为面前，舞弊者都采取自欺欺人的说法，使自身行为合理化。

（3）业务管理存在一些缺陷不要紧吗？内部控制制度如果存在"蚁穴"，不及时修补完善，很容易酿成大错。此起舞弊案件，手段并不高明，之所以得逞，一个重要原因是票据管理有漏洞。作为销售业务结算用的《产品、材料转移结算单》等重要单据，竟然没有编号，领用也没有专人管理，完全违背内部控制制度要求的凭证和记录预先编号保持记录的链条性、完整性原则。管理制度有瑕疵，违规虽然不一定每一次都造成损失，但制度上的"空当"，很容易被心存私念的人利用，如果让其钻空子得逞一次，则一发不可收拾，将带来更大的损失。

（4）有了内部控制制度就能抑制舞弊的发生吗？不一定。企业的一切管理工作都是从建立和健全内部控制制度开始的，企业的一切决策都应统驭在完善的内部控制体系之下。但是有了内部控制制度，必须严格遵守并严格检查执行情况，才能保证制度的有效运行。如果缺乏有效的执行，则形同虚设。此起舞弊案件，废旧物资业务处理涉及的回收、分类、登记、过磅、合同、出售、收款、门卫检查等流程环节均出现了失控。内部控制之所以失控，不是没有规章制度，而是有章不循、违章不究。

（5）是"制度比人重要"还是"人比制度重要"？在内部控制方面，对人的要求，只注重业务素质，不注重道德素养行不行？这是企业管理理论和实践争论不休的话题。一个企业缺乏制度约束，把企业的各种潜在风险的控制完全寄托于人的道德品质，肯定是不行的。因为制度再完善，如果没有合格的人来执行或者执行不到位，早晚是要出问题的。此起案件，在一个制度较为完善的国有企业里，正是由于人的道德即忠诚出现了问题，企业的内部控制制度的"防火墙"被内部人员合谋推倒了。我们目睹了太多这样的案例，典型的如巴林银行事件，仅仅一名员工的职业道德操守出现了问题并违规操作，就断送了一个历史悠久、信誉卓著的企业。

事后控制不如事中控制，事中控制不如事前控制。如果规范管理、违章必究、控制到位，舞弊案件是可以避免或及早发现的，可惜的是，有些经营者没有认识到这一点，总是等到舞弊案件发生并造成损失后才寻找补救措施。

# 第四章

# 外部监督蝶变：事中监督

2016年10月27日党的十八届六中全会公报指出："监督是权力正确运行的根本保证，是加强和规范党内政治生活的重要举措。必须加强对领导干部的监督，党内不允许有不受制约的权力，也不允许有不受监督的特殊党员。要完善权力运行制约和监督机制，形成有权必有责、用权必担责、滥权必追责的制度安排。"公报指出，"必须筑牢拒腐防变的思想防线和制度防线，着力构建不敢腐、不能腐、不想腐的体制机制"，"要坚持有腐必反、有贪必肃、坚持无禁区、全覆盖、零容忍、党内绝不允许有腐败分子藏身之地"。显然，这是以习近平同志为核心的党中央对监督定位、监督作用、监督重点、监督体制机制的最新提炼和高度概括，也是对反腐决心的再次宣示。

中共中央、国务院在《关于深化国有企业改革的指导意见》（2015年8月24日）中强调指出要"加强当期和事中监督"，建立"经常性审计制度"。中办、国办在《关于完善审计制度若干重大问题的框架意见》及相关配套文件（2015年12月8日）中提出要"探索建立审计实时监督系统"。中央深改组通过的《深化国有企业和国有资本审计监督的若干意见》（2017年1月6日）强调"要改进监管方式手段，更多采用市场化、法制化、信息化监管方式"。习近平同志在党的十九大报告（2017年10月18日）中特别指出要"创新监管方式"。2018年5月23日习近平同志在中央审计委会议讲话中进一步指出"要坚持科技强审，加强审计信息化建设"。

中央精神非常明确，即通过创新监督方式，用事中监督和实时审计等新思路、新技术剑指国有企业高管腐败和信息虚假，扎紧织密不能腐的制度笼子，杜绝高管贪腐，严防国资流失，提高持续发展能力。这就要求学界、实务界自动融入把中央精神转化为加强国有企业监督的实际行动中，从理论、制度和技术方法等方面探索事中监督和实时审计，自觉扛起以创新思维强化国有企业事中监督的责任担当。

## 第一节　监督和事中监督

事后监督是百多年经济监督的陈旧模式，这种模式的理论基础是信息不对称。打开这一模式捆绑国有企业监督的层层绳索，以信息对称和事中监督彻底结束国有企业内部监督对上不力，外部机构对关键少数监督乏力，从而开启国有企业监督新局面，是对党的十八届六中全会精神的认真贯彻和自然延伸。

监督泛指委托人对代理人的行为和业绩，按照事前制定的制度、规定或契约进行检查和对比，用以揭示执行偏差并予纠正从而实现预定目标的管控过程。监督按照检查核对与行为、业绩的时间契合分为事前、事中和事后监督三类。事前监督是指在执行前预先制定制度、计划，用于事先规范控制；事后监督发生在执行之后，也许一年、几年再行检查核对；事中监督是指在执行中随着过程进行随时随地进行检查核对。国有企业事中监督则指随着生产中物料、人力耗用，管理人员施以事中控制；随着经营进展、费用耗费，财会人员进行事中监督；随着生产耗用、资金耗费信息的提供，内审人员完成事中审计。显而易见，事前监督是确立标准，事后监督最为流行，而事中监督效果最好也最难实现。

下面汇总的是党的十八大以来党中央、国务院及其"两办"有关监督，特别是事中监督的部分文件精神。

（1）中共中央文件。在2013年11月12日的《中共中央关于全面深化改革若干重大问题的决定》中"监督""监管"一词出现近50次。其中，在"强化权力运行制约和监督体系"部分特别指出，"必须构建决策科学、执行坚决、监督有力的权力运行体系，健全惩治和预防腐败体系"，"加强和改进对主要领导干部行使权力的制约和监督，加强行政监察和审计监督"。2014年10月23日，在《中共中央关于全面推进依法治国若干重大问题的决定》有关"强化行政权力的制约和监督"部分指出，要"强化内部流程控制"，"建立常态化监督制度"。

（2）国务院文件。2014年8月7日，在国务院印发的《企业信息公示条例》中提出,规范信息公示,在于"提高政府监管效能,扩大社会监督",要求企业"真实、及时"公示。2014年10月9日,在《国务院关于加强审计工作的意见》中提出对"重大投资项目、重点专项资金"等"可以开展全过程跟踪审计","探索在审计实践中运用大数据的途径"。2015年8月5日,国务院第99次常务会议审议通过的《关于推广随机抽查规范事中事后监管的通知》中强调,"推广随机抽查,规范事中事后监管"是政府职能转变的重要内容。2015年8月24日,《中共中央、国务院关于深化国有企业改革的指导意见》中指出,"加强监管是搞好国有企业的重要保障"。针对企业内部监督指出要"强化对权力集中、资金密集、资源富集、资产聚集的部门和岗位的监督",要"强化内部流程控制"。针对企业外部监督,要求外派监事会要"加强当期和事中监督,强化监督成果运用"。

（3）中共中央和国务院"两办"文件。2015年10月31日,在《国务院办公厅关于加强和改进企业国有资产监督防止国有资产流失的意见》中强调要以"国有资产保值增值、防止流失为目标","切实强化对国有企业内部监督、出资人监督和审计、纪检监察、巡视监督以及社会监督",要"充分体现监督的严肃性、权威性、时效性"。针对国有企业内部监督强调"提高信息化水平,强化流程控制的刚性约束,保证内部监督及时、有效"。针对外部监督强调"着力强化对企业的当期和事中监督",强调"探索建立国有企业经常性审计制度"和对重大决策部署和投资项目等"开展跟踪审计"。2015年12月8日,中共中央办公厅、国务院办公厅印发《关于完善审计制度若干重大问题的框架意见》及其相关配套文件,强调要"开展跟踪审计","构建大数据审计工作模式","探索建立审计实时监督系统,实施联网审计"。2018年10月9日,中共中央办公厅印发《关于统筹规范督查检查考核工作的通知》,强调要"改进督查检查考核办法","创新督查检查考核方式,充分运用信息化手段,实现信息资源共享,优化第三方评估,提高督查检查考核的质量和效率"。

## 第二节 事中监督研究综述

众所周知,称得起创新型的研究成果无不建立在对前人研究成果的综评之上，信息对称研究也不例外。

## 一　西方研究文献

2016年经济学诺奖得主哈特和霍尔姆斯特伦创立新契约理论工具，用一个全面的框架分析契约设计中的高管绩效薪酬、保险自付额与共同支付、公共部门私有化等问题。显然，这种理论针对"契约设计中的潜在缺陷"，而潜在缺陷的根本在于信息不对称。

纵观诺贝尔经济学奖得主，纳什于1950年率先提出完全信息静态博弈创立纳什均衡，泽尔腾于1965年将纳什均衡引入动态分析创立了博弈精炼纳什均衡，两者都以信息对称为研究假定。海萨尼于1967年把"不完全信息博弈"转换为"完全但不完美的信息博弈"创立了贝叶斯纳什均衡，泽尔腾于1975年完成精炼贝叶斯纳什均衡，两者开创了以信息不对称为研究基点的信息经济学研究。以上三人于1994年共得诺奖。之后的维克里（1961）、莫里斯（1971）、米尔利斯（1971）、阿克尔洛夫（1970）、斯宾塞（1973）、斯蒂格利茨（1976）以及后来的罗斯、沙普利、法玛、汉森和席勒等，他们的研究成果都以信息不对称为基础理论，通过多次动态博弈实现均衡达成契约。可见在西方，即使最尖端的研究成果也无人探索信息对称。

## 二　我国研究文献

改革开放以来，在我国出版有关信息经济学著作的学者有林德全（1988）、葛伟民（1989）、刘希印（1990）、乌家培（1991）、张远（1992）、张守一（1992）、金建（1993）、黄亚均（1993）、谢康（1995）、张维迎（1994）、吴光伟（1995）、罗贯权（1996）、马费成（1997）等。其中，张维迎的《博弈论与信息经济学》对信息不对称下的最优激励合同、市场声誉模型、效率工资和监督力度模型以及各种逆向选择模型都有深入研究，但闭口不谈信息对称。林毅夫（1997）则提出行业平均利润率能够作为"克服"信息不对称，"形成"充分信息的经济指标。会计学界的潘飞（1997），黄宗兰（1999），张文贤、柯镇洪、黄悦（2000），魏明海、龚凯颂（2001），王咏梅（2001），杜兴强（2004），李翔（2005），于立金、杨荣本（2006）等的观点为：（1）承认信息不对称是客观存在；（2）强调不对称的危害；（3）分析不对称的成因；（4）探索治理不对称的对策。"社会对账"只能部分解决结算资金不实,不可能形成对称信息。

### 三 对研究文献的评价

综上所述,从西方到东方,前人的研究成果要么以信息对称为研究假设,要么以信息不对称为研究基点,尚无人研究信息对称。可见,信息对称是亟待破解而未曾解决的重大课题。

## 第三节 典型实例

腐败分子的共同点都是钻监督缺失的漏洞,大搞"一言堂",个人收受财物,给国有资产造成严重损失,但具体手段又各有千秋。下面阐述的是贪腐分子常用伎俩。

### 一 编造虚假信息

2016年9月9日,新华社的《财政部曝光5家新能源车企骗补超10亿元》一文揭示,苏州吉姆西客车制造有限公司通过编造虚假的采购、生产、销售等原始凭证和记录,虚假申报2015年销售新能源汽车1131辆,涉及中央财政补贴资金26156万元。[①]

### 二 增加订单提高购价

2016年10月27日,新华社"新华视点"的报道《受贿3亿元国企高管贪腐为何如此"任性"?》揭示,黑龙江省煤矿业集团股份有限公司物资供应分公司原副总经理于铁义"通过增加订单和采购数量,提高采购价格等方式收受供货商财物折合人民币306807964.09元"。[②]

### 三 直接受贿巨额资金

2016年8月5日,新华社的报道《封闭管理易生腐败,完善制度限权分权》称,江西九江经济技术开发区原工委书记李光荣先后105次受贿5365万元,大部分为地产开发商所送,仅商人赖拥军一笔贿金就高达

---

① https://www.guancha.cn/Industry/2016_09_09_373937.shtml.
② http://www.xinhuanet.com/politics/2016-10/26/c_1119794124.htm.

3000 万元。①

### 四　提前申报财政补贴

新华社的报道还揭示，金龙联合汽车工业（苏州）有限公司于 2015 年有 1683 辆车未完工、未销售却提前申报拿到财政补贴 51921 万元。②

### 五　大量收受财物

2016 年 11 月 17 日，新华每日电讯的报道《贪官赃物中不乏"山寨货"，拍卖后上缴国库》称，受贿 3 亿元的于铁义收受供应商行贿后在三亚、大连、青岛购得房产数十套；深圳市政法委原书记蒋尊玉家中不仅有商人贿送的金条、玉佛、保时捷名车，在全国有几十套房产，其中北京就有十多套；深圳市政协原主席黄志光有一张港商贿送的香枝木罗汉床，几乎占据了半个房间，5 个人都抬不动；河北秦皇岛市北戴河区供水总公司原经理马超群，有 68 套房产，家中搜出现金 1.2 亿元、黄金 37 公斤。③

以上仅仅是信手拈来的几个典型实例，是腐败案例的冰山一角。在揭露受贿时如果从另外一个角度提出问题，行贿人动辄现金几百万元、几千万元，动辄房产、名车、黄金若干，为什么所在企业的监督未能发现呢？

## 第四节　事中监督评说

这部分主要阐述事中监督的一般理论与事中监督成效和缺失。

### 一　事中监督的一般理论

本部分从事中监督的概念、功能、主体和监督系统来展开论述。

（一）事中监督概念

监督重在核对，把执行结果与事前确定的制度、预算、计划等标准相核对，通过核对发现差异、找到不足，促进过程按标准运行，实现经营目标。依此思路，如果说事前监督是制定标准，事后监督是过程后（短则一月，一般一年）进行核对，那么事中监督则指生产经营进行中，监督

---

① http：//politcs.people.com.cn/nl/2016/0804/c1001-28612156.html.
② 同上。
③ http：//www.xinhuanet.com//mrdx/2016-11/17c_135835621.htm.

同时跟进、同时进行。事中监督的明显优势在于克服事后监督"马后炮"效应，将管理失控、不良后果遏制在过程之中，以免损失发生。

（二）事中监督功能

功能是一事物自身在客观上所具有的效能。本书认为，事中监督具有五大功能。

1. 实时核查功能

实时核查是事中监督的首要功能，是指过程一面进行核查一面同时展开。也就是说，生产经营一起动，有关资料、信息就立即输入数据库；而一旦资料、信息输入数据库，监督核查就随时进行，不留时间空间，没有滞后效应。这就要求生产经营一线员工、上下管理机构随时随地将信息输入数据库；要求会计人员将有关原始凭证、记账凭证、明细账等资料及时审核即刻输入数据库。专职监督人员比如内审、纪检人员对管理、会计已实施的经济监督实行不留间隙的再监督，做到当天业务当天核，不隔天不隔夜。

2. 精准核查功能

精准核查是事中监督的另一主要功能。所谓精准是指不做无谓的泛泛核查，而是根据监督要求、领导指示重点指向国有企业高管，特别是一、二把手这个关键少数，对其可能操弄的例外重大经济活动（比如企业改制、大宗采购、资产评估、资产处置、关联方交易等）全力核查；对其"三公"经费（比如餐饮费、差旅费、会务费、娱乐活动费、联谊活动费等）重点核查；对其审批的上报信息（比如会计报表、统计报表、总结报告等）认真核查。做到对高管可能贪腐作弊、弄虚作假的方方面面，精准地进行针对性极强的监督核查。

3. 全员核查功能

事中监督绝非少数监督人员的独有专利，而是建立在全员全体共同核查基础之上。因为事中监督依赖广泛电子化和信息化技术，只要信息实时输入数据库，只要经过批准接通数据库，全体员工人人都是监督人员，个个都能监督核查。全员核查功能有效补齐了专职监督中可能存在的短板，为事中监督奠定了可靠基石。

4. 全覆盖核查功能

由于事中监督"事中"特点使其最接地气，接地气就必然派生全覆盖核查功能。不论一线生产、二线经营，不论经理层、决策层还是身处一线的直接管理层,不论经济、政治、技术还是购销方面的,只要与钱物有关,只要可能发生贪腐和信息虚假,都纳入监督视野成为核查对象。方便快捷的全覆盖核查功能也是事中监督的一大亮点。

5. 结论客观真实功能

由于事中监督建立在电子化、信息化技术基础之上,由于核查的实时、精准、全员、全覆盖功能,事中监督核查结果、结论、信息、资料必然客观真实,不会虚假失真。

(三)事中监督主体

国有企业属全民所有,国民都是投资主体。在法律上、政治上大家都是国有企业股东、监督主体,但在最后形成都是股东却谁也无法监督、谁也不能监督的尴尬局面。

(四)事中监督系统

国有企业内部监督分两大系统、四个层面。两大系统即党委领导下的纪检监督系统和公司治理下的行政监督系统。四个层面是指,一是管理机构的经管人员对一线员工的监督;二是财会处室对管理人员和一线员工的监督;三是内审单位对财会、管理监督的再监督;四是公司治理大架构下监事会对董事的监督、董事会对经理人的监督以及经理人对生产经营的监督。

## 二 事中监督成效和缺失

(一)事中监督成效

王岐山同志在《开启新时代 踏上新征程》一文强调,2013—2017年有440多名省军级以上党员干部和其他中管干部、8900多名厅局级干部、6.3万多名县处级干部因严重违纪违法受到惩处。[①] 显然以上发现并惩处贪腐官员主要由纪检委和巡视组完成,上述三例也多有财政部、审计署等领导机关查处。由此引发一个令人深思的问题:企业内部监督植根企业,贴近高管,掌握线索,为什么占有如此优势的内部监督不能就地解决问题却由不了解内情的外部监督进驻企业搞定?这一事实充分说明企业内部监督、事中监督成效平平。

---

① 王岐山:《开启新时代 踏上新征程》,《人民日报》2017年11月7日第2版。

（二）事中监督缺失

事中监督自身并无什么缺失，只是实施中各种条件掣肘使之难起作用。主要表现在：

（1）员工缺乏积极性。由于股份无法量化，主人翁难有体现，在员工中形成高管贪腐不少得，查出问题不多得，因此缺乏监督贪腐积极性。

（2）监督缺乏制衡性。以监事会为例，法律只规定监事会有监督权、建议权，没有规定必要的否决权，这便必然形成监督中的短板效应，使监督缺乏制衡性。

（3）监督环境复杂性。国有企业是个小社会，特别是上下关系非常直接和复杂。在经济利益、职务晋升、职称评定、寻求发展等面前，多数员工不愿与高管正面起冲突，面对贪腐和虚假，往往充耳不闻，选择不揭发不举报。

由于各种关系纠葛，企业内部监督的生态环境受到污染，事中监督的耀眼光芒被遮挡，无法激发活力一展雄风横扫雾霾。

（三）原因分析

内部监督和事中监督植根于国有企业内部，贴近高管，掌握有关信息，腐败、虚假难以避开内部监督视线。为什么又难展身手发挥作用呢？具体原因有三点：

（1）信息大零散。内部监督贴近高管，掌握高管贪腐一般情况，但信息太零散，资料不准确，要完全把握有关最初事实就要众多单位配合，这恰恰需要高管审批。即使某一高管批准了，再倒腾资料，事中监督已转事后。

（2）技术太滞后。现行监督，哪怕是国家领导机关组织的巡视、检察、监督、查办要案也多是手工技术。因为企业原始凭证不录入数据库，即使从亿万张原始凭证中找到一张所需凭证，也不能提供所查事物的预算标准和上下流程。因此，翻箱倒柜、手打算盘、眼看纸证、查审关联信息便是监督中最明显的手工技术。这种落后的手工监督技术，使企业内部监督困难重重，事中监督不能发挥作用。

（3）关系太纠结。面对太多纠结的内部关系，事中监督奈何不得。

事中监督有如此众多优越之处，为什么直到现在不管东方或西方、国内或国外还没有一家企业真正实现事中监督？原因在于，实施事中监督需要具备一定的严格条件：监督技术电子化、所需资料信息化。而实现技术电子化、资料信息化的有效途径就是笔者开发的信息对称的"九一十五"方案（对称方案具体内容请参见第五章）。

## 第五节 事中监督实施

现在对腐败案件的曝光都是事后监督、事后发现，而实现犯罪分子伸手即抓、出手被捉的事中监督则是中央一再提出、亟待解决的重大课题。

### 一 事中监督研究的深入

一些国有企业负责人大肆行贿受贿，内外监督未能及时发现的原因虽然各种各样，但国有企业内部监督对上无效、外部机构对关键少数监督乏力的主要原因则在于信息不对称以及由此带来的事后监督。中央一再强调要强化监督，多次提出国有企业内部监督要"强化流程控制"，外部监督要"加强当期和事中监督"，要"探索建立审计实时监督系统"等。笔者之所以把国有企业作为研究事中监督的切入点，一是源于中央对事中监督的重视和期待；二是源于国有企业在国民经济中的主体地位和主导作用；三是源于国有企业产权关系不够明晰，国资流失对于所有者不像私企股东那样有切肤之痛。

笔者认为，事中监督的基础条件是信息对称，而"九一十五"方案即九大核对、一组数据库、十种技法和五项操作则是实现信息对称的有效途径。

### 二 事中监督的实施

笔者的观点是，在国有企业，经理人对一线员工的监督是有力、有效和事中的。比如生产中领料，事前有定额标准、事中检查核对、事后有评价比较。但员工对经理人、员工和经理人对关键少数的监督却形同虚设，因为既没有相关信息也没有相关制度。外部监督平时远离企业，即使进驻企业所得到的信息也是很难直接使用的不对称信息，只能进行困难重重的事后监督，虽握有检查监督的尚方宝剑但效果平平。那么，如何根据对称的信息实施事中监督呢？在此，以上述五则实例予以说明。

（一）针对编造虚假信息

苏州吉姆西客车公司编造虚假供产销原始凭证和记录，虚假申报

1131 辆汽车从而骗取财补 26156 万元。如果信息对称了，数据库就会录有购销业务中取得的银行支票、增值税发票、铁路运票和保险公司的保票。这些企外单位独立性、中立性很强，不会出具虚假单据，更不会为企业联合密谋共同作弊，因此这些原始凭证的信息完全可信。加之，各原始凭证都有内容加注，包括计划购销数量和单价等信息，若有较大距离极易发现。在信息对称方案中，原始凭证，特别是其中的主材料、主产品、主要零部件都全部录入数据库，监督人员只要打开电脑，点击有关键盘，相关信息立即跃入眼前，那种编造的虚假购销信息一旦录入数据库几分钟后一查便知。

（二）针对增加订单提高购价

黑龙江煤矿业公司于铁义，通过增加订单和采购量、提高采购价格等手段受贿超过 3 亿元。如果信息对称了，采购物资的品种、数量、单价、结算方式的计划，实际执行的结果等信息通过内容加注在税票、运票、银行支票和保票上都有具体记载，且都录入数据库。通过方便地核对能即刻发现问题。当然，计划与实际之间会存在差异，这种差异在正常情况下都保持在一个合理区间。因此对称方案实施后，于铁义一伙伸手必然被捉，事中监督这一密织的制度笼子定能使腐败分子望而却步。

（三）针对直接行贿巨额资金

九江经济技术开发区原工委书记李光荣一次收受房产商人贿金 3000 万元，常小兵、徐鹏远等都有一次收受 3000 万元贿金。行贿者既然是企业老板，那么老板支出现金几千万元都要通过会计之手，都会有记录。如果信息对称了，第一，大量动用现金都要有总会计师、总经理、财务总监"三总"核签；第二，大量动用现金都要在公司网站公示，让员工知情；第三，实体企业多是钱物连动，钱出物进或钱进物出，只出钱不进物必生疑虑；第四，大量动用现金，数据库随时记载监督人员随时可知。因此，只要信息对称了，像高管动用现金行贿案例定能随时发现。

（四）针对提前申报财补

金龙汽车（苏州）有限公司未完工、未销售则虚报产销 1683 辆汽车骗补 5 亿多元。如果信息对称了，供产销作为一个完整的作业链，通过实际预算对比末端销售环节的信息库极易发现虚报销售。中段的生产环节，上下工序的每一凭证都录有计划的生产数、完工日期、耗用材费和工费，超额虚报的产量、成本通过钱物核对、计划与实际比对极易发现。

（五）针对大量收受财物

于铁义、蒋尊玉、黄志光、马超群等腐败分子大肆收受商企老板行贿的房产、名车、名贵家具、金玉珠宝，这些物资在企业账上都有记载。如果信息对称了，企业原本的物出钱收就失去平衡，在数据库都有显示，即使账上暂无信息，网上盘库也会很快发现。

（六）针对例外重大活动

企业在正常经营中不会发生例外重大经济活动，如果发生了其中往往会发生腐败造成国资流失。如果信息对称了，相关详细信息会在网上公示，猫腻不会存在，腐败将无处藏身。

（七）针对流程控制

何谓流程控制？笔者的通俗理解是，企业为实现既定目标，对供产销所有上下工序、前后流程，都能按照事前制订的计划比如数量、质量、成本、收入等进行全过程、无缝隙的严格约束和监督。显而易见，在现行信息不对称和手工监督技术下实施全流程控制很难做到，但当信息对称后，这一要求可在数据库方便地实现。其数据库中的下追上溯功能、全流程监控如图4-1所示。

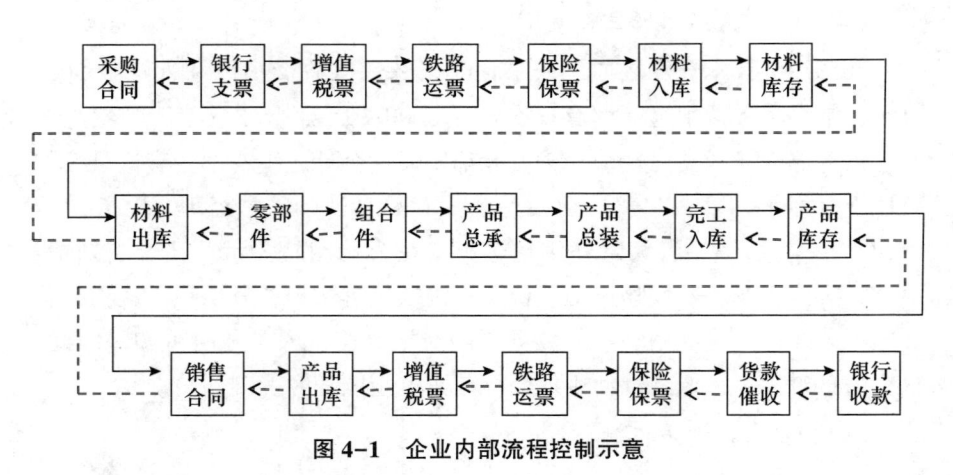

采购合同 → 银行支票 → 增值税票 → 铁路运票 → 保险保票 → 材料入库 → 材料库存

材料出库 → 零部件 → 组合件 → 产品总承 → 产品总装 → 完工入库 → 产品库存

销售合同 → 产品出库 → 增值税票 → 铁路运票 → 保险保票 → 货款催收 → 银行收款

图4-1 企业内部流程控制示意

由图可见：

（1）企业生产经营全部流程、上下工序的所有原始凭证（特别是主产品、主材料）都录入数据库；

（2）原始凭证、记账凭证、所有账户都经过内容加注和技术加注，物料编号、计划定额、上下工序和前后流程都标注在信息载体上；

（3）监督人员根据需要可从任何一个节点，下追追至银行存款收入，上溯溯到银行存款支出，用两端信息的真实可确保全程信息真实；

（4）生产过程的信息真实，还可通过网上盘库、投入产出比等手段保证；

（5）监督人员能够对任何一个节点的实际信息与计划定额进行比对，评价管理水平，发现存在的差距和可能隐藏的腐败；

（6）监督过程全部在数据库进行，快捷、方便、准时、自动化。

### 三　事中监督的意义

一是对生产全过程最严格的作业管理；二是对经营全流程最严密的内部控制；三是对经理人，特别是对关键少数最有力的事中监督；四是对少数腐败分子最有效的强力遏制；五是对现行事后监督最具颠覆性的整体转型；六是对东西方信息不对称研究最具理论性、实践性的全面挑战。

## 本章小结

事后监督是百多年经济监督的陈旧模式，这种模式的理论基础是信息不对称。打开这一模式捆绑国有企业监督的层层绳索，以信息对称和事中监督彻底结束国有企业内部监督对上不力，外部机构对关键少数监督乏力，从而开启国有企业监督新局面，以信息对称基础上的事中监督强化监督、强化流程控制，从而遏制腐败，防止国有资产流失。只要社会和企业认可和选择了信息对称方案，事中监督也就叩开了国有企业监督的大门。

# 第五章

# 事中监督前提：信息对称

　　企业监督是保持正确经营方向、实现信息真实、维护投资者利益的根本保障。企业监督不断强化，但是打开新闻网页，因监督失败引发高管腐败、企业破产的案例不绝于耳。美国"安然""世通"等名企倒闭，世界五大会计公司"安达信"被取缔，英国"巴林"银行垮塌……这些案例非常典型。而我国发出的红通百名逃犯中竟有企业高管和关键岗位人员（包括银行、金融机构）68名，给企业带来重大损失。即使萨班斯法案颁发实施后，在美国监督与被监督间仍然存在着严重的信息不对称。正如德国学者马立克（2013）所言，"目前看到许多（美国）企业的盈利超出了正常的程度"，"被加工到超出合法盈利的界限。除其他原因外，还有如纳斯达克100指数的公司2000年向公众公布盈利180亿元，而同样的这些公司在美国证监会的报告中却是亏损800亿元。这些都成了检察院和证监会的调查对象"。

　　东西方大量案例告诉我们，许多名企由"兴旺"一夜间走向死亡，不是经营无方，不是缺乏创新，而是在监督上出了问题。因此，研究企业监督之痛，破解委托代理之间的信息不对称，创新信息对称方案，重构建立在信息对称基础上的内外监督新格局，则是东西方学界和实务界渴望解决而不曾解决的具有很强理论性和实践性的重大课题。

## 第一节　关于信息不对称

　　信息不对称客观存在且非常严重，面对信息不对称监督如同雾里看花。理论研究则是拨开迷雾、还原信息对称的先导。

## 一 有关概念

### （一）信息不对称

一般认为，信息不对称是指由于代理人的位置优势、逆向选择、道德风险甚至造假故意而导致的委托代理之间拥有信息的巨大差异，即代理人拥有的许多重要特别是核心信息委托人不能拥有。信息不对称的客观存在，往往使委托人决策不科学、监督不到位、目标难实现，甚至发生企业破产倒闭、投资人蒙受损失的惨局。

### （二）信息对称

笔者认为，信息对称是指在委托代理之间，在拥有信息的数量、质量、构成、密度和时效等方面实现大体一致，即委托人为科学决策、监控代理人和评价业绩所需的主要信息都可及时获取。其中，信息数量是指信息量的多寡，质量是指信息的真实性，构成是指不同类别信息的比例，密度是指获取信息的时间间隔，时效则指信息的效率性和有效性。

### （三）信息对称方案

笔者提出的信息对称方案是能实现委托代理双方信息大体一致、可行、具体、便于操作的一整套计划安排，即"九一十五"方案。方案中的"九"指九大核对，因为监督的核心在核对，故必须将执行结果与执行标准相核对。企业经济核对主要包括九个方面。"一"指一组数据库，核对不能靠手工技术，不能模拟手工，只能在数据库进行，数据库不是一个而是针对不同核对内容的一组。"十"指核对中从会计报表到原始凭证步步分解、层层还原信息拆分返还的十种技法。"五"指五项操作，核对重点是凭证，为此必须对三类账簿、两类凭证，特别是原始凭证从物料编号、定额标准、前后顺序联通、下追上溯功能等方面进行全方位、大跨度的革命性改进，以从源头信息保证核对方便、信息真实、监督到位。

### （四）内外监督新格局

现行企业监督有内外监督之分。内部监督又分对一线生产经营数量、质量、耗费、进度的管理监督，对管理监督的会计监督，以及对会计等监督进行再监督的内审等监督。由于内部监督隶属企业，受制于企业领导层，加之共同的利害关系和专业水平，往往监督无力，甚至形同虚设。外部监督手持尚方宝剑又有专业水平，但远离企业不了解内情，面对汪洋大海般的无序信息,受限于成本效益原则很难判断信息真伪。比如,民间审计进驻企业往往将内审搁置一边,造成内外监督两张皮。所谓构建内外监督新格局是指将外部监督建立在内部监督基础之上,内部监督建立在信息对称基础之上,从而实现信息对称前提下同信息、同时间、同步骤、同目标的内外监督融合化、一体化崭新模式。

## 二 文献综述

关于信息对称和不对称,大师们的研究可谓起伏跌宕,大体分三个阶段。

### (一) 早期研究成果

经济理论巨匠亚当·斯密《国富论》(1776) 的整套理论都建立在信息对称假设之上,在近 200 年内未遇挑战。

### (二) 中期研究成果

纳什 (1950) 创立的纳什均衡、泽尔腾 (1965) 创立的精炼纳什均衡都建立在信息对称假设之上。海萨尼 (1967) 创立的贝叶斯纳什均衡研究"完全但不完善的信息博弈",仍以信息对称为研究基点。以上三人研究成果于 1994 年获得诺奖。而泽尔腾的"颤动手均衡"(1975)、克瑞普斯的"序贯均衡"(1982) 所创立的精炼贝叶斯纳什均衡开始了以信息不对称为理论基础的信息经济学研究。

### (三) 近期研究成果

**1. 西方研究成果**

西方经济学大师在信息经济学研究中引入信息不对称理论,取得了世人瞩目的骄人成果。下面仅以其中的诺贝尔奖获得者的研究成果为例。

威廉姆·维克里 (1961) 在《反投机、拍卖和竞争性封闭投标》一文中创立的颇有影响的"第二价格拍卖法"、詹姆士·莫里斯 (1971) 在《最优所得税理论的探讨》一文中提出的"让拥有充分私人信息的人在享有信息租金里得到某种好处"、詹姆士·米尔利斯 (1971) 在《最优所得税探讨》一文中探索的政府在面对信息不对称时最优税制的边际税率递减问题、乔治·阿克尔洛夫 (1970) 在《柠檬市场:质量的不确定性与市场机制》一文中开启的用信息不对称理论和模型分析市场失灵的序幕、迈克尔·斯宾塞 (1973) 在《劳动力市场信号》一文中建立的分析劳动市场的最优模型、约瑟夫·斯蒂格利茨（9176）在《竞争保险市场的均衡：论非完美信息经济学》一文中提出的供投保者选择的高自赔率加低保险费与低自赔率加高保险费的最优模型等都是研究信息不对称前提下如何通过反复博弈实现动态均衡。而 2012 年获奖的埃尔文·罗斯和罗伊德·沙普利、2013 年获奖的法玛·汉森和席勒的不管是资源配置还是对资产价格"可预期分析"的研究对象依旧是信息不对称。

可见，诺奖得主的近期研究无一人研究信息对称。

2. 我国研究概况

我国对信息经济学的研究起步较晚，自改革开放至今在国内外发表的有分量的研究成果数量偏低，多为步西方后尘，缺乏创新。其中，较有影响的是认为信息对称不可能（张维迎，1996）以及对实现信息对称路径的简易议论（林毅夫，1997；张文贤，2000）。不少论文主要研究如何缓解、降低、减少信息不对称带来的不利影响。

### 三　信息不对称成因

信息不对称成因与社会制度个性有关，但共性是主要的，以我国为例，不对称成因主要有客观、主观和制度三类。

（一）客观原因

（1）信息的自然属性，即总是先有生产经营过程再有信息加工、披露过程，此也决定了信息对称在时效上只能是相对的。

（2）代理的层级性，即现代企业多层级、长链条的代理关系叠加了信息不对称。

（3）信息的复杂性，即生产经营的复杂决定了信息生成的高度复杂，也决定了信息不对称在客观上不可避免。

（4）信息技术的不成熟性，即落后的手工信息加工技术与先进的生产制造技术的不适应，这也决定了实现信息对称必须借助电子信息技术。

（二）主观原因

（1）信息的私人性，即代理人拥有的不少信息是私有的，保护个人隐私是社会的进步。

（2）代理人的造假故意，即"劣币"代理人为追求个人效用最大化，故意造假提供虚假信息，这是研究信息对称要解决的重点问题。

（3）谨慎性原则的广泛应用。会计核算经常面对的不确定经济业务需要确认和计量，比如计提坏账准备、存货跌价准备甚至固定资产折旧。计提多少是会计人员对未来发生费用的判断和确认。由于判断不同，计提准备不同，也形成了信息不对称。

（4）学者的跟风偏执。我国经济学者紧跟西方研究动态，西方经济学者紧盯诺奖成果，会计学者紧步他人后尘。从东方到西方大家都力图在信息不对称研究中有创新出成果，对信息对称这一鲜明创新的研究却不屑一顾。这种跟风偏执的研究思路固化了信息不对称研究的精神桎梏，使人很难冲出固有牢笼。

（三）制度原因

监督的依据是制度，目的是落实制度。在党的十九大前后，中央一再强调着力构建不敢腐、不能腐、不想腐的体制机制，实现干部清正、政府清廉、政治清明，为经济社会发展提供坚强的政治保证。其中，"三不"中的不能腐就是通过扎密制度笼子使腐败没有可能。用制度反腐是各国惯例，包括制度的制定、执行和监督。监督就是把制度标准与执行结果比较核对，通过核对确认执行程度和信息真假。其中，财经制度的执行结果记录在会计账证特别是原始凭证中。笔者认为，恰恰在账证上出了问题，使监督很难进行，信息难分真假。因为现行账簿和凭证的设计初衷是向经理层提供执行信息，便于经理层对一线经营的监督，根本不考虑内外审计、行政监督对会计监督的再监督。比如，会计账证除提供一线经营的执行数据、时间和有关审批之外，不能提供再次监督所需标准，不能提供加工制造的上下工序和经营管理的前后顺序，不能提供确认信息真实所需下追上溯的依据。加之"劣币"代理人造假故意又大大加重了监督难度。因此，监督人员，特别是权威的外部监督一进驻企业如同一头雾水，大海捞针，为核查高管腐败、权钱交易，往往要动用多名审计内行、耗时数月、翻箱倒柜才能查清问题。在我国，央企百十家，国有企业15万家，民企几千万家，要实现监督全覆盖、有贪必肃、有假必打是现有也是未来监督能力根本无法承受的。比如，在监督实务中，为查清有关问题，专家要在百多项财经制度中找到有关规定；在几十万字的计划、标准、定额手册中查找执行标准；在几千道、几万道工序、程序、前后过程中进行上下求索，面对几千万张、上亿张、十几亿张原始凭证，监督人员要追查有关线索等真如大海捞针雾里看花，一片茫然，常常无奈。资料显示，我国在2013—2017年的反腐斗争中，已有440多名省军级以上党员干部及其他中管干部、8900多名厅局级干部、6.3万多名县处级干部因严重违纪违法受到惩处。众所周知，大多案例的查处都是动用多名专家、耗时数月、翻烂所有账簿凭证才能得出结论。当监督专家面对千家大型国有企业、几万家中小型国有企业时，不可能做到每企必查、有贪就肃、有假必打，这样就为"劣币"代理人造假、贪腐带来侥幸逃脱的可乘之机。其中的制度执行之难、监督之难、督查之痛可见一斑。

### 四 信息对称的现实性

信息对称的现实性建立在信息不对称成因分析基础之上。其实，所谓对称不是绝对的。比如，企业对称的信息是指委托人在科学决策、监控代理人和评价业绩方面的主要信息对称而不是所有任何信息都对称。而且，随着科技进步和人类认知能力的不断提高，信息不对称程度也会日渐缓和。关键是制度原因，是制度标准与制度执行之间的监督核对。信息对称设计就是从制度原因着手，从会计账证特别是从原始凭证开始，通过"九一十五"方案实现委托代理之间的信息对称，变监督的无所适从为一查到底，变大海捞针为盆中拾贝，变一头雾水为一目视底，变无可奈何为谁之奈何，从而以最严密的制度笼子、最严谨的制度执行和最严肃的制度监督使高管腐败不可能、信息造假无可能，还人民、还投资人一个朗朗乾坤。

### 五 信息对称的重要性

我国有句脍炙人口的军事名言"知己知彼，百战不殆"，是说只要掌握了敌我双方的充分信息就能取得战争胜利。我党领导的工农红军长征到延安后，军人只有万余人，之所以能打垮国民党五百万军队，一个重要原因就是对敌方信息的充分了解。信息对称的重要性人所共知，下面仅概括为四点。

（1）在军事斗争中，谁拥有对称的信息谁就掌握了克敌制胜的利器；

（2）在政治博弈中，谁拥有对称的信息谁就掌握了控制大局的法宝；

（3）在经济竞争中，谁拥有对称的信息谁就掌握了左右态势的诀窍；

（4）在企业监督中，谁拥有对称的信息谁就掌握了发现问题、纠正偏差、维护投资者利益的绝招。

## 第二节 信息对称方案

在制造公司，物流是基础，资金流是物流的货币表现，两者共同反映公司的财务状况和经营成果。但是，实物的不可加性使公司披露的信息基本上都是资金流。资金流的真实性、可靠性也只能通过钱物核对、钱务核对、钱钱核对得到验证。因此，机制控制的架构应是如何创造条件实现钱物、钱务和钱钱的实时核对。笔者研发的信息对称设想是"九一十五"方案。

所谓"九一十五"方案是指对 ERP 系统进行控制的九大核对、一组数据库、十种技法和五项操作。其核心在于钱和物的实时核对，以资金和实物的真实一致保证信息的客观对称。

### 一 方案中的核对研究

核对是监督的主要方法，是约束的主要手段，是委托人约束、制衡代理人的基本方式。笔者认为，手工信息技术不可能生成对称信息。EPR 模拟手工技术的设计思路也使之不能生成对称信息。破解思路在于通过"九一十五"方案对 ERP 进行机制控制，此控制机制的关键在于实时核对，通过不同形态信息流的实时核对确保信息真实。

九大核对包括：钱物核对制、钱务（管理业务）核对制、实（际）额（定额）核对制、实（际）预（预算）核对制、双重核对制、双价核对制、双重核签制、双重披露制、现金频道制。

笔者开发的实现信息对称的核对机制包括钱物、钱务核对等九个方面。

#### （一）九大核对机制的提出

机制泛指对一事物、一过程进行制动、制衡、制约的机理或理念。一个良好有效的机制，通过其制约、制衡作用，使事物或过程只能按照预先设定的目标和程序运行，不会偏离设计目标。比如，汽车的前进或倒车、停车、向左还是向右、按照什么时速奔跑，是通过离合器、变速箱、方向盘、刹车器、油门等的制衡机制按照要求运行的。笔者设计的九大核对能控制信息的生成过程，使之只能生成对称的信息。

（二）九大核对的内容

笔者设计的信息对称的九大核对可以用鱼刺图图 5-1 表示。

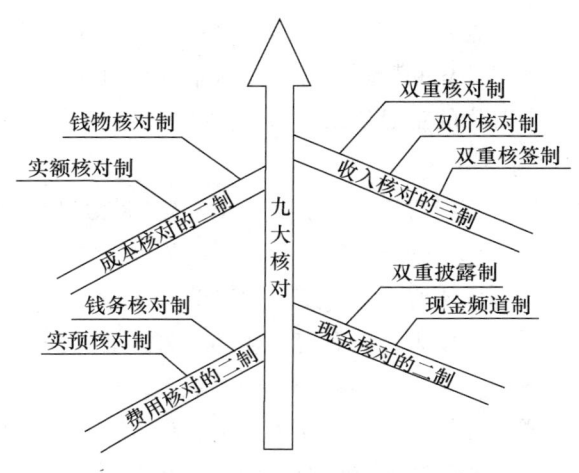

图 5-1　信息对称的九大核对示意

从图 5-1 可见，九大核对包括成本核对的二制（钱物对应制、实额对应制）、费用核对的二制（钱物对应制、实预对应制）、收入核对的三制（双重对应制、双价对应制、双重核签制）和现金核对的二制（双重披露制、现金频道制）。

1. 钱物核对制

钱物核对制是指成本形成中物是基础，钱随物走，钱物对应，因此可用物料验证资金信息的真实和对称。实体公司，特别是其中的制造业，在公司的加工制造过程中原本是钱随物走，即随着原材料投产，经过不同工序、工艺、工步的制造最后产出成品。在此过程中，显然是在物料物理的、化学的加工中不断地由原材料到部件、合件、半成品、总承等形态和质地改变，最后装配成产成品。物料内含的价值也随物料移动而移动，即经过原材料资金、零部件资金、半成品资金、总承资金形成产成品资金。生产过程中，物是基础，钱随物走，钱物能否对应决定了资金信息的真假。资金流的客观对称只有通过与之对应的物流来证实。因此，尽管会计核算的最终产品（会计报告）都是天书般的资金信息，但此信息只要返还到物，用物去核对就能证实信息真假。可见，信息对称，特别是成本信息的真实和对称可通过钱物对应、钱物核对来验证。

### 2. 实额核对制

实额核对制是指把生产过程中实际物耗、实际成本发生额与其相应定额指标进行比较。钱物对应只能证明资金是否真实，不能说明是否合理、合规，而实额对应，通过比较可发现实际脱离定额的差异，并可通过价差、量差的计算分清差异的责任，以便采取措施。可见，实额对应制是提高信息质量、信息对称的重要机制。

### 3. 钱务核对制

钱物核对制是指把经营管理中发生的企管费用与其相应的实际业务进行比较，以验证企管费用的真伪和对称。众所周知，在管理过程中耗费的费用，比如差旅费、招待费、咨询费、董事会费、审计费、诉讼费、会议经费等，都是先有业务发生，再有资金流动，管理业务与管理费用是对应的、一致的。一般来说，没有不耗费资金的业务，也不应只耗费资金而没有业务发生。这样就提供了用管理业务验证管理资金真假对称的途径。也就是说，应用管理业务的真实查证企管费用的真实。

### 4. 实预核对制

实预核对制是指把管理中实际发生的管理费用与预算确定的指标进行比较，以说明实耗费用的合理性。常有报道，上市公司高管人员为了股票涨价，为了不被摘牌，不惜财务造假，但造假又面对注册会计师审计。在造假与反造假博弈中，有的公司高管用重金贿赂、收买注册会计师以使造假过关。这种合谋造假欺骗投资人的行为，在美国、中国都有发生，安然、世通就是典型案例。实预核对制则是遏制财务造假、揭示非法活动、披露对称信息的重要机制。

### 5. 双重核对制

双重核对制是指将营业收入中的单价、销量与预算中相关的单价和数量进行比较。在财务造假中，常有把收入少夸大为多（为了虚增利润）、把收入多压缩为少（为了逃避税金）的现象，销售单价也成为个别公司任意揉搓的面团。而双重核对制，就是从单价、销量两个方面把实际与预算进行核对，以验证收入的真假、对称和合理性。

### 6. 双价核对制

双价核对制是指在关联方交易中，把实际成交价与市价或行业平均成本进行比较，以证实关联方交易有无利润操纵行为，从而说明交易的公平、公正。利用关联方交易操纵利润是不少上市公司的惯用手法，而其真伪一时很难判断。但是，如果将其成交价与市价相比较就能判断其中是否有猫腻。若产品特殊没有市价，可与行业平均成本比较，若成交价中利润率大大超过或低于行业内合理的利润空间，说明此交易很可能是操纵利润。

7. 双重核签制

公司收入、成本和费用或有例外发生。对例外收入、成本和费用如何入账？若按常规，只由总经理一人核签入账，会给财务造假带来机会。双重核签制是指对例外收入和费用，要由总经理和财务总监双重核签，会计方准入账。这样就为可能的虚假财务增添了一把安全锁，亮出了禁行的红灯。

8. 双重披露制

按照现行会计法规制度的规定，公司对外披露财务信息的方式是财务报告。财务报告的主体是会计报表，附注和附录提供的非财务信息也很有限。是否对内特别是对基层干部和员工披露信息，现行会计法规没有强制性要求。大家都清楚，代理人向委托人提供信息的真假虚实，公司员工最清楚、最为知根知底，尽管员工掌握的信息往往是零星、部分、不完整的，但是全部员工零星信息的加总就是整体信息。而产销量是员工都掌握的，这一信息往往是判断成本总额、收入总额、利润总额的关键。因此，为了保证信息客观对称，公司应自觉主动地把关键信息向员工提供，特别是其中的现金流。对内披露现金流不应是"现金流量表"方式，而应将重大、关键信息，分项目、按先后顺序逐笔逐条对内披露，以员工的审视保证信息的客观对称。

9. 现金频道制

政府官员和公司高管的"三公"消费已成为社会公众谈论的诟病和深恶痛绝的丑行。根据其他地区，特别是中国香港和新加坡的廉政经验，政府财务公开、官员财产公开是治理贪腐的主要措施，据此，公司对经理人员，特别是高管人员的"三公"消费，应及时、全面、彻底公开。可以在公司网站上设"三公"消费专栏，将高管、经理人员"三公"消费的实际数、预算数、差距数、差异原因（按人头、分项目，包括批准人、核签人），一一适时公布，把"三公"消费完全置于公众视线之下，让"三公"消费消消毒、晒晒太阳。

(三) 九大核对的关键

九大核对，洋洋千言，关键何在，重点抓住什么？笔者认为，核对作为一种经管中的制动、制衡、制约力量,关键是实时核对、实时的钱物核对和实时的钱务核对,以实时核对验证财务信息的客观真实和对称。实际上,社会审计也是钱物核对、钱务核对,但不同之处在于:一是其核对是事后,一年之后。因为时过境迁,记忆模糊,事物复杂,无法全部核对,因此事后审计结果往往被怀疑。二是核对是抽样,抽取样本的 30%。一个制造业公司,比如一部汽车大体三万个零部件、十多万种物料、几千几万道加工工序,注册会计师不可能全部做到钱物、钱务核对,因此只能靠抽样,用 30%的小子样判断 100%的全部样本。现实中往往连 30%都做不到,使审计结果不可能客观。三是核对靠外人,外人不了解内情。社会审计靠的是会计师事务所的注册会计师,由外部介入公司,因为不熟悉业务、人手很少,在短时间完成审计鉴证业务常出问题。信息对称、九大核对的关键是实时核对,而实时核对主要靠公司内审,靠掌握内情的内审人员的随时、随地、实时的核对。

(四)九大核对的落实

九大核对的落实,一靠公司决策人的认可和重视,二靠员工的配合和支持。在此前提下,还要靠一系列配套措施和技法,即开发一组适合九大核对的数据库,创新适应九大核对的信息技法,并从信息生成的源头数据、从账簿账页和会计凭证的内容及结构上进行一系列改进和重新设计。

九大核对研究要解决的问题是对称方案的理念并对核对范围做出界定,在整个对称方案中提纲挈领。可以说,九大核对是信息对称方案的顶层设计;对核对数据库、核对技法和具体操作具有纵向统领作用;是对有效监督理念的提炼和延伸;是将事后审计质变为事中审计的起点。当然,九大核对效用的发挥还要靠数据库、信息技法和具体操作来落实。

## 二 方案中的数据库研究

数据库为信息对称搭建运作载体,勾勒核对程序,提供信息核对平台,即钱物核对、钱务核对,所有真实性鉴证核对都通过数据库完成。笔者设计的信息核对数据库分通用数据库和按会计要素(资产、负债、权益、收入、费用、利润)数据库两大类。

(一)钱物核对制衡原理

根据价值学说理论,商品是价值的基础,价值是物化于商品中的社会必要劳动,货币则是价值计量的一种资金形态。在市场上物随钱走,哪里有钱物就流向哪里。公司的日常运行分供产销三大过程，供应过程是用钱购物，物随钱走，因此其中的钱物核对应是以钱为主，用钱核物，即用银行存款支出回单（包括采购合同、运单、保单、税票等）核实物料入库的真实性。据此思路，如若发生钱多物少，很可能是物料损失或藏匿；发生钱少物多，很可能是物料虚增，夸大库存。物料的真实性核对为后续的钱物核对、确认物流真实奠定了基础。生产过程是对物料的加工制造，随着物料物理形态和化学成分的不断转化，其资金形态也随之转化。因此，其中的钱物核对是物物核对和钱物互核。核对中，如果发生钱少物多、钱多物少、有钱无物、有物无钱、物物不符，很有可能是为后续信息造假做好铺垫。物物核对、钱物互核可确保物流、资金流信息的真实性。销售过程是售物收钱，钱随物走，因此其中的钱物核对应是以物为主，以物核钱，即用出库物料（包括销售合同、运单、保单、税票等）核实收入的真实性。据此思路，如若发生钱多物少，很可能是虚夸收入故意把利润做大；如若发生钱少物多，则可能是隐匿收入有意把利润做小。党的十八大以来，反腐力度越来越大，查处的国有企业高管侵吞、侵蚀、转移、私分、贱卖国有资产等大案时有发生。据《法治周末》的文章，2014 年 1 月 1 日至 12 月 15 日，包括张智江、孙佳和、薛万东、杨进先、武新福在内有 150 位国有企业高管被查或受审。凡此发生，必然留下钱大于物或物大于钱等种种钱物不符的痕迹，通过钱物核对很容易识破、发现。从上述可见，公司的钱物核对的基本格局就是"以钱核物→物物互核→钱物互核→以物核钱"四个阶段、四种形式。其中的物物核对主要靠经理人属下的管理部门通过出入库、核查、计量、批准等手段完成。钱物核对靠经理人属下的财会部门通过确认、计量、记录、报告等过程完成。钱务核对除靠财会监督外，还应主要通过现金频道、阳光财务靠员工的公众监督完成。而公司综合性核对，作为对上述钱物监督的再监督，则由监事会属下的内审部门和公司外部注册会计师通过审计程序与审计技术完成。在手工核算条件下，信息生成技术的落后和钱物关系极其复杂，使完全的钱物核对不可能；在全面引入 ERP 系统后，这种不可能将变成完全可能，其核对工作载体就是数据库。

（二）数据库系统

数据库作为钱物核对的运作载体，作为"九一十五"方案的分系统，其内容包括资产、负债、权益、收入、成本和利润六个子系统。其中的子系统又包括小系统，比如成本子系统包括产品总成本、单件成本、总承成本、合件成本、零部件等小系统。而单件成本小系统又具体包括直接材料、直接人工、直接燃动和制造费用四个微系统。

（三）钱物核对通用数据库

以上阐述了供应过程的以钱核物和销售过程的以物核钱。在生产过程中，随着物料投产，物流按照原材料→在产品→产成品转化，其资金流按照存储资金→在产品资金→产成品资金转化。这种钱物流动的对应关系为生产过程的物物核对和钱物核对提供了基础。同时，为了管理生产经营不可避免地还要耗费管理费用。管理费用项目庞杂，各种各样，但耗物不多，主要是资金，这种核对即钱与务（管理业务）的核对。

综上分析，为保证信息真实对称，实时核对的内容主要包括以钱核物、以物核钱、钱务核对和物物核对四个方面。其中，通用数据库如图5-2所示，其他数据库可借此调整以便核对。

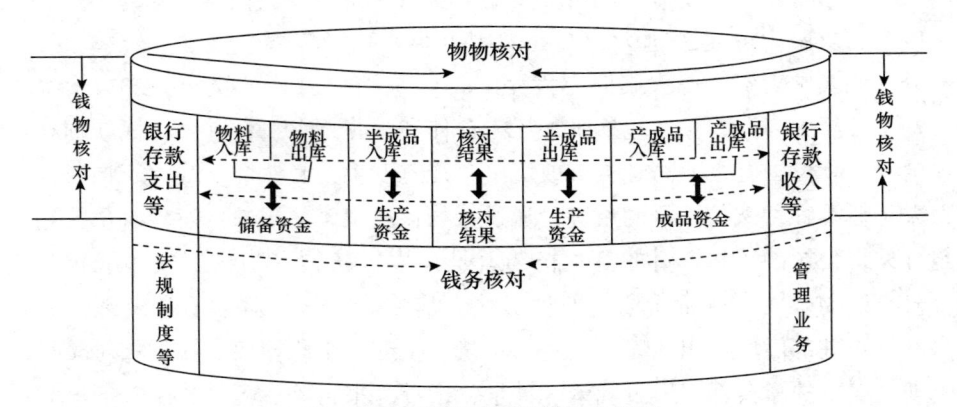

图5-2　钱物核对通用数据库模型

从图5-2中可见，实时核对分四个层面：（1）是用经营起止两端的银行存款（包括运单、税票、保单等）核对物料的真实性（钱物核对）；（2）是用物料核对物料的真实性（物物核对）；（3）是用物料与资金互核以核对钱、物的真实性（钱物核对）；（4）是用资金核对管理业务的真实性（钱务核对）。

通用数据库之所以"通用"，是指通用数据库为子、小、微数据库提供了基本框架，其他数据库设计将以此为样本，通过适用性调整满足不同内容特定核对的需要。

### (四) 资产类核对数据库

资产是指企业由过去的交易或事项形成的，为企业拥有或控制的，能为企业带来经济利益流入的资源，包括流动资产、固定资产、长期资产和无形资产。资产因能带来利益或享用故此常为"劣币"代理人和不法分子所侵吞，特别是"三公"经费和资产贱卖。企业的商业秘密受法律保护不应对外披露，但"三公"经费，资产的转让、拍卖、评估不属于商业秘密应予公开，公开是遏制腐败、揭示猫腻的一剂良药，且公开得越全面、越彻底、越实时，效果越明显。据此，笔者针对"三公"经费和资产转让设计出两种数据库。

1. "三公"经费公开数据库

笔者设计的"三公"经费公开数据库是按人头、分项目、对照预算、笔笔公开的彻底的阳光财务。其数据库可以用图 5-3 表示。

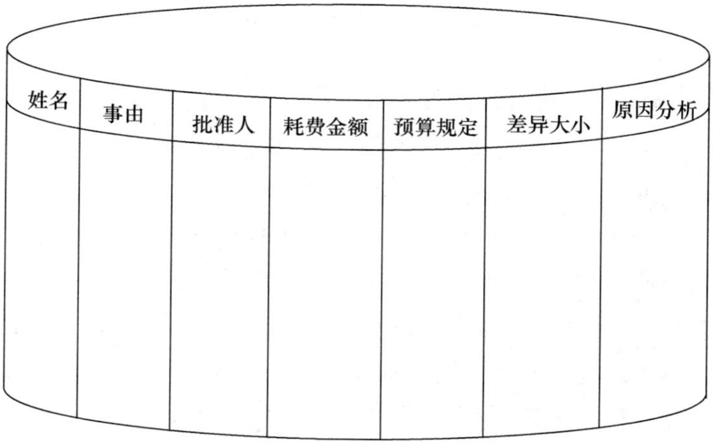

**图 5-3　"三公"经费公开数据库**

字段：姓名 | 事由 | 批准人 | 耗费金额 | 预算规定 | 差异大小 | 原因分析

对此数据库应注意三点：（1）现金频道为员工广泛监督提供了最为恰当的机会，通过广泛监督、晒晒太阳，把"三公"经费纳入合理范围。（2）高管的家庭财产，比如其配偶和子女的薪俸、奖金、用车、住房、证券、出国等情况也应纳入现金频道。（3）高管的认定范围，笔者认为应是公司所有的正副职、正副总（总工、总经、总会）和董事、监事。

2. 资产转让数据库

改革开放 40 年来，国有企业在分立、合并、转让、资产拍卖中常有

"劣币"代理人借机低价出让、低价评估以从中牟利。笔者认为,国有企业资产评估、转让、拍卖的是国有资产,社会公众作为资产最终所有者,特别是企业员工拥有知情权、发言权,因此应像拍卖行拍卖物品一样通过公开竞拍,实现公平、公正。其数据库可以用图5-4表示。

| 序号 | 资产名称 | 入账年限 | 转让原因 | 原始价值 | 使用年限 | 已提折旧 | 账面净值 | 评估价值 | 市场价值 | 竞购厂家 | 竞购价值 | 竞拍价值 | 备注 |
|---|---|---|---|---|---|---|---|---|---|---|---|---|---|
| | | | | | | | | | | | | | |

**图 5-4 资产转让数据库**

(五)收入类信息核对数据库

收入是指企业由于过去的交易或事项形成的,不直接增加所有者权益,能为企业带来现时利益的总收入,包括主营业务收入、其他业务收入、营业外收入和政府补贴收入。收入是信息不对称的高发区,因为"劣币"代理人的利润操纵主要从虚构收入开始。比如,虚增利润的起点往往是虚夸收入,核对的方向是用物(商品出库量)核钱;隐瞒利润的起点往往是缩减收入,核对的方向是用钱(银行存款、应收款项、市场单价等)核物。收入类信息核对数据库可以用图5-5表示。

(六)成本类核对数据库

简单地说,成本是费用的对象化,而费用是指日常生产经营活动中发生的、会导致所有者权益减少的、与所有者分配利润无关的经济利益的总流出。成本,特别是制造业的成本核算是所有核算中最为复杂的业务。且不说产成品往往由成千上万个零部件组装,生产过程由千百道工序加工完成,单就辅助生产而言,其中的工卡量模刃、水暖电气风、车钳铣刨磨的成本计算和层层叠叠的成本结转的多次归集分配、再归集再分配已令人眼花缭乱。在此,笔者只开发单位产品成本核算数据库,其他成本数据库可举一反三。

| 银行存款支出回单 | 材料入库清单 | 材料出库清单 | 生产批号 | 产成品入库单 | 核对结果 | 产成品出库单 | 销售合同号 | 运单 | 税票 | 单价数量 | 银行存款入账单 |
|---|---|---|---|---|---|---|---|---|---|---|---|
| | | | | | | | | | | | |

图 5-5　收入类信息核对数据库

1. 单位产品成本核对数据库

在钱物核对中，极其复杂的子系统应是产品成本，产品成本子系统中单位产品成本的小系统更为复杂。且单位产品成本还包括直接材料、直接人工、直接燃动费、制造费用四个微系统。其中，单位产品成本核对数据库可以用图 5-6 表示。

| 直接材料 | | 直接人工 | | 直接燃动费 | | 制造费用 | | 金额合计 | 单位产品成本核对结果 | 定额指标 | 行业平均水平 |
|---|---|---|---|---|---|---|---|---|---|---|---|
| 用量 | 金额 | 总工时 | 金额 | 用量 | 金额 | 总工时 | 金额 | | | | |
| 单价 | | 工资率 | | 单价 | | 分配率 | | | | | |

图 5-6　单位产品成本核对数据库

2. 直接材料核对数据库

单位产品成本由料费、工费、燃动费和制造费用四部分构成，在制造行业中料费比重往往占成本的 60% 以上，因此核对料费应是单位产品成本核对的重点。一种产品的直接材料可能有几种、十几种，核对中应抓住一两种主要原材料。其核对数据库可以用图 5-7 表示。

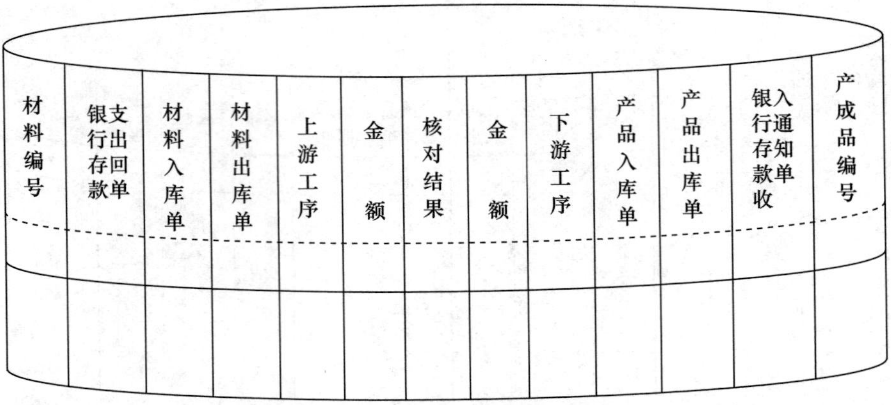

| 材料编号 | 银行支出回存款单 | 材料入库单 | 材料出库单 | 上游工序 | 金额 | 核对结果 | 金额 | 下游工序 | 产品入库单 | 产品出库单 | 银行存款入款通知单 | 产成品编号 |

图 5-7  直接材料核对数据库

3. 制造费用核对数据库

成本项目中的直接材料、人工和燃动费相对简单，制造费用则相当复杂，其中包括项目繁多的管理人员薪酬和福利费、办公费、折旧费、日常维修费、机物料消耗、照明费、长期费用摊销、低值易耗品摊销、设备租赁费、动力费等 20 多个项目。费用中既有物料消耗也有非物料消耗，核对的指导思想是将实际发生费用与定额指标相比较。当然，对偶发的火灾、爆炸、厂房坍塌、物料失盗等事故应运用其他专门方法核查。制造费用核对数据库可以用图 5-8 表示。

| 制造费用项目 | 耗用金额 | 核对结果 | 本厂定额 | 行业平均水平 |
|---|---|---|---|---|
| 管理人员工资 | | | | |
| 折旧费用 | | | | |
| 维修费用 | | | | |
| 机物料消耗 | | | | |
| 办公费用 | | | | |
| …… | | | | |

图 5-8  制造费用核对数据库

以上比较详细地设计了会计六大要素中的资产（"三公"经费即现金、资产转让）、收入（主营业务收入）、费用（单产成本、直接材料和制造费用）等信息核对数据库，其他要素比如负债、权益、利润可比照钱物核对数据库一般样本，进行适应性调整而具体开发，恕不赘述。

### 三　方案中的技法研究

现行会计披露的信息都是期末的、综合的、单一资金的信息，很难对此信息鉴定真假。信息技法是信息转化的技术，目的在于把会计报表、会计账户中综合的、资金的信息转换为钱物对应、钱务对应的会计凭证信息以方便进入数据库核对。笔者开发的信息技法分内审和外审共十种。

公司内审信息技法有如下六种：指令接受技法、信息提取技法、信息排序技法、信息核对技法、异常信息剥离技法和内审报告技法。

公司外审信息技法有如下四种：信息分离技法、信息还原技法、信息组合技法和异常信息报警技法。

十种技法是指在对称方案实施中将会计报表、会计账户的综合信息分解、返还为钱物、钱务（管理业务）平行出现，能方便进入数据库的信息转换技术。在实务中信息鉴证有内审和外审（注册会计师）之分，不同审计有不同特点、程序和要求，因此又有内审、外审不同审计技法的区别。根据笔者研究，信息对称的鉴证主要靠内审的实时核对，内审是外审的基础，外审是内审的再鉴证和自然延伸。信息技法包括的六种内审信息技法和四种外审信息技法可以用图5-9表示。①

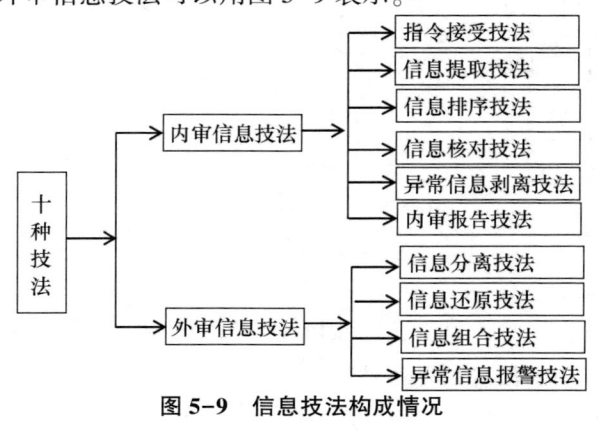

图5-9　信息技法构成情况

---

① 技法研究参见柴美群、赵益朝《信息对称技术研究》，《现代商贸工业》2013年第24期。

## (一) 内审信息技法

### 1. 内审特点

内审是指由公司内部审计人员按照主管机构或领导指派对经营管理信息进行的鉴证和审计工作。这一概念决定了内审的主要特征：（1）内审人员是公司内部员工，了解公司实际信息；（2）只接受主管机构、主管领导指派或岗位职责进行内审；（3）具有许多事中审计要素；（4）往往缺少独立性。

### 2. 内审程序

内审的概念和特点决定了内审程序可从账户信息、从会计凭证开始，甚至能根据日常掌握的信息直接进行钱物、钱务的实时核对。具体审计程序可以用图5-10表示。

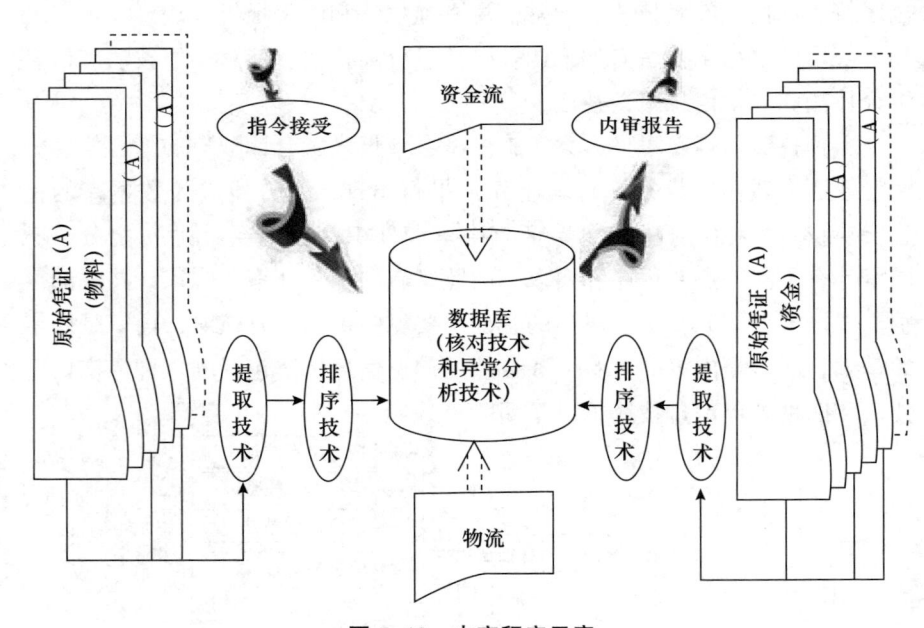

图 5-10 内审程序示意

### 3. 内审信息技法

信息核对技法是指对会计信息进行再加工、再整理，以便将其转换为数据库易于接受的信息的具体技术。

内审核对的六种技法主要包括：

（1）指令接受技法，是指内审人员能够自动、快速承接主管机构或领导指派内审任务的技术。当然，其包括常规的、内审岗位职责范围的内审。

（2）信息提取技法，是指面对海量般浩瀚的记账凭证、原始凭证和日常掌握的其他信息，通过自动辨认、识别、筛选，快速提取核对所需信息，以方便进入数据库系统的技术。内部机构、内审人员与公司负责供产销、人财物的所有员工一样共处经营业务第一线，对公司各种信息知根知底，能方便地获取会计报表、账户、凭证等各种信息。对于内审，问题不在于得不到信息，而是信息太多太杂不经处理不能进入数据库。信息提取技法要解决的恰恰在于从各种目不暇接、量大无比的信息中快速提取所需信息。众所周知，一部汽车大体由30000个零部件组装，其产销量的真实性很难用30000个零部件一一核对来证实。信息提取技法就在于从如此庞杂信息中提取能够证实整车产销量的信息，比如提取方向盘入库出库量。因为一部汽车只需一个方向盘，方向盘出库组装量就是整车产销量。就是说，信息提取技法不是什么都一一核对，而是抓住关键的少数，用关键少数足以鉴证全部样本信息的真实。

（3）信息排序技法，是指对已提取的信息按照数据库程序图要求自前向后自动、快速进行编列排序以便进入数据库的技法。以产品单位成本项目中的直接材料微系统为例，其信息排序应按图5-7所示的数据库程序编列。

何谓信息对称？一般来说，公司信息对称是指委托人与代理人在重要信息的数量、质量、构成、时效和详略程度等方面能实现大体一致，即委托人在公司治理、重要决策和监控代理人中所需的主要信息基本上都可获取。因为委托人往往关注产品成本的真实，内审人员可将主产品中占成本金额60%以上的物料费用进行核对，以物料费用验证成本的真实。假定某产品耗用材料26种，内审可选其主材料比如C001号重点核对。图5-7成本项目中直接材料核对数据库程序图的设计是，对主材料C001号从购料支付银行存款、物料入出库单、上游工序（假定16道）、零部件金额开始与下游工序（假定8道）、产成品入出库单、售后银行存款收入通知单的金额进行钱物互核，以证明物料的真实，再用物料真实核对资金的真实。由此可见，信息排序技法就是把本来杂乱无序的海量原始信息，按照数据库程序图的路线图自动、快速编排顺序以满足核对需要。

（4）信息核对技法，是指对恰当排序的初始、平行（钱物同时）展现的信息进行钱物、钱务、钱钱——对比核实以判断信息的真实对称的技术。

（5）异常信息剥离技法，是指在核对中，把不能对号入座、有钱无物、有物无钱等钱物不符的异常信息分离出来另行处理的技术。

（6）内审报告技法，是指内审人员将钱物、钱务核对结果，向主管机构和领导及时报告的技术。

4. 内审结果

从公司看，经过内审实时的、一笔一笔的钱物核对、钱务核对，能够证明委托代理间的信息对称，委托人对代理人的怀疑、不信任可以解除。但是从公司外部分析，内审就是内审，内审不够独立，自爆家丑、自揭疮疤的彻底程度使外人往往很有顾虑。因此，政府有关机关规定，一般单位，特别上市公司还要经过独立性强的外部审计鉴证，以外部审计结果认定信息真伪。

（二）外审信息技法

外审有其权威性，外审审计结果是社会认定信息真假的主要形式。

1. 外审特点

外审在此是指社会审计或民间审计，即由注册登记的会计师事务所受托对企事业单位的经济业务按照专门程序进行核对验证并提出审计意见的信息鉴证工作。外审概念决定了外审的主要特征：（1）从外对内的审计。外审人员对公司经营管理并不熟悉。（2）受托审计。注册会计师接受委托才能审计。（3）事后审计。先有经营业务发生，然后进行审计，多是年终审计。（4）独立审计。会计师事务所与委托公司不存在经济利益关系。（5）有偿服务审计。审计任务结束后，委托公司按事前约定支付审计费用。

2. 外审程序

会计师事务所的监督核对多是定期的、期末的。因是期末，首先接触的是账簿、报表。报表披露的信息都是综合的、有钱无物的信息，因此外审核对往往采用倒查法，即由期末追溯到期间，从资金追溯到实物。这种追溯、倒查的核对程序可以用图5-11表示。

从图5-11中可见，外审的期末核对，首先要把综合信息返还为原始信息，其特定技法在于进行综合信息的返回，然后进入内审程序。

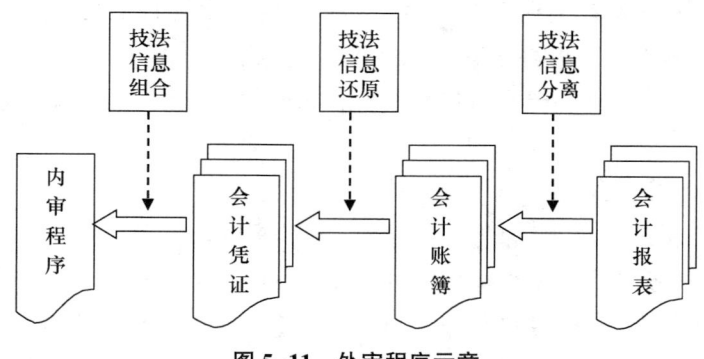

图 5-11　外审程序示意

**3. 外审信息技法**

以上论述的内审六种技术是建立在公司 ERP 基础上的信息技术。外部审计不可能自行开发大型系统软件，必然借助公司 ERP 现有基础使外审过程适应 ERP 系统。因此，外审技法是指从公司期末财报开始，将高度浓缩集成的资金信息逐次分离，还原为会计凭证信息，然后进入公司内审程序完成核对鉴证的技法。因为外审借助内审的基础和部分程序，因此外审特有的信息技法主要有四种。

（1）信息分离技法。企业对内对外披露的财务信息都是综合的、期末的、有钱无物的信息。为实现钱物核对，要对全年期末合计数进行细化处理，分解为月份数，再把月份数分解为每天数，甚至单笔数。信息分离技法是指把全年综合的两百条财务信息分解、裂变为千百万笔账簿信息的技法。

（2）信息还原技法。账簿信息仍是有钱无物的资金信息，难以实现钱物核对。为此，要对账簿中的单笔资金信息进行技术还原，还原为记账凭证进而原始凭证。原始凭证是账簿记录的原始的、钱物并存的依据，不但记录业务发生的时间、缘由、仓库、物料名称、规格、用量、价格、金额，还载有申请、签发、批准和出库等责任人签章。可见，信息还原技法是指把综合的两百条资金信息分解、还原为百万、千万条资金、物料两类独立的信息，实现了把物流从资金流成功分离，实现钱物同现、平行展现的技法。

（3）信息组合技法。外审为取得社会信任自有一套严密规范的审计程序，亦称审计工作底稿。外审的组合技术是指按照审计工作底稿的程序将已分离还原的信息进行加工整理，以方便进入数据库的技法。

（4）异常信息报警技法。其是指对钱物不符、钱务不符，实际偏离法规、政策、预算和定额的信息，数据库系统能自动亮红灯以示特别关注的技法。

4. 外审结果

外审结束后，一般应将审计意见、对公司经营管理的建议与委托单位的领导进行交换，在争得委托公司认可后公布审计结果。

传统会计提供的信息是钱吃掉物、钱吃掉务，无法实现实时的钱物、钱务核对。十种技法则是突破这一困境的技术方法。通过十种技法可将会计高度浓缩集成的两百条信息还原为千万亿条钱物、钱务平行出现的原始信息，然后按照数据库程序图要求加工整理以实时核对。①

## 四 方案中的操作研究

五项操作是指对传统账页和凭证通过内容加注和技术加注，为从源头数据上保障实时核对和信息对称所进行的系列改进。

### （一）会计凭证改进

会计凭证改进的内容加注主要是增加物料编号（便于 ERP 识别）、上下工序（便于信息下追上溯）、计划用量和单价（便于比较分析）；技术加注主要是在账页、凭证格式结构中增加相应栏目记录有关内容，比如以下实例。

1. 会计确认

下述领料业务（见表 5-1）经会计人员审核已确认入账。

表 5-1　　　　　　　　　　　领料单　　　　　　　　金额单位：元

2016 年 9 月 20 日　　　　　　　　数量单位：公斤

| 请领物料 | ZCL-26# | 计划耗用 | 2000 | 申请用量 | 1940 |
|---|---|---|---|---|---|
| 领料用途 | 生产 DG-201 | 上下工序 | 剪、卷、缩、焊、抛、烤等工序 | | |
| 批准用量 | 1940 | 计划单价 | 200 | 实际单价 | 205 |

请领单位：　　　领料人：　　　批准人：　　　供应处：　　　仓库保管：

---

① 参见柴美群、赵益朝《信息对称技术研究》，《现代商贸工业》2013 年第 24 期。

## 2. 会计计量

实际成本　　实际成本＝实际单价×实际用量
　　　　　　　　　　＝205×1940＝397700（元）

责任成本　　责任成本＝计划单价×实际用量
　　　　　　　　　　＝200×1940＝388000（元）

计划成本　　计划成本＝计划单价×计划用量
　　　　　　　　　　＝200×2000＝400000（元）

成本差异　　成本差异＝实际成本－计划成本
　　　　　　　　　　＝397700－400000＝－2300（元）

量差　　　　量差＝责任成本－计划成本
　　　　　　　　＝388000－400000＝－12000（元）

价差　　　　价差＝实际成本－责任成本
　　　　　　　　＝397700－388000＝9700（元）

量差比率　　量差比率＝－12000÷400000＝－3%

## 3. 会计记录

会计凭证的作用不仅在于能够作为记账的依据，更重要的还在于能够揭示信息真假和评价管理水平。此例中，原始凭证的改进主要是增加计量计算和有关加工工序。记账凭证的改进还要增加两种不同的成本。因为核对真假靠工序回溯（据上游工序一直回溯到物料入库的银行付款、运单、保单和税票等）和追溯（据下游工序可追溯到产成品入库、销售、银行收账、运单、保单和税票等）完成；管理水平高低靠指标计量（比如量差、价差和差异率）完成。

改进后的记账凭证如表 5-2 所示。

表 5-2　　　　　　　　　　记账凭证　　　　　　　　　　金额单位：元

物料编号：ZCL-26#　日期：2016 年 9 月 20 日　　　　用量单位：公斤

| 摘要 | 上下工序 | 借方账户 | | 生产成本——大件（DG-201） | | | | 贷方账户 |
|---|---|---|---|---|---|---|---|---|
| | | 实际成本 | | 责任成本 | | 计划成本 | | 原材料 ZC-26# |
| | 剪→卷→缩→焊→抛→烤 6 道工序 | 实际单价 | 205 | 计划单价 | 200 | 计划单价 | 200 | |
| | | 实际用量 | 1940 | 实际用量 | 1940 | 计划用量 | 2000 | |
| | | 金额 | 397700 | 金额 | 388000 | 金额 | 400000 | 400000 |

在表 5-2 中，记账凭证改进有三点：一是增加了物料编号，便于

ERP 识别；二是增加了上下工序便于适时核对的追溯和回溯；三是增加了责任成本和计划成本，便于比较分析物耗水平。

（二）会计账页改进

账页改进是凭证改进的延续，主要特点是内容加注和技术加注，其改进见下述。

改进后的成本类账簿账页如表 5-3 所示。

表 5-3　　　　　　　　　　成本类账簿账页

账户：生产成本——大件

| 日期 | 凭证 | 摘要 | 产品编号 | 上下工序 | 借方 | | | | | | | | | 量差 | | 对方账户 |
|---|---|---|---|---|---|---|---|---|---|---|---|---|---|---|---|---|
| | | | | | 实际成本 | | | 责任成本 | | | 计划成本 | | | 差异额 | 差异率 | 原材料 ZCL-26# |
| | | 领用 ZCL-26# | DG-201 | 剪→卷→缩→焊→抛→烤6道工序 | 单价 | 用量 | 金额 | 单价 | 用量 | 金额 | 单价 | 用量 | 金额 | -12000 | -3% | 400000 |
| | | | | | 205 | 1940 | 397700 | 200 | 1940 | 388000 | 200 | 2000 | 400000 | | | |

在表 5-3 中，成本类账簿账页改进有四点：一是增加物料编号；二是增加上下工序；三是增加责任成本和计划成本（便于分清经济责任）；四是增加量差（便于判断管理水平，决定奖惩）。当然，量差记录也可另设"生产成本差异—量差"账户。

## 五　信息对称的作用

事中监督对信息质量的要求是真实、及时、有效、有用和联网，如果"九一十五"方案能满足此五点质量要求，则事中监督定能实现。

（1）信息真实性的实现。对称方案中，适用的数据库、账证的内容加注和技术加注、方便快捷的核对、下追上溯的倒逼机制和网上盘库功能，确保了信息真实。

（2）信息及时性的实现。对称方案中，所有核算核对、监督都在数据库中完成，数据库快速、便捷的运算功能确保了信息的及时。

（3）信息有效性的实现。信息对称方案中，所有会计凭证和账簿记录都加注了计划、预算和消耗定额，非常方便的随时随地核对、对比功能确保了信息的有效。

（4）信息有用性的实现。对称方案中，由于所有账证都加注了生产经营的上下工序或前后流程，方便的下追上溯机制确保了随时查询到任何经营业务的原始凭证、源头数据，确保了信息的有用。

（5）信息联网。信息联网涉及专业性很强的技术，ERP 的引进、互联网的建立、大数据的到位需要各个方面联动配合，通过多方联动形成"数据库+互联网+大数据+事中监督"的国有企业内外信息联网模式。

由于对称方案实现了信息的真实、及时、有效、有用，再加上假设大数据技术能引入到位，国有企业的外部监督便能实现足不出户、坐在办公室实现事中监督和实时审计。如此，像于铁义之流，新能源汽车骗取财补行为便可随时抓住，至此，掌权别伸手、伸手便被抓的监督方式就能形成。

## 第三节　对称方案功能

信息对称方案具有其他众多举措所不具备的抢眼功能，此只强调三项。

### 一　下追上溯功能

它是通过两个加注引发的生产工序上下联通和经管流程前后连接，实现监督中从生产经营的任何一个节点，按照连接箭线（⇌）下追（往前）可追至"生产加工→完工入库→商品出库→销售合同→运票→税票→保票→银行存款收账单"，上溯（往后）可溯到"采购合同←银行存款支出回单←保票←税票←运票←材料入库单←材料出库单←生产加工"。因为企业经营前后两端在外，涉及开户银行、税务机关、运输单位、保险等公司，这些企外机构独立性很强，不会屈服企业压力或诱惑出假证、做假账，更不可能多家合谋为企业共出同一假信息。这样，监督便可借助企外最初原始单据的客观真实，通过下追上溯确保企内供应、销售信息的客观真实。在此基础上再通过产品"完工入库量=销售出库量+期末库存量-期初库存量"倒算完工产品数量并与库存量核对以判定生产加工量的客观真实，即通过下追上溯确保事中监督和实时审计所需信息真实。

生产经营中下追上溯示意图可以用图5-12表示。

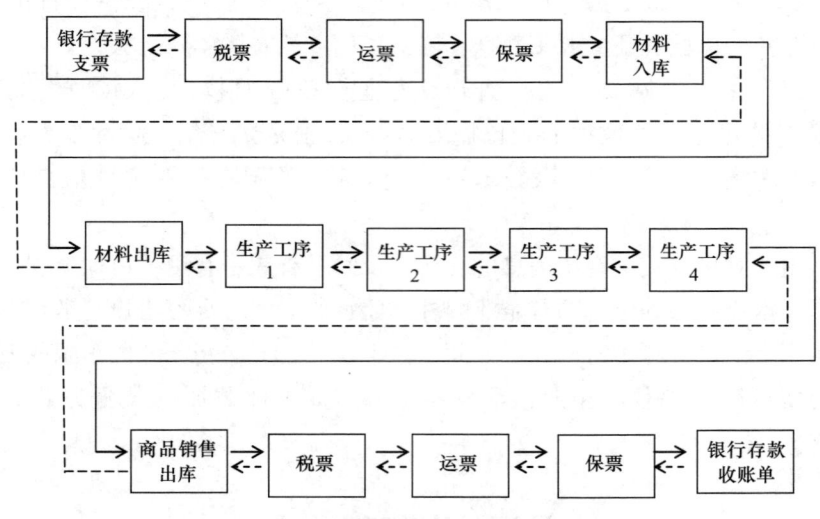

```
银行存款支票 ⇄ 税票 ⇄ 运票 ⇄ 保票 ⇄ 材料入库
                                          ↓
材料出库 → 生产工序1 → 生产工序2 → 生产工序3 → 生产工序4
                                          ↓
商品销售出库 ⇄ 税票 ⇄ 运票 ⇄ 保票 ⇄ 银行存款收账单
```

图 5-12　生产经营中下追上溯示意

注：实箭线表示下追，虚箭线表示上溯。

### 二　瞬时核对功能

它是指通过原始凭证全部（最低要求 A、B 两类业务）录入数据库，且将数据库连通企外互联网，形成"数据库+互联网+监督平台+用户终端"这一内外完整一体的监督系统，使企内监督机构与企外监督机关，只要经过批准接通数据库或监督平台便可瞬间核对企业的各种信息，确保监督的"事中"和审计的"实时"。

### 三　彻查"重灾"功能

国有企业高管贪腐、资产流失多发生在例外重大经济活动和管理费用中，是国内外监督的重中之重。借鉴中国香港、新加坡和西北欧等地区的官员公务活动经费全部及时公示的廉政经验，方案专门设计了现金频道核对和例外重大核对以确保事中监督和实时审计能紧抓重点，彻查"重灾"，事半功倍。

## 第四节　对称方案的实施条件

越是全新事物问世越需要一定条件，创造严格的前提条件能助产信息对称这个"新生儿"。对称方案实施需具备的不可回避的前提条件主要集中在以下四个方面。

## 一 学界深入研究

（1）书中所述信息对称"九一十五"方案，多半是学术层面探索，仍显粗糙肤浅，必须进一步深入细化，把理论研究成果转化为实际管控中的具体运作方案。

（2）数据库设计的针对性和具体化。

（3）原始凭证录入数据库的快速简捷技术。

（4）现金频道、例外重大核对可操作核查细目和督查具体程序。

## 二 企业主动引入

企业是市场的主体、国民经济的基础，信息对称能否真正实现的关键是在企业落地生根。因此，企业的认可和引入是对称方案实施的主要前提条件。

### （一）全面引入 ERP 系统

ERP 是企业综合资源计划的计算机软件系统，但其模拟手工核算的设计思路使之不能自动带来信息对称，破解这一密码的钥匙就是"九一十五"方案。对称方案建立在 ERP 基础之上，全面引入 ERP 是应由企业创造的实现对称方案的第一前提条件。[①]

### （二）先进有效的预算管理

预算是企业长期发展规划、日常管控计划，也是监督核对的标准。信息对称重在核对，核对的依据是预算。因此，钱物核对、钱务核对，所有核对都是将执行结果与预算（执行标准）相比较。预算管理，特别是其中定额指标的先进有效是应由企业创造的实现对称方案的第二前提条件。

### （三）原始凭证录入数据库

最好将所有原始凭证录入数据库，若受限数据库容量也可只将 A、B 两类信息录入。原始凭证的随收随录、当日录入，是应由企业创造的实现对称方案的第三前提条件。

---

① 柴美群：《公司治理模式再造研究——以信息对称为视角》，《技术经济与管理研究》2014 年第 3 期。

## （四）内审给力

信息对称的确认和鉴证首先在于企业内审，内审是实现信息对称的第一助产士。内审必须给力，必须根据主管机构安排，按照 ABC 分类法，时时、处处死盯生产经营活动，通过数据库、员工反映和领导要求进行实时的核对、审查和监督，以确认信息是否真的对称。内审给力是应由企业创造的实现对称方案的第四前提条件。

## （五）监事会的有效制衡

公司治理中监事会对经理人、董事的长效监督是制衡核心。在监事会拥有监督权、建议权的同时，如果法律能增设必要的否决权将有效克服监事会制衡短板和弱势弊端。在三权均衡的格局下，将内审设于监事会将使其握有日常监督"抓手"，使内审行使职责时坐拥牢固的"靠山"。

## （六）代理人的认可和支持

一般认为信息对称是针对代理人的，不会得到代理人的支持。其实，代理人自任职伊始就背负着道德风险、败德行为的"原罪"，总处于被监督、被怀疑的对立方。而信息对称能证明其人品真诚、努力有加和信息真实，是对"原罪"的最终解脱。因此，"良币"代理人会认可和支持对称方案。代理人的认可和支持是应由企业创造的实现对称方案的第六，也是最关键的前提条件。[①]

# 三 国家全面引领

对称方案落地将织密高管不能腐的笼子，使贪腐无机可乘，严防国资流失，涉及国家重大决策。一方面，方案的五大改进等与国家某些法规不一致，涉及文法条文修改；另一方面，方案的试点、试行和推行要由政府决定和安排，因此需要国家全面引领。

## （一）法规层面

比如，通过两个加注对会计凭证和账页进行大幅度改进，与《会计法》等规定的全国会计使用统一格式的账证不符，需要《会计法》等法规作出适当修改。

---

① 柴美群：《公司治理模式再造研究——以信息对称为视角》，《技术经济与管理研究》2014 年第 3 期。

（二）信息保密

包括国有企业在内，除上市公司外财务信息一般不允许对外披露，而"数据库+互联网+监督平台+用户终端"的企外事中监督、实时审计模式要求财务信息必须对外提供，这就不符合保密规定。故此，希望国家放宽这一保密规定，并通过电子加密技术等措施确保财务信息安全。

（三）监督平台

企业外部的监督平台应不应该、可不可以设立，如果设立其信息接收、信息服务、信息核对、信息监管、信息安全等技术由谁负责开发，如何具体运作，都依赖国家的通盘考虑。

（四）试点、试行和推行

如果政府考虑实施对称方案，则需委托一部委（比如国资委、审计署、财政部、监察委）确定试点企业，在方案试点鉴定通过后确定试行企业，方案试行鉴定通过后确定能否在国有企业全面推行。

（五）外审接力

外审主要包括政府审计和社会审计。根据上述研究成果，对称方案落地可完全实现信息对称，外审对此结论应信而不疑。对称后的外审不必像现行审计那样凡审必派众多要员进驻企业大动干戈一切从头彻查，而是在内审确认信息对称的基础上主要通过监督平台抽查抽审，把外审作为企业内部审计、内部监督的外延和接力。

## 四　社会积极适应

这是指，会计师事务所、社会公众和舆论界应积极适应，迎接这一新事物。

（一）会计师事务所

信息对称并不影响事务所承揽的业务，只是查账、监审更方便、更快捷，当然审计服务费用如何确定需另行研究。因此，事务所应积极配合。

（二）社会公众

信息对称对社会公众肯定是件大好事。国有企业归属全体社会公民所有，但现行制度使公众不能进入国有企业，更无法接触财务信息，公众很难监督，信息对称解决了这一难题。比如，一旦经过批准，社会公众接通了数据库或企外监督平台，便可参与对国有企业的评价和监督，真正发挥主人翁的作用。

（三）舆论界

舆论界要适应这一新生事物，了解信息对称理论，熟悉信息对称方案，深入企业掌握方案实施的进展和成效，通过舆论报道推动信息对称与企业生产经营的深度融合，以事中监督和实时审计的耀眼成效昭示我国的创新。

## 第五节　信息对称的应用

信息对称是实时监督的理论基础，"九一十五"是实现信息对称的有效方案。企业引入对称方案可使事后监督转变为实时监督，而实时监督的核心是三随三实；另外，在信息对称的基础上，构建大数据审计和实时监督工作模式，可以解决外部监督所需对称信息和内部监督所需强力支撑这一问题。

### 一　三随三实

三随三实就是随着生产经营中的物料耗用，管理人员施以实时控制；随着生产经营中的资金耗用，会计人员进行实时监督；随着生产经营中管理、统计提供的物流信息和财务、会计提供的资金流信息，内审人员实行实时内审，以向信息使用者提供实时、对称、真实的信息。下面以5家车企骗补10亿元资金为例，阐述如何通过三随三实实现实时监督。

（一）随耗实控

随耗实控是指管理人员在生产经营中对物料耗用进行实时控制。上述案例中，汽车生产数量按计划加工制造；完工入库量按验收入库数字统计，销售量超过库存倒剂量（销售量＝期初库存量＋本期完工入库量－期末库存量），特别是上千辆汽车的超差在数据库极易发现。管理人员是企业员工，最为了解实际产销量，申请财补销量远远超过实际销量，只要管理人员在数据库简单浏览即可发现。"劣币"代理人想避开管理人员的管控完全不可能，除非管理人员屈服压力默不作声。

（二）随用实监

随用实监是指财会人员对生产经营中的资金耗用进行实时监督。财会人员是总经理属下的经管人员，会计的基本职能之一是进行会计监督，监督生产经营中不合规、不合格、不合理现象，通过监督纠正违规违法以降低成本完成目标。对称方案中，"九"指九大核对，为钱物耗用界定核对范围，主要针对会计监督。"五"指五项操作，为适应实时监督从账证的内容和结构进行改进。改进后，物料全部编码设号；所有物流、务（业务）流和资金流全部录入数据库；信息载体都注明了钱物流动的上下工序或前后流程、计划指标或定额标准，从而使财会人员极易发现编造数据，进行实时监督十分快捷方便。但当总经理提出骗补资金，特别是成千上亿时，财会人员不能不考虑：（1）人在屋檐下不得不低头；（2）不造假很可能被解雇或者影响升迁；（3）揭露造假意味着遭到打击报复；（4）造假收入用于滥发奖金、增加福利，个人也有好处。在总经理威胁诱惑之下，显然上述车企会计人员认可了。可以说，如果实施了"九一十五"方案，会计人员可方便地进行随用实监，但特定身份和工作环境又使不少财会人员明知故犯，甚至协同造假。

（三）随算实审

随算实审是指随着管理统计核算提供的物流信息，随着财务会计核算提供的资金信息，内审人员完成实时内审。前已阐明，管理和财会人员虽然握有企业全部、真实信息，虽然能够时时刻刻进行控制和监督，但实务中这种控制和监督往往对下不对上，对员工不对领导。通过控制能使物料耗用只少不多，产品质量达到要求，完工时间只提前不错后；通过监督能使资金流动在支出上只少不多，在收入上只多不少。这种日常控制和监督对下很方便对上却很难，对员工很严格对领导却很放纵。因为管理和财会人员缺乏独立性，就必须对监督进行再监督，对控制进行再控制，特别是对高层对经理人要进行有效监督和控制。于是，实践中便产生了独立性较强的内部审计。

内审根据审计需要，打开电脑进入数据库，点击有关节点，就能方便地发现虚报产销数量。比如，本例中"劣币"代理人为了骗补就要虚报销量，为应对监督又会从源头如从编造虚假采购合同开始。对此，虚假信息内审人员只要点击"新能源汽车"，下追上溯可方便地发现有关问题。比如，原本实际产销量1000辆，耗用和采购某热轧薄板500吨（每车耗用定额0.5吨），但数据库显示售车和财补3000辆，此数量是真是假？内审人员上溯可方便地搜寻到生产过程和采购合同，数据显示生产3000辆购薄板 1500 吨。尽管采购合同与产销量表面吻合，但采购中银行存款支出回单、增值税发票、铁路运票和保险发票都是采购 500 吨。若下追可方便地发现银行存款收入通知单、增值税发票、铁路运票和保险发票上都显示销量 1000 辆。因为银行、税务、运输、保险等部门独立性极强，不会屈从企业压力出具假证，特别不会合伙共出同一假证，因此作弊真相大白。可见，企业经济信息是真是假，只要在数据库中从生产经营起止两端的银、税、运、保票单查验，就能得出结论。而数据库的下追上溯功能，只需几分钟时间便可查出虚假合同，查明骗补真相。

问题在于，内审是公司内设机构，内审人员是企业员工，他会不会也像管理、财会人员一样屈服于企业最高领导的压力呢？为此，在信息对称实施中特别强调"内审给力"，强调将内审归于监事会而不归于总经理和董事会。其实，公司监事会也是公司内部机构，与董事会和经理人同属公司人，加之监事会只有监督权、建议权并无否决权，比如上例对骗补也无力或不想强力阻拦。为此笔者建议以法律形式赋予监事会一定的否决权，即当董事会、总经理的决策有损股东或国家重大利益时，监事会有权召开临时股东会议，并允许以"一人一票"制对重大信息虚假和错误决策进行强力阻止。

## 二　大数据审计

2015 年 12 月 8 日，中共中央办公厅、国务院办公厅印发《关于完善审计制度若干重大问题的框架意见》及其相关配套文件，在"创新审计技术方法"部分强调要"构建大数据审计工作模式，提高审计能力、质量和效率，扩大审计监督的广度和深度。"并要求"适应大数据审计需要，构建国家审计数据系统和数据化审计平台，积极运用大数据技术，加大业务数据与财务数据、单位数据与行业数据以及跨行业、跨领域数据的综合比对和关联分析力度，提高利用信息化技术查核问题、评价判断、宏观分析的能力"。

实施信息对称的"九一十五"方案后，原本可保证披露信息的客观对称，但是由于种种原因，公司的纪委、工会、监事会、内审、财会、管理包括职工有时也无法阻止高管腐败、信息虚假、骗补骗税和资产流失，或者是麻木不仁、无动于衷，在此情况下外部监督就要发挥作用。外部监督，可通过各级纪委、财政、税务、国资委、巡视组、会计师事务所等。

这些单位虽然身处高位，有职有权，有专家权威，但是由于处于公司外部并不掌握企业具体情况，加之人、财、务、时等种种限制，不可能每企必查、每事必审，甚至做不到有报必纠、一纠到底。这也是现行监督的困境和尴尬。破解监督困境的重要方法之一就是大数据技术。

笔者认为，在信息对称的基础上，构建大数据审计和实时监督工作模式，可以解决现行监督的两大难题：一是解决了外部监督所需的对称信息，在现行信息条件下，构建大数据审计、监督工作模式后，公司上传的仍是期末、集成、单一的资金信息，大数据工作模式的作用不能充分发挥；如果上传的是虚假伪造信息，外部监督将完全失去效用，据此信息做出的决策必将不科学，甚至错误。而信息对称恰好能成功地解决外部监督所依信息不真实、不及时和综合集成信息的问题，成功地解决了上层决策所依信息虚假的问题。二是解决了内部监督所需的强力支撑。公司引入"九一十五"方案，信息能够真实对称，但迫于内部监督环境仍可能存在监督不力、错误决策、故意披露虚假信息的现象。而大数据的强大功能足以容纳企业有关原始信息，只要接通数据库终端，点击键盘，外部监督人员就能方便地掌握企业最原始、最真实的信息，从而实现实时监督，防止资产流失、腐败发生。外部监督机构能随时核查公司最原始、最源头的数据，就从根基上解决了内部监督的强力支撑问题，也使代理人不敢贸然以身试法。

## 本章小结

企业管理中存在许多问题，诸如信息虚假、骗补骗税、高管腐败等，从而造成国有资产流失，经济效益低下。

其主要原因在于事后监督的墨守成规。墨守成规又集中表现在监督理念保守、监督信息陈旧、监督技术落后、监督临阵尴尬、监督面对阻力和大数据技术尚未落地六个方面。按照中央指示精神应实行事中监督，探索实时审计和采用信息化监管方式。笔者认为，实现事中监督的关键在于信息质量，在于信息的真实、及时、有效、有用和互联网技术，而获取高质量信息的有效途径是信息对称的"九一十五"方案。

信息对称可成功超越事后监督。信息对称的"九一十五"方案从钱物核对的范围界定、核对载体、信息转换技法和源头数据四个方面为强化管理、实时核对和实时监督提供对称信息。对称方案的关键在于建立钱物实时核对数据库并对现行账证的项目和结构进行全方位改进，以提供核对和监督所需有用信息，从而成功超越事后监督的陈规旧习。对称方案中的九大核对、一组数据库、十种技法和五项操作，特别是账证中的两个加注、下追上溯机制和方便快捷的核对功能能保证信息的高质量，保证实现事中监督、实时审计和监管的信息化方式，从而有效地治理腐败，防止国有资产流失。信息对称实现了，事中监督所需及时、真实的信息也就得到了。

实时监督的核心在于"三随三实"。因为信息对称了，管理人员可随生产经营中物料耗用施以实时控制；会计人员随生产经营中资金耗用进行实时监督；内审人员随管理提供的物流信息、会计提供的资金信息完成实时内审，从而向信息使用者提供客观、真实、对称的信息。

大数据审计工作模式解决了经济监督的"最后一公里"问题。由于多种原因，内部监督环境即使实现了信息对称也不一定能够完全解决虚假信息、高管腐败和资产流失问题；外部监督也因无法获取对称信息而无法对企业进行实时监督。大数据信息技术、大数据工作模式则能有效地解决这一难题。因为公司初始信息，哪怕最为原始的凭证随时都可上传外部监督机构，监督机构人员足不出户便可随时掌握公司任何经济信息，从而打通了外部监督由事后监督转型为事中监督的通道，解决了经济监督"最后一公里"问题，为强化公司治理创造了良好的经济环境，为下一步经济腾飞插上一对翅膀。

# 第六章

# 事中监督实施：方案落实

尽管事后监督通行国内外且成效突出，但弊端明显。具体根源集中在监督技术落后、会计账证设计偏执，以及由此导致的提供给监督方所需信息的不实、滞后、无序、盲视和孤立，因此必须转型为事中监督。

支撑事中监督技术跨越、加强审计信息化建设和矫正账证设计偏执的有效途径是信息对称的"九一十五"方案。其中，"一组数据库"专门针对监督技术，把现行手工监督核对转换为电子化监督核对技术；"五项改进"专门针对会计账证设计偏执及其引发的不能提供监督所需的真实、及时、有用信息；通过两个加注和其他改进措施能够强化对称方案的下追上溯、瞬时核对、彻查"重灾"等功能，以提供事中监督所需真实信息、及时信息、有序信息、可视信息和关联信息，从而真正实现事中监督和实时审计。

## 第一节 引言

中共中央、国务院在《关于深化国有企业改革的指导意见》（2015年8月24日）中关于"建立健全高效协同的外部监督机制"部分强调指出，要"加强当期和事中监督"，建立"经常性审计制度"。中办、国办在《关于完善审计制度若干重大问题的框架意见》及相关配套文件（2015年12月8日）中提出要"探索建立审计实时监督系统，实施联网审计"。习近平同志在党的十九大报告（2017年10月18日）中关于"加快建设创新型国家"部分指出为建设科技强国必须进行"颠覆性技术创新"；在"深化机构和行政体制改革"部分再次指出要"创新监管方式"。党的十九届三中全会公报（2018年2月28日）提出转变政府职能要"强化事中事后监管"。2018年3月21日由党的十三届人大通过的《监察法》则是强化党和国家自我监督的重大决策部署，旨在通过强化监督，严惩腐败，有效制约和监督权力，不断提高监督效能，实现对所有行使公权力的公职人员监察全覆盖，实现国家治理体系和治理能力现代化。2018年5月23日习近平同志主持召开了中央审计委会议并发表重要讲话，强调指出"要坚持科技强审，加强审计信息化建设"。

中央精神非常清楚，下一步的关键在于如何将通行东西方千百年的事后监督在实务中转化为事中监督和实时审计。本章仅以国有企业为研究基点，试图从守旧心理、执业习惯、信息技术和设计偏执四个方面进行创新性研究。

## 第二节　事后监督成因

据2016年9月9日新华社的报道，苏州吉姆西客车制造有限公司通过编造虚假的采购、车辆生产销售等原始凭证和记录，上传虚假合格证，违规办理机动车行驶证的方式，虚构新能源汽车生产销售业务，虚假申报2015年销售新能源汽车1131辆，涉及中央财政补助资金26156万元。报道还揭示，金龙联合汽车工业（苏州）有限公司未销售甚至未完工提前申报补贴51921万元，奇瑞万达贵州客车股份有限公司以同样手法申报补贴资金9810万元等。①

翻开报纸期刊，打开新闻网页，有关信息虚假、贪污腐败的报道俯拾皆是。原因何在呢？

2015年的骗补2016年才查出，这显然是事后监督。其实，经济监督差不多都在事后。事后发现总比没有发现好，但损失已发生，影响已造成，不能不是一大遗憾。那么，为什么监督总在事后，为什么不能及时核查？笔者认为，现行经济监督之所以总在事后，根本原因在于墨守成规、不求创新。具体原因有以下六点。

### 一　理念保守

经济监督的理论基础是信息不对称，即委托人只能依据代理人事后披

---

① https://www.guancha.cn/Indnstry/2016_09_09_373937.shtml.

露的不对称的信息进行。代理人的道德风险、败德行为造成信息不实,且"劣币"代理人又故意造假,欺骗委托人。由此认为监督具有无法摆脱的三个特点:一是事后性,认为总得先有经营过程,再有经济核算,后有经济监督;二是不对称性,认为监督依赖的信息不但在期末,且不客观、不真实,甚至故意编造;三是作用有限性,认为有监督比没有监督好,但大量经济犯罪不能查出,监督作用发挥有限。满足于事后监督、麻木于信息不对称,面对作用有限无可奈何,百多年来墨守成规、不求理念突破是现行监督难有作为的第一精神障碍。

## 二 信息陈旧

企业75%以上的经济信息由会计披露。会计披露程序按照确认(根据有关规章制度审查发生业务的合规合法性以确认能否入账)、计量(计算应记多少,如何分配)、记录(将计量结果记入账户)和报告(期末汇总账簿记录编制会计报表对外披露信息)四个过程进行。其他核算(比如统计、管理)也大体如此。这种信息的披露过程从监督视角分析:(1)时间上滞后(审核只能在期末不能在事中);(2)内容上单一(审核只能依据资金很难获取与此相应的物料信息);(3)构成上集成(审核只能依据汇总信息很难获取所需针对性极强的具体信息);(4)效果上有限(审核作用平平很难全面追查,一查到底);(5)监督上困难(审核受限于人财物时条件,不能破解信息守旧瓶颈)。至于此等信息能否转换为对称信息,并据对称信息进行实时监督,似乎不可想象,甚至是离经叛道。监督只能依据不对称的信息,固守百多年陈规旧习不求信息突破,这是现行监督难有作为的第二精神障碍。

## 三 技术落后

现行会计核算,不管是手工记账、电脑记账还是ERP系统,在本质上都属于手工核算技术。比如,手打算盘、人写笔记是手工技术;电算会计表面上摆脱了手工,但此信息系统与其他系统互不联通,形成"信息孤岛",除减轻会计人员工作负荷,提高核算速度之外别无大用;引入ERP系统虽然实现了"四流合一(物流、务流、资金流、信息流)",实现了信息的互联互通,但其设计思路仍是模拟手工,提供的信息与手工核算别无他二。手工核算必然带来手工监督,手工监督在实务中往往将凭证都翻烂了也找不到有价值的信息，大量资产流失、贪污腐败在事后监督眼皮下溜之大吉。面对手工监督安于现状，固守百多年手动技术不求突破，是现行监督难有作为的第三精神障碍。

### 四 临阵尴尬

这是指由上述的理念保守、信息陈旧和技术落后带来监督人员深入现场的各种尴尬：（1）监督是事后的，使许多问题时过境迁，复查困难；（2）条件是受限的，人力、物力、财力、时间和信息有限，使不少问题不能一查到底；（3）信息是零散的，不完整、不系统、前后不贯通、源头数据零星分散，难于钱物核对、实（实际业务）预（预算标准）核对；（4）内外不协调，内外监督不衔接，内部人员甚至不配合等。面对百多年的监督尴尬和困境不求质的突破，是现行监督难有作为的第四精神障碍。

### 五 监督有阻力

对于监督，不但"劣币"代理人绝不配合，有时员工也态度暧昧，消极旁观。因为员工与企业构成命运共同体，一荣俱荣、一损俱损，担心事情闹大对企业发展不利，波及自身。特别是，（1）代理人的小恩小惠、滥发奖金、扩大福利使不少员工少有配合；（2）强龙压不住地头蛇，监督过后代理人仍然掌权执政；（3）"劣币"代理人的打击报复，也使不少员工在监督面前缄口不语。面对各种监督阻力，固守百多年陋习陈规难有机制突破，是现行监督难有大作为的第五精神障碍。

### 六 大数据尚未落地

大数据时代已经到来，但真正普遍落地尚需时日。即使普遍落地，由于现行会计、统计仍需手工核算，不能提供钱物核对、实时监督的信息，监督作用仍将大打折扣。大数据尚未落地，使外部监督不进入企业就不能掌握真实信息，进入企业也未必能掌握具体信息。面对数据传输困境，不求传输顽疾质的突破，是现行监督难有作为的第六精神障碍。

## 第三节 事后监督评价

若要有所创新必先对原有事物进行科学评价，只有认准了不足找到根源，才可能对症下药、药到病除。

## 一 事后监督成效

事后监督是监督，是过去和现在国内外最常见的监督方式，且取得了巨大成效。

王岐山同志在《开启新时代　踏上新征程》一文强调，2013年以来有440多名省军级以上党员干部及其他中管干部、8900多名厅局级干部、6.3万多名县处级干部严重违纪违法受到惩处。① 另据新华社2018年3月29日电，原中共山西省吕梁市委常委、副市长张中生于1997—2013年，利用职务之便索取、非法收受他人财物折合人民币10.4亿元，其中有两起受贿犯罪金额每次在2亿元以上，主动向他人索贿8868万元。②

上述事实足以说明，即使事后监督也是成效巨大。

## 二 事后监督弊端

事后监督弊端可通过下述简例略示一二。

（一）案例概况

2015年9月7日《中国青年报》一篇关于"国有资产公转私黑幕：净资产评估差异达亿元"的报道称，经审计署组织十多名专家近一年的审计追查，几乎翻烂了所有账证，终于查清2006—2008年期间，许友林身为国有企业长春兴业公司法定代表人、总经理，利用公司改制之机，亲自或指使他人通过隐匿和低估资产、隐瞒债权、虚构负债等手段，制造资不抵债假象，将公司国有股以零对价转让给自己控制的私人公司，共计贪污侵占国有资产价值1.49亿元，挪用公款770万元。③

（二）案例审查

1. 母子公司链条

长春兴业所处母子公司链为：央企集团→A公司→兴业公司（全资子公司、房地产业务）→B公司（房地产业务）。

---

① 王岐山：《开启新时代　踏上新征程》，《人民日报》2017年11月7日第2版。
② http：//www.xinhuanet.com/mrdx/2018-03/29/c_137073355.htm。
③ 高四维：《亿元国有资产"公转私"黑幕是如何揭开的》，《中国青年报》2015年9月7日第1版。

2. 财产信息

（1）2008年3月根据A公司批复，长春兴业净资产评估为负，A公司以零对价将100%的股权转让给一家私人公司；（2）审计发现，2007年年末长春兴业资产余额9900万元，评估前财报显示净资产3460万元，评估报告-5161万元；下属B公司净资产683万元，评估为-4383万元。

3. 资产由正变负的秘诀

审计发现，兴业公司净资产正转负秘籍有五：（1）转移资产。2004年4—8月，B公司将1500万元资金转借给一家私人控股的裕盈经贸公司，截至改制时未还。经查，裕盈公司2005年9月被吊销营业执照，公司实际控制人为许友林，资金用于购买房地产。（2）贬值资产。B公司开发的C国际大厦10万平方米，资产市值超过6000元/平方米，评估价仅3680元/平方米。后查明评估价由许友林个人提供，评估人员未认真核实。（3）隐匿资产。B公司谎称经营长期亏损、负债累累，但审计结论是有盈利、资产为正，公司有较多房产，比如直到2011年6月尚有7652平方米未抵押的房产。扯谎目的在于隐匿资产、逃避偿还A公司债务。（4）虚拟成本债务。经审，兴业公司虚列改制成本1475万元，虚提应付A公司利息1726万元，虚构应付债务1177万元等。（5）中介机构做假。对上述调增成本虚构债务进行审查的会计师事务所出具审计报告的日期是2007年5月6日，审计说明书则为同年10月30日。不可思议的是，同为一家中介机构，在出具审计报告后不到半年又恣意修改自我审计的结论。当审计署人员追查时，事务所负责人承认为规避风险事后通过许友林让B公司进行了补充。经查，B公司在费用发生时账务处理无误也未进行财务调整。

4. 中立机构不中立

会计师事务所作为中立机构必须严格遵循《审计法》等有关法规客观评价、提供真实信息，不偏不倚实施审计。案例中的事务所因接受了承诺支付的20万元评估费而丧失职业操守沦为许友林股掌中的玩偶。

（三）弊端分析

事后监督要害在"事后"，"事后"带来一系列弊端。

（1）"马后炮"效应。事后监督是典型的"马后炮"。上例发生在2006—2008年，监督在7年之后，虽然查清了问题但损失不可能全部挽回，只能威慑贪官。

(2) 费时。事后监督太过费时。上例由众多专家用时一年才得以查清，实在是耗时太长。

(3) 费力。事后监督太过费力。上例由国家最高审计机关组织全国十多名审计专家进行审计，我国15万家国有企业若审查全覆盖，审计署无论如何也无法承受。

(4) 费钱。事后监督耗费财力很大。上例未提审查所耗资财，但可想象从十几名专家到公安、检察再到地方人员配合，一年的差旅费、食宿费、办公费、会务费、咨询费等也不是小数。

(5) 技术落后。事后监督的技术手段落后。上例中的"几乎翻烂了所有账证"说明哪怕是最权威的审计机关也是手工技术。手打算盘、埋头账证是事后监督技术落后的主要表现。

(6) 众人难以参与。对于事后监督社会公众难以参与。由于事后往往带有特别的目的性、任务性、保密性，一般不允许公众参与。

(7) 助长了贪官侥幸心理。事后监督弊端倍增了监督难度，查清的案例往往是冰山一角，使贪官们滋生强化了不会被抓的侥幸心理，催肥了腐败现象的蔓延。

(8) 影响公众信心。事后监督是先贪后查、先腐后审。这种从前到后长时段间隔，非常影响公众对建设海晏河清、朗朗乾坤的信心。

(9) 真正的全覆盖难以实现。由于事后监督的上述弊端，只要不进行"颠覆性创新"，要想对百家央企、15万家国有企业、几千万家民企真正实现反贪腐的无禁区、全覆盖、零容忍就很难做到。

### 三　事后监督根源

事后监督的弊端有目共睹，通行东西方国内外难有突破，这与其根源直接相关。主要根源可概括为一大守旧心理、两点执业习惯、三种信息技术和五项设计偏执。

(1) 一大守旧心理，是指监督检察人员认为，既然全世界监督都在事后说明有其存在的不可抗拒性。其实，这种安于现状、不求创新的守旧思维恰恰是事后监督至今未能突破的主要心理根源。

(2) 两点执业习惯，以权威审计机构为例，是指，会计师事务所是给钱查账，审计机关是接到任务审查。收钱办事和在任审计是事后监督的执业惯例，使之不必考虑事中监督和实时审计。这种先有问题后有审核的长期执业惯性是事后监督至今未有突破的守常性执业习惯根源。

（3）三种信息技术，是指现行会计核算、经济监督的技术手段落后，多半停留在手工核算水平，即使实现了会计、审计所谓的电算化也是模拟手工核算。现实中基层单位的财务信息，一是内不入库（原始信息未进入数据库），二是外不联网（账证表不联通企外互联网、监督平台），三是模拟手工，这是事后监督至今未能突破的三种信息技术根源。

（4）五项设计偏执，是指公司经营管理中，构思信息披露的初衷只是偏执地为经营和决策提供资金的、综合的信息，不为监督和检查披露供产销、人财物有效的原始信息。众所周知，监督越到关键，越到最后，越需要最初、最先、未被加工的原始信息。而由构思初衷带来的设计偏执，使大量监督急需的重要资料在账证的内容和栏目中恰恰不予提供。这便直接造成事后监督的种种弊端，是事后监督至今未有突破的构思设计根源。设计偏执主要体现在以下五个方面。

第一，提供不实信息，即会计在加工披露信息的确认、计量、记录和报告的过程中，受会计假定、会计原则和必要的职业判断等种种约束，技术方法非常复杂，提供的信息犹如天书、真假难分。因为账证构思初衷不考虑监督所需，具体设计中又偏执地只为代理人服务，提供连专家也难分清的不实信息；更因"劣币"代理人总是利用核算技术复杂故意造假隐瞒贪腐事实，使得监督人员要获取真实信息十分困难。

第二，提供滞后信息，即会计提供信息总是先有生产经营后有信息披露，前后时段间隔短则一月，一般一年。因为账证构思初衷不考虑监督所需，更不考虑事中监督，具体设计中又偏执地按照账证表固有模式进行综合加工、期末提供，使监督获得的信息总是迟滞、过期的而不是实时、随时随地的，从而增大了监督难度。

第三，提供无序信息，即在亿万张原始凭证中要找到监督所需的某张有用凭证宛如大海捞针。因为账证构思初衷不考虑监督所需，具体设计中又偏执地无视主次，不分轻重，不提供生产加工的上下工序和经营管理的前后流程，使监督中很难抓住主要矛盾，很难按流程顺序刨根问底。

第四，提供盲视信息，即企业经营原本都按预算计划进行，但因账证构思初衷不考虑监督所需，具体设计中又偏执地不提供预算、计划等标准，使监督像盲人难辨方向一样无法判断、不能审定执行结果是否先进有效，常处困惑之中。

第五，提供孤立信息，即企业经营都是由前而后连续进行，因为账证构思初衷不考虑监督所需，具体设计中又偏执地只提供头尾断开的孤立信息，使监督不能通过账证的内在联系下追上溯、溯本求源查证信息真伪。

### 四 事后监督蜕变

事后监督成效突出，但也弊端明显。笔者认为对其完成"颠覆性创新""科技强审"和"审计信息化建设"的主要举措应是在实现信息对称基础上打破一大守旧心理，扭转两点执业习惯，开发三种信息技术，矫正五项设计偏执。篇幅所限，本书仅从信息技术并着重从设计偏执方面展开论述。

## 第四节 事中监督创新

### 一 从猫鼠游戏开始

猫是鼠的天敌，尽管猫占有游戏优势，又有人类扑鼠器具和灭鼠药物，但游戏上演万千年，老鼠依旧傲然于世。猫鼠游戏没有谢幕的原因，或因人类尚未掌握老鼠生存的信息基因。翻开古今中外史，贪官就是人人痛恨、众人喊打的老鼠，虽经反复治理，仍然是贪官不绝、腐败不断。贪腐与监督之所以延续当今中外，一个基本原因在于监督与贪腐、委托与代理之间也像猫鼠游戏那样存在着严重的信息不对称，即贪腐方、代理方拥有监督方、委托方所不曾掌握的私密信息，若要查清太过费时、费力、耗资，且耗费大到监督方难以承受。本书认为，信息之所以不对称的基本原因又在监督所需真实有用的信息深藏于代理人所管控的现行会计账证中，凭账证页（比如原始凭证，特别是自制原始凭证）从内容到格式严重存在的信息不实、滞后、无序、盲视和杂乱等缺陷困扰着监督核对，只有从账证构思初衷重新设计出既为代理管理方提供生产经营所需各种信息，又为委托监督方提供决策和监控所需及时有用的特定信息，才能实现事中监督。而使信息发生如此重大质变的现实选择则是笔者开发的信息对称的"九一十五"方案。

## 二 事中监督跨越

支撑事中监督技术跨越、加强审计信息化建设和矫正账证设计偏执的有效途径是信息对称的"九一十五"方案。其中,"一组数据库"专门针对监督技术,把现行手工监督核对转换为电子化监督核对技术;"五项改进"专门针对会计账证设计偏执及其引发的不能提供监督所需的真实、及时、有用信息;通过两个加注和其他改进措施能够强化对称方案的下追上溯、瞬时核对、彻查"重灾"等功能,以提供事中监督所需的真实信息、及时信息、有序信息、可视信息和关联信息,从而真正实现事中监督和实时审计。

## 三 信息对称方案

信息对称方案包括九大核对、一组数据库、十种技法和五项改进四个方面。

### （一）九大核对

监督的基本点在于将实际发生的业务与事前制定的法规、制度、预算等标准进行核对。在实体国有企业中,监督核对的主要内容可界定在以下九个方面。(1) 钱物核对;(2) 钱务（各种业务）核对;(3) 实额（实际与定额）核对;(4) 实预（实际与预算）核对;(5) 双重（已售商品数量、单价与预算中的对应指标）核对;(6) 双价（关联方交易中成交价与市场价）核对;(7) 双签（较大收支由总裁和财务总监双重审签）核对;(8) 现金频道（对经理层的"三公"经费专设现金频道在公司网站及时公示）核对;(9) 例外重大公开（对例外、重大经济业务,比如公司改制、大宗采购、招标投标、资产处置等经济业务在公司网站及时公示）核对。

### （二）一组数据库

"科技强审"和"审计信息化建设"的一个重要标志是,监督和审计的关键步骤,比如查审原始凭证主要不靠手拨算盘、埋头纸证而是在数据库中进行。数据库是经营管理、监督核对的电子化运作载体,即钱物核对、钱务核对,特别是事中监督核对一定要在数据库中完成。因不同监督的层次、内容、要求差异很大,为适应差异实务中的数据库应分通用、会计要素、分、子、小、微型六类。其中,钱物核对通用数据库见图5-2。

### （三）十种技法

十种技法是指内外审计将会计账表提供的综合信息分解为钱物对应、最初获取的原始资料的信息转换技术方法，共分内审六种、外审四种，主要有：（1）指令接收技法；（2）信息提取技法；（3）信息排序技法；（4）信息核对技法；（5）信息剥离技法；（6）内审报告技法；（7）信息分离技法；（8）信息还原技法；（9）信息组合技法；（10）自动报警技法。

### （四）五项改进

五项改进是指为提供监督所需源头数据，通过内容加注和技术加注对会计账证，特别是原始凭证从五个方面进行重大改造，以突破现行会计账证构思初衷和设计偏执的缺失，提供事中监督所需的各种信息。

#### 1. 内容加注

内容加注是五项改进中需增添的指标和信息。其中，主要有：（1）物料（包括经营程序）的设码编号（便于监督中识别核对对象）；（2）生产经营的预算或定额（便于核对实际脱离计划的差异）；（3）生产加工的上下工序（便于生产加工核对的下追上溯）；（4）经营管理的前后流程（便于经营管理核对的下追上溯）；（5）物料（包括业务）按 ABC 分类法分清主次（便于在核对中抓住主要问题）。

#### 2. 技术加注

技术加注是在账证的适当位置（天眉、地脚、行列或背书行式）增加栏目记录内容加注。

#### 3. 加注实例

（1）原始凭证加注。其中，税票改进见表 3-1。

（2）记账凭证加注。企业会计核算分两种制度：一是现行会计核算，能反映生产经营的总体成效，分不清下属单位的经济责任；二是内部经济核算，把核算重点下沉车间、处室，能分清经济责任，但需要较强核算力量。下面以简例分别阐述。

假定 CH 公司三分厂一车间生产 ZZ-101 产品领取主材料 ZL-Nb 全部投产，按照厂部批准的生产计划应领取 2000 千克，170 元/千克，实际领取 1950 千克，177 元/千克。实际用料 345150 元（177×1950）比计划的 340000 元（170×2000）超支 5150 元（345150-340000）由谁负责？

首先，阐述现行会计核算，记账凭证可以用表 6-1 表示。

据此记账凭证，监督人员不能判断信息真假，不能分清超支原因，不

表 6-1　　　　　　　　　　现行会计记账凭证

转账凭证（简化格式）　　　　　　　　　金额单位：元

日期：　　　　　　　　　　　　　　　　计量单位：公斤

| 摘要 | 借方 | | 贷方 | | 金额 | 记账符号 |
|---|---|---|---|---|---|---|
| | 总账科目 | 明细科目 | 总账科目 | 明细科目 | | |
| | 生产成本 | ZZ-101 | 原材料 | ZL-Nb | 345150 | √ |
| 附单据　　张 | | | | | | |

会计主管人员　　　记账　　　稽核　　　制单

能有效促进增收节支。

其次，阐述内部经济核算，其中车间记账凭证可以用表 6-2 表示。

表 6-2　　　　　　　内部核算单位——车间记账凭证

转账凭证（简化格式）　　　　　　　　　金额单位：元

日期：　　　　　　　　　　　　　　　　计量单位：公斤

| 摘要 | 借方科目：生产成本—ZL-101 | | | | | | 量差 | 贷方科目 |
|---|---|---|---|---|---|---|---|---|
| | 实际成本 | | 责任成本 | | 计划单价 | | | |
| 领料投产 | 实际单价 | 177 | 计划单价 | 170 | 计划单价 | 170 | -8500 | 原材料 ZL-Nb |
| | 实际用量 | 1950 | 实际用量 | 1950 | 计划用量 | 2000 | | |
| | 金额 | 345150 | 金额 | 331500 | 金额 | 340000 | | |

供应单位的记账凭证与车间类似，但因只负责购料，与生产耗用数量无关，所以只反映价差。在此只做会计计量不做记账凭证。

价差 =（实际单价-计划单价）×实际用量

　　　=（177-170）×1950

　　　= 13650（元）

厂部财务处据车间量差和供应单位价差计算综合差。

综合差 = 13650-8500 = 5150（元）

据此三张凭证，监督人员很容易判断超支的原因在于，供应单位因实际购入单价超计划 7 元使投料超支 13650 元；车间因用量减少 50 千克节约料费 8500 元。此凭证的最大不足在于不能判断投产信息的真假。

最后，阐述信息对称下的会计核算。如果对内部经济核算的记账凭证施以对称方案的内容加注，则能使信息发生质变。加注后的记账凭证可以用表 6-3 表示。

表 6-3　　　　　　　　　　加注后的记账凭证

记账凭证

金额单位：元
计量单位：公斤

| 业务分类 | 物料编号 | 上下工序 | 借方 生产成本—ZZ-101 | | | | 量差 | 贷方 |
|---|---|---|---|---|---|---|---|---|
| | | | 实际成本 | | 责任成本 | | 计划单价 | | |
| A类 | ZL-Nb | Lj-101 ⇌<br>Bj-101 ⇌<br>Zj-101 ⇌<br>ZC-101 ⇌<br>ZZ-101 | 实际单价 | 177 | 计划单价 | 170 | 计划单价 | 170 | -8500 | 原材料 |
| | | | 实际用量 | 1950 | 实际用量 | 1950 | 计划用量 | 2000 | | |
| | | | 金额 | 345150 | 金额 | 331500 | 金额 | 340000 | | |

此凭证的显著优势在于：一是能反映生产投料超支节约的经济责任；二是监督人员能迅速判断信息真假（判断方法见下文）。

（3）会计账页加注。其中，加注后的生产成本账户账页可以用表 6-4 表示。

表 6-4　　　　　　　　加注后的生产成本账户账页

生产成本—ZZ-101

金额单位：元
计量单位：公斤

| 业务分类 | 物料编号 | 上下工序 | 产量 | | 成本项目 | 责任成本 | 单位成本 | 量差 |
|---|---|---|---|---|---|---|---|---|
| | | | 计划 | 实际 | | | | |
| A类 | ZZ-101 | Lj-101 ⇌<br>Bj-101 ⇌<br>Zj-101 ⇌<br>ZC-101 ⇌<br>ZZ-101 | 100套 | 100套 | 直接材料 | 331500 | 3315.00 | -8500 |
| | | | | | 直接人工 | 851901 | 8519.01 | |
| | | | | | 直接燃动 | 348257 | 3482.57 | |
| | | | | | 制造费用 | 113183 | 1131.83 | |
| | | | | | 合计 | 1644842 | 16448.42 | |

## 第五节　对称方案对事中监督的影响

### 一　对称方案的作用

对称方案的特殊作用集中体现在下述几点。

（一）提供事中监督所需的真实信息

信息真实是监督对信息质量的第一要求。监督重在核查，将执行结果与事前制定的标准相核查。如果获取执行结果的信息不实或虚假，核查将失去意义。事中监督尤其需要真实信息，因为事中监督是随时监控、实时核查，没有缓冲空间，没有回旋余地，信息虚假将使事中监督的作用无法展开。信息对称方案如何确保事中监督的信息真实？

众所周知，实体国有企业的经济信息主要涵盖供应、生产、销售（收入）、成本、利润五个方面，只要这五种信息客观真实，企业经济信息就基本无误。其中，供应、生产、销售（收入）和成本中的直接材料费由方案的下追上溯功能保证；成本中的直接人工费由生产加工中的出勤记录、工时记录和变化不大的工时工资率核对保证；成本中的间接费用包括制造费、管理费、销售费以及例外重大经济活动资金收支由全员核对和例外重大核对保证。收入、成本信息真实了，利润就一定真实，即方案严密的监督核对能成功地纠正传统会计由构思初衷、设计偏执引发的信息不实和虚假，确保提供监督，特别事中监督所需的信息真实。

（二）提供事中监督所需的及时信息

信息及时是监督，特别是事中监督、实时审计的特定要求，对称方案设计的第一目标重在保证信息及时。方案中信息及时主要依赖于以下两方面：一是监督技术电子化［比如，（1）企业引入的 ERP 系统的高速运行；（2）采集到的所有原始凭证即刻录入数据库；（3）经管、监控业务全部纳入数据库完成；（4）企业数据库联通企业外部互联网和监督平台；（5）内部监督依赖数据库，外部监督依赖互联网和监督平台］。二是所需资料信息化（把所有原始资料、数据按照两个加注进行信息处理，实现资料信息化）。也就是说，对称方案高密度、高效能的电子化核对技术和高速度、高覆盖的资料信息化技术能成功地纠正传统会计由构思初衷、设计偏执和手工核算技术引发的信息滞后和期末披露，确保提供事中监督所需的信息及时。

（三）提供事中监督所需的可视信息

监督的要义在于核对，把实际执行结果与事前制定的预算定额相比对，通过比对确定执行结果是否先进有效。对称方案中从原始凭证、记账凭证到账簿记载，所有记录（特别是 A、B 两类信息）都载有预算指标或定额标准，极易核查和比对，从而使监督人员像生成一双慧眼一样能随时方便地督察、判断执行结果。对称方案信息载体处处都有作为比对的预算标准，能成功地纠正传统会计由构思初衷、设计偏执引发的信息盲视和无法比对，确保提供事中监督所需核对标准，从而随时随地进行准确判断。

（四）提供事中监督所需的有序信息

数据资料特别是初始凭证前后衔接和排列有序以便于核对人员方便查找是中外所有监督的迫切要求，对称方案的一个重要目标就是保障最初资料之间的衔接和有序。其衔接和有序主要依赖以下几方面：（1）物料设码编号；（2）信息按 ABC 分类法分类；（3）上下工序和前后流程的全程链接。通过多项举措使账证之间、证证之间保持前后衔接和排列有序，能成功地纠正传统会计由构思初衷、设计偏执引发的信息无序和杂乱，确保提供事中监督所需信息有序和方便查阅。

（五）提供事中监督所需的关联信息

生产经营从始至终环环相扣紧密相连，监督更需要通过这种有机联系，下追上溯、刨根问底、查找真相。但传统会计作为生产经营过程中的数字和文字记载不能反映这种内在联系，给监督带来很大困难。对称方案从供产销的前后流程到生产加工的上下工序都通过箭线连接起来，使得监督能从任何一个工序或流程方便地下追追至售后银行存款入账通知单，上溯溯到购后银行存款支出回单，从而用企业外部的前、后两端信息客观地确保企业内部生产经营信息的真实（生产经营过程下追上溯图示见图6-1）。对称方案中所有生产工序、经营流程的相互连接能成功地纠正传统会计由构思初衷、设计偏执引发的信息支离破碎和彼此孤立，确保提供事中监督所需信息的关联和有机衔接。

由对称方案提供的监督所需的电子化核查技术和高质量有用信息，可清晰厘定方案，能够无可挑剔地将事后监督转型为事中监督，将事后审计转型为实时审计，将现行手工审计转型为联网审计，从而实现"科技强

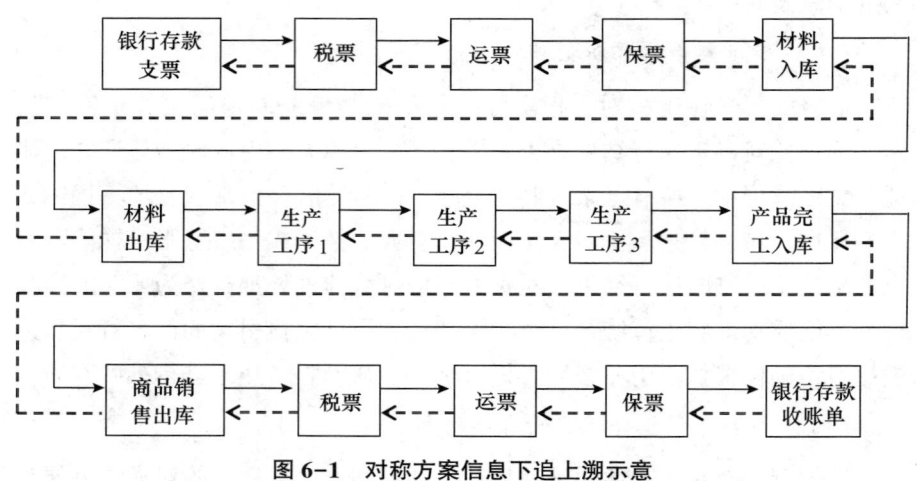

```
银行存款        材料
支票   → 税票 → 运票 → 保票 → 入库

材料          生产     生产     生产     产品完
出库    →    工序1 → 工序2 → 工序3 → 工入库

商品销         税票    运票    保票    银行存款
售出库   →                              收账单
```

图 6-1 对称方案信息下追上溯示意

审"和"加强审计信息化建设"。

### 二 事中监督延伸

以上阐述的是在信息对称"九一十五"方案支撑下如何实现企业内的事中监督。如果借助互联网外部有利条件，建立"企业内数据库+企业外互联网+监督平台+用户终端"这一系列化电子化和内外联通的社会监督大网络，便可实现企业外部机构（比如，纪检委、审计机关、会计师事务所、工商财税等单位）的事中监督和实时审计，真切做到只要经过批准，只要接通监督平台，企业外部监督人员就像企业内部人员一样，应查即查，该审即审，事不过天，查不过夜。

## 本章小结

监督是权力运行的根本保证，是搞好国有企业的重要保障。迄今为止，我国国有企业依然是事后监督，通行的仍是手工技术，尽管效果显著但弊端不少。按照中央指示精神应实行事中监督，探索实时审计和采用信息化监管方式。笔者认为，实现事中监督的关键在于信息质量，在于信息的真实、及时、有效、有用和互联网技术。

综上论述，笔者概括出如下四点研究结论。

（1）中央精神非常明确。中央多次指出要创新监管方式，加强事中监督和跟踪审计。将事后监督转型为事中监督，通过科技强审和审计信息化建设开发实时审计，是实现监督全覆盖、构建不能腐的长效机制、实现国家治理能力现代化的必由之路。

（2）事后监督必须转型。尽管事后监督通行东西方、国内外且成效突出，但弊端明显。具体根源集中在监督技术落后、会计账证设计偏执及由此导致的提供给监督方所需信息的不实、滞后、无序、盲视和孤立，因此必须转型为事中监督。

（3）事中监督的实现。支撑事中监督技术跨越、加强审计信息化建设和矫正账证设计偏执的有效途径是信息对称的"九一十五"方案。其中，"一组数据库"专门针对监督技术，把现行手工监督核对转换为电子化监督核对技术；"五项改进"专门针对会计账证设计偏执及其引发的不能提供监督所需的真实、及时、有用信息；通过两个加注和其他改进措施能够强化对称方案的下追上溯、瞬时核对、彻查"重灾"等功能，以提供事中监督所需的真实信息、及时信息、有序信息、可视信息和关联信息，从而真正实现事中监督和实时审计。

（4）实现事中监督的条件。这主要有：学界深入研究，把学术研究成果尽快转化为实务中可操作的方案；企业主动引入，创造条件，切实实现信息对称和事中监督，以治理高管贪腐，防止国资流失；国家全面引领，包括某些法律法规条文修改、企业保密制度重构、设立外部监督平台和决定信息对称方案的试点、试行和推行等；社会公众、相关机构的适应和支持。

迄今为止，全世界有近20名诺贝尔经济学奖得主在研究如何面对信息不对称，探索通过多次博弈实现委托代理双方的动态均衡，而无一人研究信息对称，认为信息对称为不可能；我国有不少人在研究事后监督，试图通过突破事后樊笼有所创建，认为事中监督只是个美好愿望。笔者根据多年研究认为，企业经济信息可以对称，信息对称的"九一十五"方案是事中监督所需技术手段和急需信息的有效选择。

# 第七章

# 对称方案具体化：账证改进

当你看到"流程控制"一词时往往会首先考虑指导企业为生产合格产品，按照图纸设计，通过工装、工艺、工序，从选材、设备、加工、质检等各个方面对零件、部件、组件、合件到产成品等生产过程进行丁是丁、卯是卯的、严丝合缝的现场督查，通过督查保证按期按量、高质、高效地完成生产任务。这种流程上的控制纯属生产加工过程，与会计的账证如何纠缠在一起？流程控制与会计账证看似距离较远、互不相干，其实并非如此。因为流程控制要耗费钱物，任何耗费在账证上都有记录；任何控制都是追求时效，控制的效果在账证都有反映，因此两者密切相连。笔者认为，企业要强化流程控制、实现实时控制，必须在会计账证上做足文章。

## 第一节 从信息造假说起

信息作为用符号、数字、文字传递的消息，关键在于符号背后所代表的内容，信息造假就是违背法规、掩盖真相、隐藏事实。

### 一 造假案例

（1）中央巡视反馈。据新华社 2017 年 6 月 11 日的报道《十八届中央最后一轮巡视反馈情况开始公布》，对四省区、四单位开展巡视的反馈情况是，其中三省三单位有信息造假问题。比如，内蒙古"有的地方经济数据造假"，吉林省"有的地方、企业经济数据造假"，陕西省"矿产领域存在廉洁风险"，国务院扶贫办"违纪违规使用扶贫资金问题多发"，中国铁路总公司"有的领导人员在项目招投标中搞利益输送、以权谋私，铁路建设工程违规转分包""黑中介等问题依然存在"，中船重工"有的领导人员利用企业经营管理权谋取私利"，等等。①

（2）企业骗补。新华社 2016 年 9 月 9 日的报道《财政部曝光 5 家新能源车企骗补超 10 亿元》揭示，苏州吉姆西客车公司通过编造虚假材料、采购产销原始凭证，多报 2015 年销售新能源汽车 1131 辆，骗取中央财补 26156 万元。而金龙联合汽车公司采用未完工先申报汽车 1683 辆，多报财补 51921 万元。②

（3）大宗采购。2016 年 10 月 27 日新华社"新华视点"揭示，黑龙江省龙煤矿业集团公司物资供应分公司副总经理于铁义，通过增加订单和采购数量、提高采购价格等方式收取供应商财物超过 3 亿元。③

（4）公司骗税。2017 年 5 月 14 日，河北省公安厅公布全省打击经济犯罪案例：2011 年河北衡水一纺织公司实际经营人郭某组织有关人员购买他人出口货物信息冒充对外销售业务，并接受外省百家企业虚开税票，向国家税务机关虚报出口骗取出口退税数亿元。④

（5）资产评估。2015 年 9 月 7 日，《中国青年报》载文称，2006—2008 年，许友林身为国有企业长春兴业公司法定代表人、总经理，利用公司改制之机，亲自或指使他人通过隐匿和低估资产、隐瞒债权、虚设负债等手段，制造公司资不抵债假象，操纵资产评估把财务报表上 3460 万元的净资产评估为 -5161 万元，将国有股权以零对价转让给自己实际控制的公司，共计贪污国有资产价值 1.49 亿元，挪用公款 770 万元。⑤

## 二　造假成因

信息造假成因多种多样，在此只强调三点。

（一）会计原因

经济信息造假经常看到的是会计报表披露了虚假信息，因此会计人员有不可推卸的责任。

（二）领导原因

会计本无造假故意，造假人多是领导，特别是主要领导。比如，上例

---

① http://www.xinhuanet.com/politics/2017-06/11/c_1121123822.htm.
② https://www.guancha.cn/Industry/2016_09_09_373937.shtml.
③ http://www.xinhuanet.com/politics/2016-10/26/c_1119794124.htm.
④ http://www.sohu.com/a/140804260_760156.
⑤ 高四维：《亿元国有资产"公转私"黑幕是如何揭开的》，《中国青年报》2015 年 9 月 7 日第 1 版。

中许友林的"亲自或指使",郭某人的"组织",于铁义的"通过",中铁总公司的"有的领导人员……在项目招投标中搞利益输送",中船重工的"有的领导人员……利用企业经营管理权"等。也就是说,是单位领导为编造假信息,明指、教唆、威逼会计造假。在经济信息造假上,单位领导特别是主要领导是策划者。

(三) 生态和环境

一些企业领导之所以敢冒天下之大不韪,铤而走险以身试法,往往是攀比心理、侥幸心理、从众心理、补偿心理等在作祟,在不良风气面前不能坚持党性原则,被"潜规则"所俘虏。这种腐败心理的滋生,除了自身底线失守,一般都与政治生态和职场环境有关。比如,一个企业、一个地方,如果职场风气恶化、政治生态污染,腐败造假就会像瘟疫一样传开,有可能形成塌方式腐败。

### 三 流程失控

生产流程可直观地解释为产品加工制造中,从原材料投入到产成品入库之间各作业、各工序安排的前后顺序。世间万事万物都有自始至终、前后衔接的内在关联,产品生产有严格的工序流程,对生产加工进行控制的管理,对生产和管理进行核算的会计,对管理和核算进行监督的内审,都是层次分明又各成体系的流程控制系统。为了完成预定目标,必须事前制定控制标准,诸如规章制度、预算计划、作业标准等,通过严格的、一丝不苟的控制确保流程按预计路径运行。流程失控则是对流程过程丧失制衡,给有造假故意者带来机会。但凡信息造假都因流程控制上出现了问题,强化流程控制是根治信息造假的一项主要举措。

## 第二节 流程控制的强化

研究流程控制重在通过各种举措强化对过程的制衡,实现实时控制。

### 一 流程控制的概念

流程控制泛指为实现既定目标,采用一定技术措施对事物运行过程进行监督、约束和制衡,以使实际运行与设定目标的偏离程度不超过合理区间。

## 二 中央要求

党的十八大以来，党中央、国务院对国有企业经营管理的流程控制提出了一系列崭新要求，下面仅列 5 份文件。

（1）2013 年 11 月 12 日党的十八届三中全会通过的《中共中央关于全面深化改革若干重大问题的决定》关于"推动国有企业完善现代企业制度"部分提出，要"健全协调运转、有效制衡的公司法人治理结构"，特别提出要"建立长效激励约束机制"。文件使用"监督""监管"用词近 50 次。

（2）2014 年 8 月 7 日国务院发布《企业信息公示暂行条例》，强调制定该条例的目的在于"强化企业信用约束"，"提高政府监管效能"。

（3）2014 年 10 月 23 日颁发的《中共中央关于全面推进依法治国若干重大问题的决定》在"强化对行政权力的制约和监督"部分提出，对国有资产监管、公共资源转让等权力集中部门，要"强化内部流程控制，防止权力滥用"。

（4）2015 年 8 月 24 日颁发的《中共中央、国务院关于深化国有企业改革的指导意见》在"推进公司制股份制改革"部分提出要形成"内部约束有效、运行高效灵活的经营机制"；在"强化企业内部监督"部分，明确提出要"强化内部流程控制"；在"建立健全高效协同的外部监督机制"部分提出要"加强当期和事中监督"。

（5）2015 年 10 月 31 日出台的《国务院办公厅关于加强和改进企业国有资产监督防止国有资产流失的意见》在"着力强化企业内部监督"部分，强调要"提高信息化水平，强化流程管控的刚性约束，确保内部监督及时、有效"。

## 三 流程失控的责任

以中央关于强化内部流程控制的要求审视国有企业现状，不少企业存在内部流程控制弱化甚至失控等问题。问题由谁负责？由一线员工、管理人员、会计人员、审计人员负责吗？显然，这些不同岗位的管控人员面对流程失控都有不可推卸的某种责任。但是，正如渔网的网眼与网绳的关系一样，网眼千百，它的收放张闭都由网绳控制即纲举目张。也就是说，企业流程的弱化和失控表面在基层，实质在高层，在核心领导的有作为还是不作为、正作为还是乱作为。党的十八届六中全会公报明确提出"党内监督的重点对象是党的领导机关和领导干部特别是主要领导干部",中央强化党内监督剑指核心领导的精神,完全适用于国有企业强化内部流程控制。企业内部流程失控的主要责任应由企业核心领导担当。

### 四 强化流程控制的措施

当我们强调核心领导对强化内部流程控制的主要责任时,并非忽视具体措施,笔者认为如下四点尤显重要。

(一)多方控制

企业的流程控制不是一个、几个部门的事,而是全体员工,特别是所有处室部门的共同职责,比如应由供产销存、人财质保(质检和环保)和管理、会计、审计、纪检等部门齐抓共管。

(二)多层控制

企业控制也不仅仅是处室的职责,而应由包括一线员工、现场调度、班(组)工(段)车(车间)长和公司领导在内的多层次、多梯度、立体式、全方位地上下齐动共同实施。

(三)外部控制

因为企业自身利益的存在,本位主义、小团体主义很难避免,加之企业内部下对上控制的困难,使外部控制十分必要,借助外部的强力制衡而传导强化到内部流程控制是惯用举措。

(四)实时控制

现行的控制,不论东方还是西方,都是事后控制,控制的"事后诸葛"使制衡作用成效有限。因此,转型事后控制、开创实时控制新机制应是强化内部流程控制的一大创新。笔者提出的实时控制的内容就是通过信息对称,特别是其中的账证改进提高成效。

## 第三节 实时控制

### 一 企业内部的实时控制

(一)何谓实时控制

中央文件多次提出要强化内部流程控制。笔者认为,对内部流程最强劲、最有力的控制是实时控制，即随着一线员工的具体操作，管理人员随时组织实时管控，随着管理人员提供的管控资料，会计人员随时进行实时核算，随着管理和核算披露的信息，内审人员随时施以实时审计。

（二）如何实现实时控制

要实现对企业内部流程的实时控制，要求做到：（1）控制必须在数据库完成；（2）信息必须及时提供；（3）信息必须客观真实；（4）必须便于下追上溯，刨根问底。显然，这四个"必须"的严格要求，只有信息对称的"九一十五"方案能够完全满足。

（三）实时控制的组织系统

实时控制的组织系统主要包括经营管理的管控系统、会计审计的监督系统和党内、行政的纪检系统，其架构可以用图7-1表示。

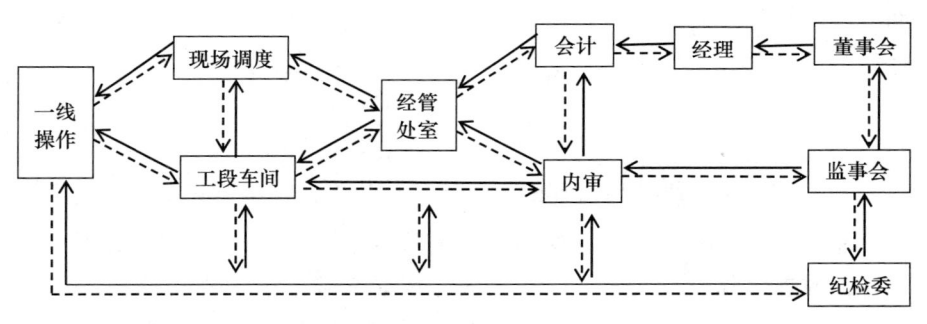

**图7-1 实时控制系统结构示意**

注：实箭头表示上对下的控制；虚箭头表示下对上提供信息。

其实，此控制系统与现行控制系统表面看并无大的区别，关键在于实时控制的内涵发生了质的变化，即：（1）信息的及时性。由电子化信息技术保证。（2）信息的真实性。由信息的下追上溯功能保证。（3）核对的便捷性。各项核对都在数据库中完成且都有标准和定额。（4）判断的准确性。实际脱离标准的差异都有合理的控制区间。

## 二 企业外部的实时控制

企业内部领导与被领导、监督与被监督之间有着说不清的各种利益关系，使得控制与被控制之间总存在一定程度的软化、弱化，作用难以充分发挥到位的情况，因此外部控制不可避免，且应不断加强。外部控制可依靠国资委、纪检、巡视、审计、会计师事务所、工商管理等机构。这些机构虽然地位高，但毕竟远离企业，掌握现场信息、实时信息的困难极大。而信息对称的"九一十五"方案能较好地解决外部控制的固有困惑，即利用现代电子信息技术，通过数据库+大数据+外部控制平台，使外部控制人员只要接通平台终端，就可像内部审计一样获取企业任何实时、有用的经济信息。如此，外部事后控制便能成功地转型为实时控制。

## 第四节　账证改进

现行会计的账证很难提供强化内控所需的信息，必须对其进行系统改造。五项改进是指在所有凭证（至少 A、B 两类主要凭证）录入数据库的基础上，对资产、负债、权益、收入、成本、收益六类账户及其凭证，以两个加注为基本内容，以下追上溯为主要功能，以信息真实为实施基点所进行的成套改进。

### 一　两个加注

现行会计账证提供的信息单一、枯燥且前后程序毫无联系，给强化流程控制带来很大困难。两个加注是指通过对账证的增添内容、增加栏目进行系统改进。其中，内容加注是在现行账证基础上增加物料编号（以便数据库识别）、预算和定额（以便随时与标准核对）、差异控制区间（以方便判断误差是否合理，能否接受）、上下工序和前后流程（以便控制中的下追上溯、刨根问底）。技术加注是指在账证设计上增加相应栏目以适应内容加注。

### 二　下追上溯

下追上溯是指针对现行账证提供信息在工序和程序上的相互孤立、难以查询有用的源头数据等缺陷，在内容设计上扩容到所有生产加工的上下工序和经营管理的前后流程，以实现能从生产经营的任何一个节点（比如零件制造）下追（按照零件→部件→组件→合件→总成→成品→成品入库→出库外销→增值税票→运票→保票→银行存款入账通知单）能一直追至销售终点，上溯（按照零件→材料出库→材料库存→采购入库→保票→运票→增值税票→银行存款支出通知单）能一直上溯到采购起点。

### 三 信息真实

验证一个企业提供的信息是否客观真实的工作确实十分困难，而下追上溯功能能够快速查验、确认信息真实性。因为与企业保持千丝万缕联系，甚至左右企业生存的外部单位，比如税务、运输、保险、银行等独立性很强，不会屈服企业压力出具假证，更不会联合作弊为企业出具同一虚假信息，因此可利用生产经营起止两端的企业外部各种票证的客观真实倒逼倒查企业内部经济信息的客观真实，以确保企业提供信息的真实可靠。

## 本章小结

一些企业高管贪腐、信息造假的一个重要原因是内部流程控制的弱化、软化，甚至失控。

中央多次提出强化内部流程控制、防止权力滥用等要求，为反腐肃腐、治理信息造假指明了方向。信息对称是落实中央强化内部流程控制的有效途径，而"九一十五"方案则是实现信息对称的现实选择。

实时控制是对内部流程的一大创新，也是强化企业内部流程控制的一大利器。要开发实时控制，关键要在实现信息对称的基础上，将主要经济业务凭证（最好是全部凭证）录入数据库，对凭证进行加注处理，通过核对中的下追上溯功能实现信息的及时、真实和有效。而企业数据库+大数据+外部控制平台，可将企业外部的事后控制成功地转型为实时控制。

# 第八章

# 事中监督成效：长效监督

2013年11月12日,《中共中央关于全面深化改革若干重大问题的决定》在"推动国有企业完善现代企业制度"部分强调指出,要"建立长效激励约束机制,强化国有企业经营投资责任追求。探索推进国有企业财务预算等重大信息公开"。2014年8月7日,国务院颁发《企业信息公示暂行条例》,要求"企业信息公示应当真实、及时",并规范企业年度报告内容包括"企业从业人数、资产总额、负债总额、对外提供保证担保、所有者权益合计、营业总收入、主要营业收入、利润总额、净利润、纳税总额信息"。2015年8月24日,《中共中央、国务院关于深化国有企业改革的指导意见》在"强化企业内部监督"中指出要"强化对权力集中、资金密集、资源富集、资产聚集的部门和岗位的监督","强化内部流程控制,防止权力滥用";在"建立健全高效协同的外部监督机制"中指出要"健全国有资本审计监督体系和制度,实行企业国有资产审计监督全覆盖";在"实施信息公开加强社会监督"中指出,要"完善国有资产和国有企业信息公开制度","及时、准确披露国有资本整体运营和监管、国有企业公司治理以及管理架构、经营情况、财务状况、关联交易、企业负责人薪酬等信息,建立阳光国有企业"。

## 第一节 长效监督的提出

### 一 长效监督导引

长效监督对应着一事一查、一事一核的就事论事的被动性临时性监督,是指通过信息公开、及时、准确和科学、严禁的制度安排、机制设计，使监督对代理人的履职过程能够发挥经常性、有效性作用，通过全面严谨的监督使代理人自觉遵守法规制度，为实现委托人预定目标尽职尽责。

一项重要命题的提出往往是在争执不断和发展不足的情况下出现的，长效监督也不例外。

（一）一次讲话

2016年7月8日，习近平同志主持召开了经济形势专家座谈会，听取专家意见并发表重要讲话。他指出，要加强研究和探索，加强对规律性认识的总结，不断完善中国特色社会主义政治经济学理论体系，推进充分体现中国特色、中国风格、中国气派的经济学科建设。他还对如何培养国际一流的经济学家和具有国际视野的企业家、各级政府怎样用好经济人才等问题做出重要指示。

我国经济形势如何？如何推进中国特色的经济学科建设？针对经济发展和国有企业管理中存在的问题，经济学家、管理学家如何进行针对性研究并在实践中发挥效用，是学者应主动承担、亟待探索的重要问题。

（二）存在的问题

目前我国经济发展持续向好，但也存在不少必须解决的问题，比如，不管政府运行还是国有企业管理中都存在许多严重的腐败问题。有腐败就要遏制，于是强化监督问题就顺理成章地被提了出来。

绝对权力必然产生绝对腐败，有腐败就要监督限权。但是对于如何强化监督，如何在现行监督基础上跨出质的一步，不论是东方还是西方，不论是学界还是实务界，都有值得认真探索之处。

## 二 西方有关研究

（1）对管理学的形成和发展做出巨大贡献的法约尔名著《工业管理与一般管理》（1916）强调，管理是企业一切活动的核心，而管理活动包括计划、组织、指挥、协调和控制五大职能。法约尔五大职能论为后来管理理论的发展奠定了基础，百年来只有调整没有突破。

（2）罗宾斯在其影响很大的《管理学：原理与实践》（2013）一书中如此阐述管理的第四项职能："管理者执行的最后一项是控制工作（controlling），包括监督、比较以及对工作执行过程进行纠偏。"并强调，"控制（control）是监督活动的过程，其目的在于确保活动按计划实现，并能纠正任何明显的偏差"。笔者的理解是,在罗宾斯观念中控制即监督,其作用在于纠偏。

(3) 哈佛商学院的古拉蒂在其《管理学》(2014) 一书中强调,"在商业领域,只有两种事物可以被观测、衡量和监督——行为和产出。产出是定量的,因此往往由公司中央部门直接控制;行为则更加多样化和灵活,所以通常由基层部门负责监督"。笔者的理解是,古拉蒂认为控制和监督无质的差异,区别在于高层负责控制,基层负责监督。

一般认为,西方学者论著注重质的表达,不特别强调字句斟酌。在许多学者理念中,控制和监督无大的区别,都是为实现公司目标进行纠偏。

## 三 我国有关研究

我国是一个长于学习的国家,改革开放后借鉴西方管理理念,有调整有发展,但大体趋同。

(一) 管理学者

(1) 杨文士 (1994) 认为,作为管理职能的控制,是指管理者为了确保组织目标得以实现,根据事先确定的标准对计划进展情况进行测量和评价,并在出现偏差时及时进行纠正的过程。

(2) 张中华 (2012) 认为,控制是指为了实现组织的各层次目标,使其各层次的计划值与相应的实际运作成效保持有效的动态平衡……运用有效方法和设备进行度量比较,监控纠偏,以保障组织目标实现的管理过程。

(3) 焦叔斌 (2013) 认为,控制就是使事情按计划进行,也就是纠偏,纠正实际执行情况与计划的理想状态之偏。

(4) 赵丽芬 (2013) 认为,控制职能是指组织在动态的环境中为保证组织目标实现而采取的各种检查和纠偏等系列活动或过程。

(5) 孙班军、陈晔 (2016) 认为,简单地说,控制就是事情按计划进行。

可见,我国管理学界对管理的一项基本职能的概括,异口同声地认为是控制。

(二) 会计学者

会计的实质应是管理,在加工提供信息的同时利用信息管理资金。作为管理一部分的会计职能是什么？

（1）改革开放前，会计学界对其职能的表述比较多样，主要有反映、监督、控制、助手、工具等，缺乏统一表述。

（2）改革开放后对会计职能的表述比较统一，不论北方学派的阎达五、杨纪琬，还是南方学派的葛家澍、余绪缨，不论老学者还是中青代都认为，核算和监督是会计的基本职能。

## 四　中央文献

（一）中共中央文件

2013年11月12日通过的《中共中央关于全面深化改革若干重大问题的决定》是深化各项改革的纲领性文件。在"推动国有企业完善现代企业制度"部分，强调要"健全协调运转、有效制衡的公司法人治理结构"。为此，对建立职业经理人制度、改革人事制度、建立长效激励约束机制和探索推进财务预算等重大信息公开提出明确要求。可见，长效激励约束机制是健全有效制衡法人治理结构的重点。在整篇文件中，使用"监督""监管"50次之多，出现频率之高是罕见的，使用"约束""控制"的频率则较低。文件的表述促使笔者认真思考"监督"和"控制"的关系。

2014年10月23日通过的《中共中央关于全面推进依法治国若干重大问题的决定》在"深入推进依法行政，加强建设法治政府"部分指出，要"加强党内监督、人大监督、民主监督、行政监督、司法监督、审计监督、社会监督、舆论监督制度建设，努力形成科学有效的权力运行制约和监督体系，增强监督合力和实效"，强调要"强化内部流程控制""建立常态化监督制度"。

（二）国务院文件

2014年8月7日，国务院发布的《企业信息公示暂行条例》开宗明义第一条明确指出，为了"强化企业信息约束，维护交易安全，提高政府监管效能，扩大社会监督，制定本条例"，强调"企业信息公示应当真实、及时"。显而易见，制定该条例的目的之一在于强化监督。

2014年10月9日发布的《国务院关于加强审计工作的意见》在"指导思想"部分强调，"依法履行审计职责，加大审计力度，创新审计方式，提高审计效率，对稳增长、促改革、调结构、惠民生、防风险等政策措施落实情况,以及公共资金、国有资产、国有资源、领导干部经济责任履行情况进行审计,实现审计监督全覆盖"。

2015年8月24日通过的《中共中央、国务院关于深化国有企业改革的指导意见》指出,"加强监管是搞好国有企业的重要保障",要"进一步完善国有企业监管制度,切实防止国有资产流失,确保国有资产保值增值"。要求"完善国有资产和国有企业信息公开制度","及时准确披露国有资本整体运营和监管、国有企业经营情况、财务状况、关联交易、负责人薪酬等信息",强调到2020年要使"国有资产监管制度更加成熟,相关法律法规更加健全,监管手段和方式不断优化,监管的科学性、针对性、有效性进一步提高"。在"完善国有资产管理体制"部分,对"强化企业内部监督""建立健全高效协同的外部监督机制""实施信息公开加强社会监督""严格责任追求"等重要问题,都提出了明确的要求。其中,在"强化企业内部监督"部分又特别强调"完善企业内部监督体系"和"监督制度",强化内部流程控制;在建立外部监督机制部分强调要"加强当期和事中监督""实行企业国有资产审计监督全覆盖""建立企业国有资本的经常性审计制度"。

(三)中共中央办公厅、国务院办公厅文件

2015年10月31日国务院办公厅印发的文件《关于加强和改进企业国有资产监督防止国有资产流失的意见》在"指导思想"部分指出,要"切实强化国有企业内部监督、出资人监督和审计、纪检监察、巡视监督以及社会监督,严格责任追究,加快形成全面覆盖、分工明确、协同配合、制约有力的国有资产监督体系,充分体现监督的严肃性、权威性、时效性",强调要"实现企业国有资产监督全覆盖","改进监督方式,创新监督方法","增强监督的针对性和有效性""创新监督工作机制和方式方法,运用信息化手段查核问题",并对"着力强化企业内部监督""切实加强企业外部监督""实施信息公开加强社会监督""强化国有资产损失和监督工作责任追究"等提出诸多具体的要求。

2015年12月8日,中共中央办公厅、国务院办公厅印发的《关于完善审计制度若干重大问题的框架意见》及相关配套文件,在"总体目标"部分强调要"健全有利于依法独立行使审计监督权的审计管理体制",对

"公共资金、国有资产、国有资源和领导干部履行经济责任情况实行审计全覆盖,做到应审尽审,凡审必严,严肃问责"。比如,在"完善企业内部监督机制"部分,要求"健全涉及财务、采购、营销、投资等方面的内部监督制度和内控机制",要求"提高信息化水平,强化流程管控的刚性约束,确保内部监督及时、有效",要"推动审计工作制度创新""推进审计制度完善""创新审计组织方式和技术方法,提高审计能力和效率"。在"创新审计技术方法"部分明确提出要"构建大数据审计工作模式,提高审计能力、质量和效率、扩大审计监督的广度和深度",特别强调要"探索建立实时监督系统,实施联网审计"。

(四)政府工作报告

2016年3月5日,李克强总理在《政府工作报告》中强调要"加强行政监察,推进审计全覆盖。以减权限权、创新监管等举措减少寻租空间,铲除滋生腐败土壤"。

(五)习近平讲话

2016年7月4日,习近平同志在全国国有企业改革座谈会上强调指出,"要加强监管,坚决防止国有资产流失","着力破除体制机制障碍,完善监管制度,积极为国有企业改革营造良好环境"。

## 五 本书观点

根据东西方有关学者的研究成果,以及对中央文献的深刻领会,笔者具有如下观点。

(一)管理和会计的职能

我们是一个惯于咬文嚼字的民族,认真比较相近概念异同是一大特色。管理学者异口同声地把管理的一项基本职能确认为控制,而会计学者则无一例外地把管理一部分会计的一项基本职能表述为监督。其实,100多年前马克思在《资本论》中就把会计职能明确为簿记"作为对过程进行控制和观念总结",即会计的一项基本职能是"控制"。① 后来我国《会计法》正式提出会计职能是"进行会计核算""实行会计监督"后,学界才将其统一为"核算"和"监督"。

---

① 《资本论》(第二卷),人民出版社2004年版。

## (二) 控制与监督的区别

不管管理还是会计学者在阐述控制、约束和监督概念时，无不强调实现目标，采用措施，纠正实际与目标的偏差。可见，"纠正偏差""实现目标"是控制、约束和监督的实质，三者不存在大的差异，只是当面对实物纠偏时习惯用控制或约束，面对资金纠偏时常常用监督。在西方一般不将控制、约束和监督刻意区分。

## (三) 长效监督概念

既然监督、控制和约束没有质的区别，三者都是纠正偏差、实现目标，那么党的十八届三中全会提出"建立长效激励约束机制"中的"长效约束"便可理解为长效监督。何谓长效监督？既然长效就绝非一抓就好、一停就差的事后监督，应是时时抓、经常抓、长期发挥效用的事中监督。笔者认为，长效监督是指为防止国有资产流失、实现增值增效，在信息对称的基础上创新监督技术和方法，通过随耗实控（随着生产经营中物料的耗用，管理人员施加实时控制）、随用实监（随着生产经营中资金的耗用，财会人员进行实时监督）和随算实审（随着管理统计核算提供物流信息、财务会计核算提供资金信息，内审人员完成实时内审），实现监督的实时性、常态化、全覆盖、电子化、全流程和经济效益突出的一整套国有资产监督制度体系。

## (四) 对长效监督的理解

(1) 长效监督的目标——防止国有资产流失，实现保值增效；(2) 长效监督的基础——委托代理之间的信息对称；(3) 长效监督的技术——全面引入 ERP 前提下的电子核对技术；(4) 长效监督的特点——信息的真实性，监督的实时性、常态化、电子化、全覆盖、全流程和效益性；(5) 长效监督的核心——实现"三随三实"，即对物料的随耗实控、对资金的随用实监和对信息的随算实审；(6) 长效监督的实质——是一套完整的对国有资产实施全面监督的制度体系。

# 第二节 长效监督的实现

对于信息对称基础上以随耗实控、随用实监和随算实审为核心内容的长效监督这一命题，本书拟从研究假定、假定求证和求证结果三个维度论证。

## 一 研究假定

大凡科学研究无不先提出研究假定，再通过实例求证或理论论证以证实假定成立，然后得出研究结论。长效监督的研究假定有五点。

### （一）信息真实性假定

监督依赖信息，没有信息的监督无法进行。信息真实性是监督，特别是长效监督的基本假定。信息真实性假定应能用钱物核对求证。其中，供应过程信息真实假定用以钱核物求证，即用银行存款支出回单（包括税票、运票、保票等）核对入库物料，只要两者相符，应认定供应提供的信息真实（因为独立性极强的银行、税务、保险和运输部门不会屈从企业压力出具同一假证）。生产过程信息真实性假定用以物核物（比如，用投料、半成品、产成品之间的投入产出关系；用入库、出库、库存三者之间的数量关系）和以钱核物（比如，用成本中的产品数量核对物流中的产品数量）求证要求物流相关信息符合盘库信息；要求会计的资金与管理的物流两类信息相符，如果相符应认定生产提供的信息真实。销售过程信息真实性假定用以物核钱求证，即用已售商品数量核对银行存款入账通知单（包括税票、运票、保票等）金额项中按已售商品数量计算的收入，只要两者相符应认定销售提供的信息真实。至于例外重大经济事项和"三公"经费的真实假定用网上公示求证。也就是说，如果公司的钱物、物物和钱务能够做到及时核对、全面核对、让员工广泛参与核对，则信息真实性假定能够得到实证。

### （二）监督实时性假定

监督应随时随地，生产经营与经济监督的时间间隔越长监督效用越差。监督的实时性假定应能用数据库快速核对功能求证。在"九一十五"方案中阐述过财务会计的资金信息、管理和统计的物流信息已全部录入数据库，且都加注了物料编号、上下工序、前后流程和计划指标。如此，数据库快速核对功能应能坐实监督人员的及时核对，完成随耗实控，随用实监、随算实审，应能求证实时监督、无缝监督。也就是说，如果所有原始凭证等信息都录入数据库且内容加注，如果数据库确实具备"三随三实"核对功能，则监督实时性假定能够得到实证。

### (三) 监督常态化假定

监督的常态化假定应能用监督制度和电子技术求证。特别是电子核对技术的自动、快速、程序化和每天 24 小时运转，应能从技术和方法上使监督的常态化假定得到实证。

### (四) 全程监控假定

全程监控假定应能用数据库下追上溯功能求证。由于所有信息已录入数据库且内容加注，实现了"三随三实"核对功能，在数据库能方便地从生产经营的任何一个节点快捷下追到售后收到的银行存款入账回单，上溯到采购支付的银行存款支出回单。便于钱物核对的有用信息即时到手、便捷瞬间的下追上溯制约功能，应能实证全程监控。也就是说，如果数据库确实具备下追上溯核对功能，则全程监控假定能够得到实证。钱物核对的下追上溯路线示意见图 8-1。

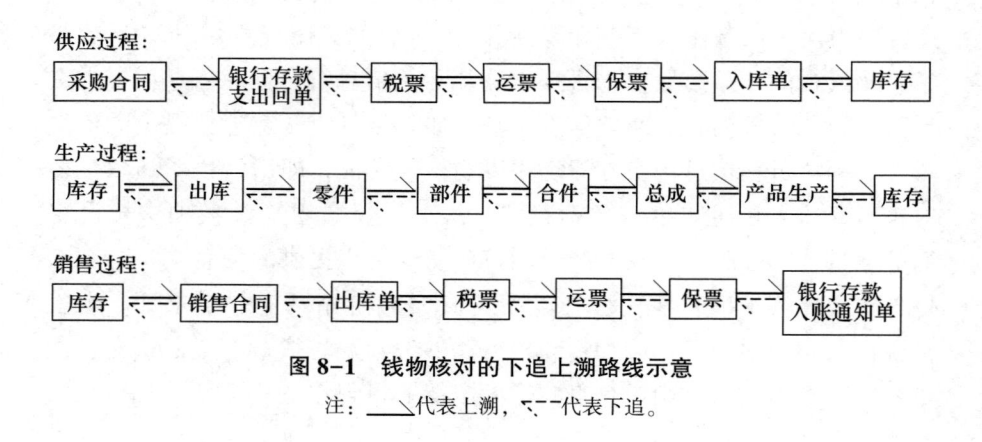

供应过程：
采购合同 → 银行存款支出回单 → 税票 → 运票 → 保票 → 入库单 → 库存

生产过程：
库存 → 出库 → 零件 → 部件 → 合件 → 总成 → 产品生产 → 库存

销售过程：
库存 → 销售合同 → 出库单 → 税票 → 运票 → 保票 → 银行存款入账通知单

图 8-1　钱物核对的下追上溯路线示意

注：▬▬代表上溯，┄┄代表下追。

### (五) 监督全覆盖假定

监督全覆盖假定应能用全部经济信息录入数据库求证。可以说，信息录入量有多大，监督覆盖面就有多大。一个大型制造企业，产品上百种、零件万千个、工序几千道，物料特别是辅助材料、五金电料、备品备件和低值易耗品常有上万种。这些信息若全部录入数据库，工作量很大，数据库也难以容纳，即使能够容纳，因不少物料价值极低、影响极小，监督视野里也无必要。由此，在录入信息时可考虑按 ABC 分类法将种类占 10%—20%、价值占 80%—90% 的 A 和 B 两类物料录入，这样监督物料种类虽仅占 10%—20%，但 80%—90% 的价值信息都纳入了覆盖范围，其余未纳入数据库的 10%—20% 的信息也因对 80%—90% 的监督成效得到客观评判。可见，信息全部录入数据库应能求证监督全覆盖。也就是说，如果公司的经济信息全部录入数据库且已内容加注，则监督全覆盖假定能够得到实证。

## 二　假定求证

研究假定只能通过理论论证或实例求证得以确认。对上述长效监督的研究假定，本书通过一组实例求证。因篇幅所限，只能忍痛割舍选其数笔业务说明。

CH 公司（地址在石家庄）三分厂产销一大型电力设备，三分厂为独立核算单位，生产过程实行责任会计核算。在此，以供产销关键账证求证长效监督研究假定的科学性。

### （一）供应过程

2016 年 1 月 1 日，三分厂从上海 ABC 集团购入主材料 NbTib120 吨，单价 17600 元，增值税专用发票注明价款 2112000 元，增值税 274560 元，运输发票注明运费、铁建和杂费 16410.46 元，保险发票注明保险费 2000 元，款项合计 2404970.46 元由 ABC 集团垫付。CH 公司承诺货到验收后两天内由银行一次性支付垫付款项。材料于 1 月 4 日验收入库，6 月以银行存款付讫。其中，税票、银行存款支出回单和入库单如图 8-2、图 8-3、图 8-4 所示。

下面进行实例说明。

由于所有账证全部录入数据库且内容加注，在数据库可快速查寻这次购入 ZC-Nb120 吨、成本 2130410.46 元信息的真实性，即用以钱（银行存款支出回单、税票、运票、保票）核物实证，因两者完全一致说明采购信息真实；而入库数量可通过"盘库→入库单→运票→银行存款支出回单"上溯功能迅速实证。可见，供应过程的信息真实性和监督实时性、全流程和全覆盖等研究假定可以用数据库的钱物核对和下追上溯功能得以证实。

## 上海增值税专用发票

311000000000    No00000000
开票日期：2016 年 01 月 01 日

| 购货单位 | 名称：CH电力设备配件有限公司<br>纳税人识别号：130000000000<br>地址、电话：石家庄市<br>开户行及账号：中国工商银行石家庄××支行<br>04020000000000000 | 密码区 | 略 |
|---|---|---|---|

| 货物或应税劳务名称 | 规格型号 | 单位 | 数量 | 单价 | 金额 | 税率 | 税额 |
|---|---|---|---|---|---|---|---|
| NbTiB | | 吨 | 120.000 | 17 600.00 | 2 112 000.00 | 17% | 274560.00 |
| 合 计 | | | | | ￥2 112 000.00 | | ￥274 560.00 |

| 价税合计（大写） | 贰佰叁拾捌万陆仟伍佰陆拾元整 | （小写）￥2386560.00 |
|---|---|---|

| 销货单位 | 名称：上海ABC集团<br>纳税人识别号：310000000000000<br>地址、电话：上海市普陀区<br>开户行及账号：中国工商银行上海××支行<br>03260000000000000 | 备注 | （上海ABC集团 发票专用章） |
|---|---|---|---|

收款人：张三　　复核：李四　　开票人：王五　　销货单位：（章）

内容加注：发票①物料编号：ZC-Nb
②前后流程：采购合同
③计划购入：120吨

税票　
运票　⇔　存款支出回单发票　→　入库单
保票

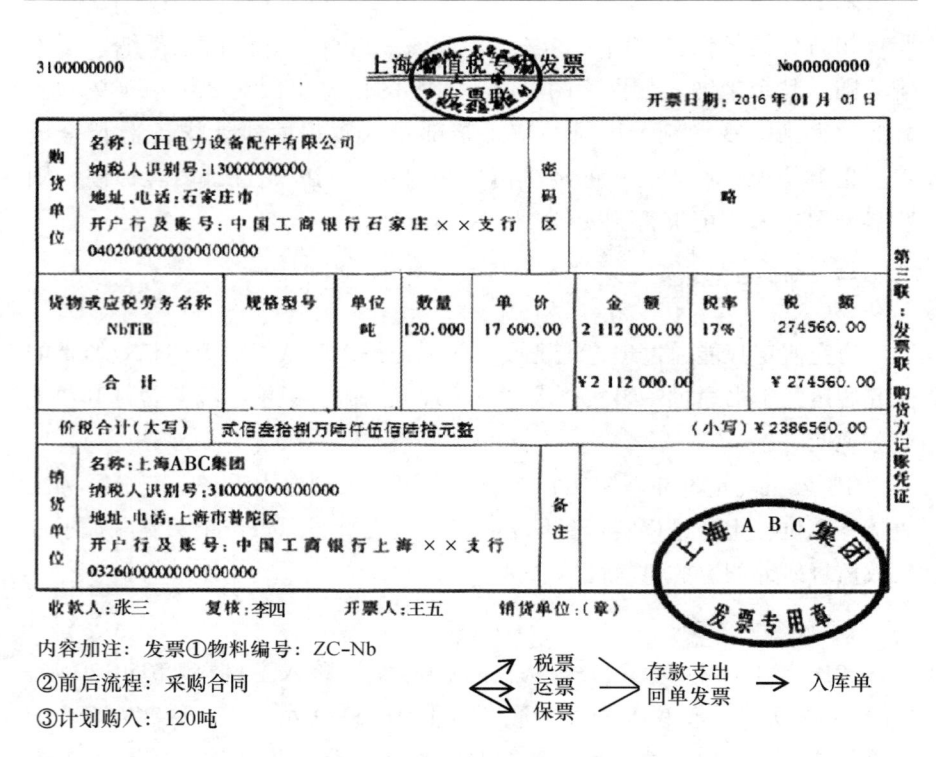

图 8-2　增值税专用发票

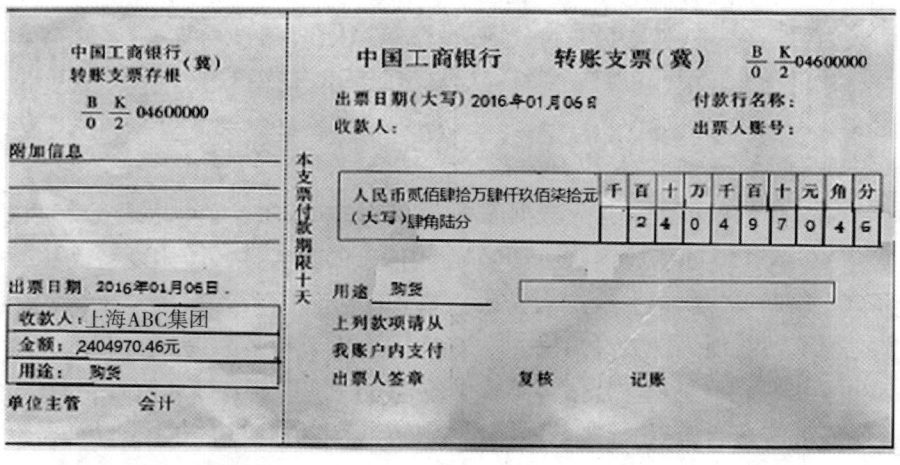

---

中国工商银行　转账支票存根
(冀) B/K/0/2 04600000

附加信息

出票日期　2016年01月06日
收款人：上海ABC集团
金额：2404970.46元
用途：购货
单位主管　　会计

中国工商银行　转账支票（冀）B/K/0/2 04600000

出票日期（大写）2016年01月06日　　付款行名称：
收款人：　　　　　　　　　　　　　　出票人账号：

人民币贰佰肆拾万肆仟玖佰柒拾元肆角陆分
（大写）　　　　　　　￥2404970.46

用途：购货
上列款项请从我账户内支付
出票人签章　　复核　　记账

内容加注：发票①物料编号：ZC-Nb
②前后流程：采购合同
③计划购入：120吨

税票　
运票　⇔　存款支出回单发票　→　入库单
保票

图 8-3　转账支票

## 入库单

第00000001号
2016年01月04日

单位：上海ABC集团

| 货号 | 品名 | 单位 | 数量 | 单价 | 金额 | 备注 |
|---|---|---|---|---|---|---|
|  | NbTiB | 吨 | 120.00 | 17600.00 | 2112000.00 |  |

负责人：张三　　　　　　　　　　　　　　　　经手人：李四

内容加注：发票①物料编号：ZC-Nb
②前后流程：
③计划购入：120吨

银行存款
支出回单 → 运票 → 入库单 → 库存
发票

图 8-4　入库单

（二）生产过程

2016年2月7日，三分厂生产主产品ZZ-101，100台。根据"生产耗用原材料总表"及其"明细表"领用 ZC-Nb，生产过程为：计划领用20000公斤、单价17元，实际领用19500公斤、单价17.753元，实际投产完工均为100台。生产工序为 Lj-101→bj-101→Zj-101→ZC-101→ZZ-101。其中，ZC-101入半成品库，生产 ZZ-101从半成品库领取。当月22日全部完工并验收入库，按责任会计核算。其中，原材料记账凭证、生产成本明细账户和产品成本差异（量差）账证如表8-1、表8-2、表8-3所示。

表 8-1　　　　　　　　　　　主材料转账凭证

金额单位：元
计量单位：公斤

2016年2月7日　　　　　　　计划完工：100台

| 摘要 | 借方 | | | 生产成本—ZZ-101 | | | | 贷方 |
|---|---|---|---|---|---|---|---|---|
| | 实际成本 | | 责任成本 | | 计划成本 | | | |
| | 实际单价 | 17.753 | 计划单价 | 17.00 | 计划单价 | 17.00 | 原材料 ZC-Nb |
| | 实际用量 | 19500 | 实际用量 | 19500 | 计划用量 | 20000 | |
| | 金额 | 346183.50 | 金额 | 331500.00 | 金额 | 340000.00 | |

表 8-2　　　　　　　　　　　生产成本—ZZ-101

| 成本项目 | 物料编号 | 上下工序 | 责任成本 | 单位成本 | 计划成本 | 单位成本 |
|---|---|---|---|---|---|---|
| 直接材料 | ZZ-101 | ZC-101→<br>ZZ-101→<br>库存 | 331500 | 3315 | 340000.00 | 略 |
| 直接人工 | | | 851901.47 | 8519.01 | 852000.00 | |
| 直接燃动 | | | 348257.13 | 3482.57 | 340800.00 | |
| 制造费用 | | | 113183.57 | 1131.84 | 110760.00 | |
| 合计 | | | 1644842.17 | 16448.42 | 1643560.00 | 1643560.00 |

表 8-3　　　　　　　　　产品成本差异（量差）账户—ZZ-101

| 日期 | 物料编号 | 上下工序 | 成本项目 | 借方 | | 贷方 | |
|---|---|---|---|---|---|---|---|
| | | | | 差异额 | 差异率（%） | 差异额 | 差异率（%） |
| | ZZ-101 | ZC-101→<br>ZZ-101→<br>库存 | 直接材料 | | | -8500 | -2.5 |
| | | | 直接人工 | | | | |
| | | | 直接燃动 | | | | |
| | | | 制造费用 | | | | |
| | | | 合计 | 1282.17 | +0.078 | | |

以上核算之所以能够以实证研究假定，因为：

一是信息真实性假定。（1）物耗种类真实。本例中是否耗用前次购入的 ZC-Nb，通过信息上溯查寻"出库单→库存→入库单→银行存款支出回单"实证。（2）物耗数量真实。本例中是否实际耗用 500 公斤 ZC-Nb19 可通过原材料和半成品盘库实证。（3）完工产品真实。本例中是否完工 100 台产品 ZZ-101 可通过"本期入库=期末库存+本期出库-期初库存"核实数量和产成品盘库实证。方便快捷的下追上溯和网上或现场盘库使生产过程的信息真实性假定得以证实。

二是监督实时性假定。因为生产过程的经济信息全部录入数据库，信息载体已内容加注，能极为快捷地完成随耗实控、随用实监和随算实审，无间隙的实时监督假定得以证实。

三是监督全流程假定。本例中主材料 ZC-Nb 出库投产通过"原材料出库单→库存→入库单→银行存款支出回单"的上溯功能实证；主产品 ZZ-101 完工入库通过"材料出库单→Li-101→bi-101→Zj-101→ZC-101→半成品库→ZZ-101"的下追功能实证。对生产经营全流程所有信息的核实和从生产经营的任何一个节点都可方便地全流程下追上溯核对查验，使生产制造的全程监控假定得以证实。

四是监督全覆盖假定。本例中生产过程的所有信息全部录入数据库且内容加注，使生产过程的监督对象全覆盖假定得以证实。

五是监督常态化假定。本例中，由于实现了监督信息的真实性，监督过程的实时性、全流程、全覆盖以及监督举措的法制化，生产过程的监督常态化假定得以证实。

六是管理先进性。账证显示，这次投料计划成本340000元，责任成本331500元，物料量差-8500元，降低率-2.5%（8500/340000），说明材料耗用控制得很好；产品总成本超出1282.17元，超支率+0.078%（1282.17/1643560），说明人工、燃动和制造费用的控制尚有不力。当然，料费降低较大而总成本有所超支的具体原因还应深入分析。

（三）销售过程

2016年2月23日，根据订单销往郑州AM公司电力设备100台，增值税专用发票注明不含税价款3000000元，增值税税率13%，税额390000元，销售中为AM公司垫付运杂费998元、保险费2900元，已通知银行付款，银行收取手续费11元。买方承诺货到验后一次性付款。3月28日，银行通知有关款项3393898元收讫。其中，运输发票、增值税专用发票、银行存款进账通知单和银行存款日记账分别如图8-5、图8-6、图8-7、表8-4所示。

## 三　求证结果

由上述研究假定求证的过程可见，本书提出的信息真实性假定，监督实时性、常态化、全流程和全覆盖假定，都可通过CH公司三分厂供产销中管理、会计等提供的对称信息，通过数据库实时核对功能、下追上溯功能和内部实时审计功能得到实证。实证过程说明，只要具备了必要条件，国有企业中的信息对称、实时审计和长效监督完全能够实现。当然，简例就是简例，不能细致周详地说明所有问题，因此上述研究假定、信息对称和长效监督还需在企业实验、试点和试行，通过大量后续探索和努力，才能将研究结论在管理实务中转化为强化国有企业公司治理、进一步完善现代企业制度的实际成果。

150　国有企业外部的事中监督研究

| 包裹票 （报销凭证） |
|---|
| A000001　　2016年02月23日 |
| 到 郑州 站　　经由 邯郸 站 |

| 托运人 | 单位姓名：CH电力设备配件有限公司　电　话：1300000000 |
| | 详细地址：石家庄市××××　邮政编码：050000 |
| 收货人 | 单位姓名：郑州AM公司　电　话：0371-85000000 |
| | 详细地址：郑州市金水区文化路××号　邮政编码：450000 |

| 序号 | 品名 | 包裹种类 | 件数 | 实际质量（千克） | 声明价格 | 运价里程 | 230千米 |
|---|---|---|---|---|---|---|---|
| | | | | | | 运到期限 | 2日 |
| 5 | ZZ-101 | 箱 | 100 | 1000 | 3000000 | 计费重量 | 1000千克 |
| | | | | | | 运费 | 900元 |
| | | | | | | 保价费 | 68元 |
| | | | | | | 杂项费 | 30元 |
| | | | | | | 合计 | 998元 |
| | | | | | | 月 日 | 次列车到达 |
| | | | | | | 月 日 时 | 通 知 |
| 合 计 | | | 2 | 1000 | 3000000 | 月 日 | 交 付 |

记事：凭传真取货 杂项：装车费：15 搬运费 15
货签费：2
B0000000000000石家庄
营业部经办人：李四

内容加注：发票①物料编号：ZZ-101　　出库单 → 运单 → 税单 → 存款入账通知单
　　　　　②前后流程：　　　　　　　　　　发票
　　　　　③计划销售：100台

图 8-5　运输发票

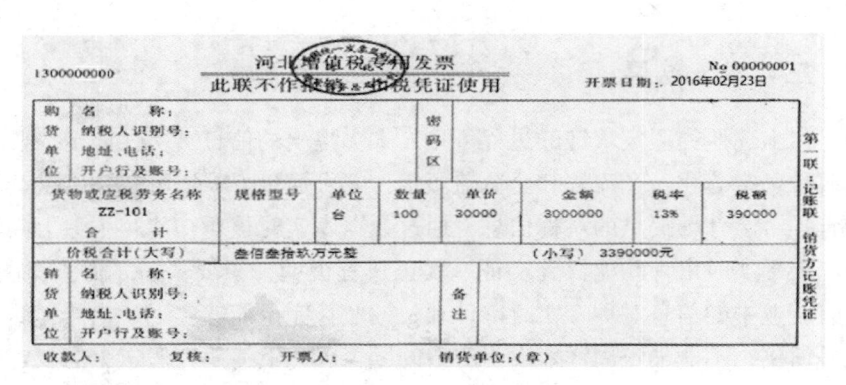

| 河北增值税专用发票 | No 00000001 |
|---|---|
| 1300000000　此联不作报销或抵扣税凭证使用 | 开票日期：2016年02月23日 |

| 购货单位 | 名　称： | 密码区 | |
| | 纳税人识别号： | | |
| | 地址、电话： | | |
| | 开户行及账号： | | |

| 货物或应税劳务名称 | 规格型号 | 单位 | 数量 | 单价 | 金额 | 税率 | 税额 |
|---|---|---|---|---|---|---|---|
| ZZ-101 | | 台 | 100 | 30000 | 3000000 | 13% | 390000 |
| 合　计 | | | | | | | |

| 价税合计（大写） | 叁佰叁拾玖万元整 | （小写） 3390000元 |

| 销货单位 | 名　称： | 备注 |
| | 纳税人识别号： | |
| | 地址、电话： | |
| | 开户行及账号： | |

收款人：　　复核：　　开票人：　　销货单位：（章）

第一联：记账联　销货方记账凭证

内容加注：发票①物料编号：ZZ-101　　出库单 → 运单 → 税单 → 存款入账通知单
　　　　　②前后流程：　　　　　　　　　　发票
　　　　　③计划销售：100台

图 8-6　增值税专用发票

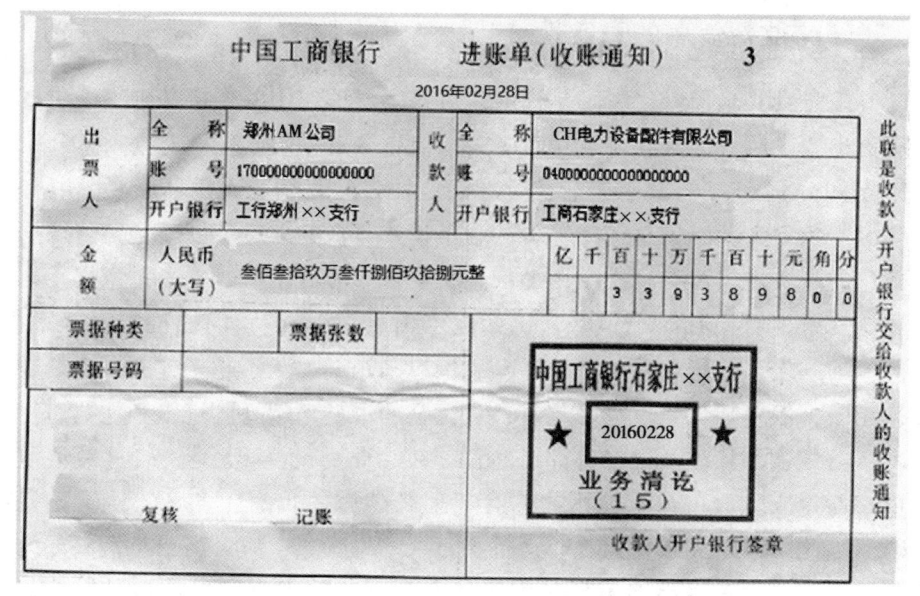

第八章 事中监督成效：长效监督    151

[银行进账单图示]

内容加注：发票①物料编号：ZZ-101
②前后流程：出库单／发票 → 运单 → 税单 → 存款入账通知单
③计划收入：3000000元

图8-7 银行存款进账通知单

表8-4 　　　　　　　　　银行存款日记账

| 日期 | 摘要 | 凭证 | 物料编号 | 前后流程 | 借方 | 贷方 | 余额 |
|---|---|---|---|---|---|---|---|
| 2月23日 | 手续费 | | ZZ-101 | 出库→运票→税票→存款 | | 11.00 | |
| 2月23日 | 纳税 | | ZZ-101 | 出库→运票→税票→存款 | | 390000.00 | |
| 2月23日 | 保险费 | | ZZ-101 | 出库→保票→税票→存款 | | 00.00 | |
| 2月23日 | 运杂费 | | ZZ-101 | 出库→运票→税票→存款 | | 998.00 | |
| 2月28日 | 贷款 | | ZZ-101 | 出库→运票→税票→存款 | 3393898.00 | | |

## 第三节　长效监督的创新

长效监督之"长"是与事后监督之"短"相比较而提出的。从上述实例，笔者概括出长效监督的十大创新。

## 一　监督信息的真实性

信息真实是监督，特别是长效监督赖以发挥作用的直接基础。中央多次提出要"强化企业信息约束""实施信息公开"，强调"企业信息公示应当真实、及时"，要求企业及时准确地披露经营情况、关联交易、财务状况、负责人薪酬信息等。笔者认为，长效监督的第一个创新是监督依据信息的真实性，没有真实有用的信息，监督只能流于形式，失去意义。如果认真审视以往和时下监督，比如改革前后70年，我们的检查、督察、监督何其之多，且文件越来越严、机构越来越细、队伍越来越大、人员越来越多，但腐败现象也越来越重，贪腐金额也越来越高，查出和惩罚违纪人数持续增加且涉及许多省部级高官、政治局委员甚至常委。[①] 这就说明以往监督成效有限，其原因之一在于监督依赖的信息不实、不细、不及时。因此，在研究强化监督时，特别重视信息真实，应是需要特别关注的关键问题。笔者提出的信息对称的"九一十五"方案则是从根基上确保信息真实、实现长效监督的有效途径。

## 二　长效监督的实时性

中央提出健全长效约束机制（即长效监督机制）时多次强调要加强"当期和事中监督"，"确保内部监督及时有效"，"两办"明确提出要"探索建立实时审计监督系统"等。笔者认为，长效监督的第二个创新是监督的实时性。国有企业实时监督的主要内容就是管理人员的随耗实控、会计人员的随用实监和内审人员的随算实审。如果认真审视以往和时下监督，无不在管理和会计提供信息的月末、年末甚至几年后才开始检查和审计。这种事后监督由于以下几种原因，使实时监督可望而不可即：（1）时过境迁，记忆模糊；（2）信息集成，难于分解；（3）查寻原始信息难度太大；（4）手工监督技术，无法及时核对；（5）监督时滞、成果有限和与己无关等。

## 三　长效监督的常态化

中央多次提出要"建立常态化监督制度""经常性审计制度"等。笔

---

① 陈良飞：《35年"打虎"记》，《新民周刊》2013年第38期。

者认为,长效监督的第三个创新是监督的常态化。国有企业常态化、经常性监督就是信息对称基础上监督工作程序化、监督技术电子化和监督过程内化公司的"三随三实"。如果认真审视以往和时下监督,不管何种形式和内容,无不停留在上级安排、指啥查啥、被动应付和手工监督技术的理念上。由于人手受限、资金限制、时间不足和手段落后,这种监督必是查查停停、断断续续,成效平平成为常态。

### 四　长效监督的全覆盖

中央多次提出"加快形成全面覆盖"的"国有资产监督体系"和"企业国有资产监督全覆盖""审计监督全覆盖"等。笔者认为,长效监督的第四个创新是监督全覆盖。这一全覆盖不是一般的对资金的事后监督,而是包括物料、资金、账款、"三公"经费以及工程投资等例外重大经济事项有关资产各个方面、各个角落的实时监督,即凡属国有资产,不管有形无形、实物资金、在用闲置、动产不动产,一律纳入实时监督视野。信息对称中的原始凭证、记账凭证、账簿报表、统计和管理信息全部录入数据库就是典型的对资产监督的全覆盖。如果认真审视以往和时下监督,要想监督全覆盖必须首先熟悉经营过程和生产工序,然后深入不同档案库搜寻互不相连的凭证信息。实务中,若要在几亿张相互孤立的信息中找到一张监督所需的原始信息恰如大海捞针,要做到事后监督全覆盖只能是愿望。

### 五　长效监督的全流程

中央多次提出"强化内部流程控制""强化流程管控的刚性约束"等。笔者认为,长效监督的第五个创新是对监督对象的全流程监控。而信息对称中所有账证资料全部录入数据库且内容加注,数据库具备的从生产经营任何一个节点快速下追上溯到起止两端银行存款的核对功能,使全流程监督得以实现。如果认真审视以往和时下监督,要实现全程监控绝无可能。

### 六　长效监督的电子化

中央多次提出要使"监督手段和方式不断优化","改进监督方式,创新监督方法","创新审计技术方法","运用信息化手段查核问题",要求"构建大数据审计工作模式""实施联网审计"等。笔者认为,长效监督的第六个创新是建立在大数据背景下的监督和审计全面、先进的电子化技术。应该说,监督和审计电子化不是笔者提出的,而以数据库作为钱物核对平台,通过账证改进赋予数据库时时核对、事事核对、下追上溯、全程监控的长效监督功能应是笔者对以往监督的一大突破。

## 七 长效监督的针对性

中央多次提出要增强和提高监督的"针对性""有效性"等。笔者认为,长效监督的第七个创新是监督的针对性。实际上,即使在时下监督中针对性也是明确的,比如核查销售收入、成本和利润也是抓主产品、主材料。但是,当面对几十个产品中的几个主产品、千多种原辅材料中的十多种主材料、几百道工序中的十几道主工序,以及上万个零部件中的几十个主要零部件和组合件时,往往被眼花缭乱的几千种原辅材料、备品备件和零部件所包围,被上千道不同工序、工艺干扰而抓小失大。即使牢牢地抓住了主要矛盾,也因为产品主材料、主零件的记录载体相互割裂,保存在不同档案库而无法在相互相连的凭证中捕捉到隐藏在海量信息中针对性极强的有用信息,致使监督人员心力不足无法深究。这种手工监督很难坚持的"针对性",在长效监督中很方便地解决了,因为所有资料全部录入数据库且内容加注,数据库具备的针对某一产品、某一事项能方便下追上溯的功能,使监督中针对性极强的一抓到底得到完全实现。

## 八 长效监督的效益性

中央没有直接使用"提高监督效益"一语,但是字里行间渗透着监督要讲求效益的要求。比如,加强审计工作是为了强化对"稳增长、促改革、调结构、惠民生"等政策的落实;加强监督,"切实防止国有资产流失,确保国有资产保值增值";"创新监督举措减少寻租空间"。众所周知,减少损失、保值增效、提高经济效益是一切经济监督的主要目的。监督要投入大量人力、物力、时间和财力,既要保值增效,又要耗费成本费用,在收益与成本之间,收益大于成本是所有经济工作的原则。这一必须遵循的原则使时下手工监督技法因成本费用过高而明知有问题又不能深究,监督的尴尬使效益性大打折扣。但是,长效监督,因采用电子监督技术,因所有信息录入数据库且内容加注,因内审人员能在数据库中方便地钱物核对,实现了监督的成本极小、收益极大,从而实现了长效监督的效益性,这是长效监督的第八个重要创新。至于数据库赖以建立的 ERP 系统,将其引入虽然耗费巨大,但核对数据库的设计和运行却是"搭便车",并不花费什么专门费用。长效监督的低成本、高收益,充分体现了成本效益原则和长效监督追求经济收益的本质要求。

### 九 监督的权威性

一般认为,审计具有监督的权威性,而长效监督更具权威性主要靠内审给力外审接力。由于长效监督以信息对称为基础,日常审计靠内审,内审实现了"三随三实"、信息的真实性和监督的实时性、常态化、全覆盖和全流程,期末时只要外审接力内审,对内审程序、内容进行抽审和认定便可得出外审结论。纵观东西方审计史,有多少审计失败的案例,其中一个重要原因就是内外审计脱节,外审在情况不明、失去内审支持的环境下孤军审计。因此,公司日常审计由内审完成,期末外审与内审衔接,实现内外审计的序贯接力,恰恰充实和提升了审计监督的质量和权威性,这是长效监督的第九个创新。

### 十 长效监督是一套完整的制度体系

中央提出要"着力破除体制机制障碍,完善监督制度",提出到2020年要使"国有资产监督制度更加成熟","加快形成全面覆盖""制约有力的国有资产监督体系","健全有利于依法独立行使监督权的审计管理体制","推动审计工作制度创新","创新审计组织方式","构建大数据审计工作模式"等。笔者认为,长效监督的第十个创新在于它是一套完整的制度体系而远不在表面的电子技术。比如,(1)长效监督理念的认定和在国有企业全面推行;(2)在大数据背景下政府和社会如何通过电子技术进行联网审计和监督;(3)信息对称的实施及其基础上的日常审计以内审为主,期末审计内外接力形成审计合力;(4)将内审置于监事会而不是总经理、董事会,以便依法独立审计;(5)企业信息对称的认定和挂牌"信息免检公司"使外审只对内审结果做抽审认定;(6)公司例外重大经济活动、"三公"经费和主要领导人个人乃至家庭财产网上公布等,都需要有法规制度的安排。笔者认为,国有企业要实现长效监督应先在国家层面由有关部门做好制度安排,从法规体系到配套制度尽量完善。

显而易见，长效监督不仅是公司内部的监督制度，而是关系到上上下下、内内外外的一整套制度体系，这一认识应是长效监督的第十个创新。

由上述十大创新可见，长效监督是对东西方现行经济监督的重大突破。西方经济监督的理论基础是信息不对称；监督依据是不客观不真实、相互孤立的集成信息；监督方式是事后监督和内外审计割裂；监督技术是表面电子化实际模拟手工技术；监督主体（特别是社会审计）过分追求监督收益；监督结果常常是无效甚至失败。安然、世通、默克、雷曼兄弟、大通摩根等世界名企之所以破产或遭受重创，排名世界前五的安达信会计师事务所之所以被取缔，2016年8月23日媒体曝光的美国陆军一年6.5万亿美元错账丑闻[①]等，不是缺乏创新或理念落后而是信息虚假甚至欺诈带来的监督无奈和制衡失效。笔者认为，西方的监督理论不是探索如何突破信息不对称巢穴，而是追求以什么模式通过多次博弈达到动态均衡；监督实务，比如法律层面（萨班斯法案）、公司治理层面（一元制还是二元制）、审计层面（政府或民间）等，不是从创新高度而是以适应角度进行修补，所以不会发生监督质变。笔者提出的长效监督显然是对西方难有作为的监督理念、监督方式、监督方法的重大挑战。

## 本章小结

我国的国有企业管理存在着较多的代理人腐败、资产流失和经济效益不佳等问题。其中的重要原因是监督不力。

中央多次提出强化监督、遏制腐败、防止国有资产流失，长效监督是对强化监督的落实，是防止国有资产流失的利器。

所谓长效监督是指以强化公司治理、防止资产流失、提高经济效益为目的，在信息对称的基础上改进监督的方式方法，通过国有企业内部的随耗实控、随用实监、随算实审、内审给力和外审接力，实现信息的真实性，监督的实时性、常态化、电子化、全覆盖、全流程，以及经济效益突出的一整套颠覆性监督制度体系。要实现长效监督不能仅靠创新监督技术，重要的是彻底扭转以往一事一查、就事论事的事后监督理念，做好细化管理过程的"三随三实"，最终实现对国有资产监督的信

---

① http://news.china.com.cn/world/2016-08/24/content_39158010.htm.

息真实性，监督实时性、常态化、电子化、全覆盖、全流程，以及经济效益性。

长效监督是对东西方现行经济监督的一场革命，对遏制代理人腐败，防止国有资产流失，提高经济效益，健全协调运转、有效制衡的公司法人治理结构，进一步完善现代企业制度，将发挥无可替代的直接作用。

# 第九章

# 造假案例剖析：信息对称评说

本章对大中型企业高管腐败、信息造假进行了认真剖析，认为反腐打假成效显著，但距中央要求的密织、扎牢制度笼子，完善不能腐的制度机制还有不小差距。本章还揭示了信息不对称的密码在于会计核算的原始凭证，全面深入地论证了信息对称的"九一十五"方案是破解造假密码的金钥匙，并以方案源头数据排除造假、电子信息技术快速核对、数据库便捷追溯、内审实时审计和外审企内化五大功能，对造假案例进行了反复探究。

## 第一节 信息造假案例

报纸杂志、新闻网页常载有关利用信息造假骗财谋利、坑害国家的贪腐案例，触目惊心、令人愤慨。若问造假何以揭开，报道称主要靠群众提供线索，靠审计、检查、监督、巡视人员深入现场翻账簿查凭证，靠手工技术账实核对。

下面仅据报载略示几例。

### 一 增加订单，提高价格

2016年10月27日新华社"新华视点"揭示，黑龙江省龙煤矿业集团公司物资供应分公司副总经理于铁义，通过增加订单和采购数量、提高采购价格等方式收取供应商财物超过3亿元。于铁义受贿手段十分卑劣，又十分简单。但要查清认定是故意增加订单和采购数量、故意提高采购价格的犯罪事实，必须从企业预算、计划甚至作业计划入手，且在海量般原始凭证、记账凭证中一一核对。查阅审核几年凭证的工作量，也许几人甚至几十人翻箱倒柜、日夜奋战几个月才能查清。如果公司引入信息对称的"九一十五"方案，此等造假还能发生？发生了将如此快速查清？

## 二 虚报产销，骗取财补

据 2016 年 9 月 9 日新华社的报道，苏州吉姆西客车公司通过编造虚假材料采购产销原始凭证，多报 2015 年销售新能源汽车 1131 辆，骗取中央财补 26156 万元。而金龙联合汽车公司未完工先申报汽车 1683 辆多报财补 51921 万元。虚报材料采购、加工制造、对外销售等虚假信息的查清，必须从原始凭证、完工入库、生产预算、作业计划入手，层层对比、一一核对，工作量之大可想而知。如果公司引入信息对称的"九一十五"方案，此等造假还能发生吗？发生了将如何即刻查处？

## 三 虚开发票，骗取税金

2017 年 5 月 14 日，河北省公安厅公布了一则全省打击经济犯罪案例：2011 年河北衡水一纺织公司实际经营人郭某组织有关人员购买他人出口货物信息冒充对外销售业务，并接受外省百家企业虚开税票，向国家税务机关虚报出口骗取出口退税数亿元。另据新华社 2017 年 5 月 17 日的报道，全国公安机关在打击经济犯罪专项行动中，查处厦门特大"黄金票"虚开增值税专用发票，骗取出口退税近百亿元。对此，虚开增值税专用发票，骗取出口退税，信息对称方案如何查处？

上述案例告诉我们，我国在反腐、揭黑、打假行动中可谓成果辉煌，成效显著，但细细品味，也能理出一个值得深思的问题。

一是，成果辉煌，难免有漏网之鱼。

二是，成效显著，又都是事后诸葛，都是事发几年造成严重损失后方得发现。

三是，战果累累但付出的耗费也难以承受。以长春兴业公司的揭黑打假为例，案中各方的投入如下。

（1）牵头机关。据报道，是国家审计署组织力量对某大型央企集团的下属公司进行审计。众所周知，审计署是国家最高审计监督机关。

（2）出动人力。根据安排，由审计署昆明特派办负责核查，这可以理解为集中了一批能力最强、专业技术最高的审计专家具体实施。

（3）时间较长。据报道，审查此案的时间为 2011 年 1—12 月，历时一年审计署才将此案线索移送公安部查处。

（4）审查技术。据报道，审计人员在"几乎都快翻烂了"的各种账证资料中，又发现了不少异常情况等。这说明，此次审计实际采用翻账簿、查凭证为主的手工审计技术。

应该说，此案的投入产出比似乎可以接受，但若放之全国，我国现有央企过百家，国有企业15万家，中小企业近千万家，如果都按此案的耗费对千万家企业进行全覆盖式的揭黑打假，则无论如何也是国力难以承受的一副重担。

党的十八届六中全会提出，"监督是权力正确运行的根本保证"。问题在于，一方面腐败蔓延势头得到有效遏制，另一方面反腐投入耗费很大；一方面反腐成效明显，尚未发现的腐败仍然存在，另一方面中央要求有腐必反、零容忍，却要在经常、长期、严格、实效、深入、细致上持之以恒。那么，如何突破东西方现行监督耗费巨大、手工查账、难以长久持续的瓶颈呢？

## 第二节 信息不对称密码

猫是鼠的天敌。尽管猫占有先天优势，又有人类捕鼠器具和各种鼠药，但老鼠依旧傲然于世。猫鼠游戏上演千万年之所以不能谢幕，或因尚未掌握鼠类存活的密码。翻开历朝历代的兴衰史，贪官都是人人痛恨的老鼠，尽管反复治理，但贪官不绝，腐败不断。贪腐与反腐之所以延续当今中外，一个基本原因在于贪腐与反腐，委托与代理之间的信息不对称，即贪腐方、代理方拥有委托方所没有掌握的私密信息，这很难查清，查清耗费很大，大到经济上并不合算。

信息不对称、信息虚假难于揭穿的直接原因在于会计，密码在于反腐所需的真实、有用信息深藏在源头数据（会计的原始凭证）之中，而源头数据如茫茫大海，且各信息之间互不链接，反腐查假就是大海捞针。恰如彻查长春兴业公司公转私黑幕那样，有国家最高审计机关，组织顶尖专家，耗时一年，翻烂所有资料和凭证方才查清。

当我们确认委托代理之间信息不对称的密码在于茫如烟海的经济业务的原始凭证时，破解密码的钥匙应是引入信息对称方案，对现行原始凭证（包括账簿）进行系列改进，改进到所有凭证都加注核对所需资料并全部录入数据库，在数据库对任何信息都能方便、快捷地进行核对以辨真伪。

笔者认为，破解信息不对称、根治信息造假的有效途径即在本书第四章第四节提出的"九一十五"方案。

"九一十五"方案的特征可概括为五点。

第一，信息的及时性。

由于信息生成及核对都在数据库完成，构建在 ERP 基础上数据库的高速运行保证了信息生成和核对的及时性。

第二，信息的真实性。

对称方案能实现信息真实是因为其具备五大优势：一是原始凭证全部录入数据库，特别是与 A、B 两类物料有关的凭证录入数据库；二是核对标准明确具体；三是实际与定额差异都有合理的控制区间；四是核对中具有方便下追上溯的追溯机制；五是电子盘库，用库存真实倒逼投入、产出的真实。"九一十五"方案自身的五大优势为其他举措无可比肩，可确保信息的客观真实。

第三，信息的有用性。

信息的及时、真实保证了委托人在重大决策、评价业绩和监控代理人时所需的有用信息基本上都能获取。

第四，内控的实时性。

由于引入"九一十五"方案，实现了实物运转系统的随干实管（随着一线员工操作，管理人员进行实时管控）、资金运转系统的随管实算（随着管控凭证进入数据库，会计人员进行实时核算）和审计监督系统的随算实审（随着会计核算凭证录入数据库，内审人员进行实时审计）。

第五，外部监督的成功转型。

内部审计不可或缺，但因其易受领导左右独立性差，使得外部监督尤为重要。但是外部监督置身其外，不可能随时随地监控。如果引入了"九一十五"方案，通过企业内部数据库十大数据加上外部监督平台就能方便地获取企业内部的任何经济信息，实现外部监督向内部监督的成功转型。

## 第三节　方案评说

下面，笔者用"九一十五"方案这把金钥匙一一模拟破解上述三个信息造假案例。

## 一　于铁义采购造假案

于铁义作为黑龙江省龙煤矿业集团公司物资供应分公司实际负责人，为图财谋利在物资采购方面全面造假，有恃无恐，贪污受贿超过3亿元。

于铁义作弊造假的主要手段如下：一是增加订单和采购数量，即实际采购量大大超过需要量；二是提高采购价格，即采购价格超过供方要价；三是及时支付货款。在"九一十五"方案中，生产经营都有预算，物料采购过程也必须按预算进行。比如，采煤设备、矿灯矿帽、运煤车辆、工作服装等需要多少、何时采购、每次采购数量、预计单价在计划任务书、原始凭证、记账凭证和账簿记录中都有详细记载，且有差异控制的合理区间。于铁义的增加订单数量、提高采购价格在数据库中一查便知，会随时发现。当然，对于因腐受贿的具体金额还要从行贿方的会计账证入手。因为行贿方是企业，资金支付账证中无端大笔现金支出必要反映，在供方数据库中可方便查出。至于及时支付货款，这好像不是信息造假，但是市场经济的基本常识是，尽量推迟支付货款可以获取货币的时间价值。因此，能推迟支付而不推迟必然给购方带来利益损失给供方带来收益增加，额外增加收益的供方"感谢"天上掉馅饼便对此决策人回赠好处。在"九一十五"方案中，这种及时支付货款在"材料采购"和"银行存款"账户中一查便知，至于受贿金额还要从供方数据库核查。得益于一时行贿受贿的结果，只能是坑了企业肥了个人，最后沦为人人唾弃的罪犯。

## 二　车企造假骗补案

苏州车企吉姆西公司编造虚假的采购和产销数量，虚报1131辆车骗补26156万元。

在"九一十五"方案中，供产销特别是主产品都有严密的年、季、月、旬生产预算并有脱离预算产生差异控制的合理区间，由此引出采购物资、入库、出库、投产都有严格的计划。虚报产销量从采购开始，但采购订单，以及采购中从企业外部取得的增值税专用发票、运票、保票、银行存款支票等外来原始凭证上都通过两个加注注明了预算规定数量。虚构的增加数量大大超过预算、大大超过差异控制的合理区间，在数据库核对中极易发现，且产销量虚假信息通过核对中的下追上溯功能也极易查出。

## 三 虚开发票骗税案

河北衡水一纺织公司经营人郭某于 2011 年组织公司有关人员购买他人出口货物信息，冒充本公司外销出口，并接受全国百家企业虚开的增值税专用发票，骗补出口退税数亿元。厦门特大"黄金票"虚开增值税专用发票，骗取出口退税百亿元。

这两起虚开增值税专用发票，冒充外销骗取出口退税的手法相同，一是虚开发票，二是骗取出口退税。所谓增值税专用发票是指目前国家对工商企业征收增值税，即只对生产经营中的增值部分征税，计算方法是用售后取得增值税票中的销项税额扣除采购增值税发票中的进项税额，用其差额即增值税额纳税所取得的专门税票。如果产品外销，国家为鼓励出口，在完成出口报关后将已缴纳的增值税款如数退还。上述案例中正是这些不法分子，虚开增值税专用发票，制造已缴纳假象，再虚构外销业务骗取出口退税。这在"九一十五"方案中极易发现，因为：（1）不管进项税额还是销项税额凡取得专用发票，根据内容加注发票上都有下追上溯的前后流程。比如，有关物资的运票、保票、支票，以及物料入库、出库等原始票据都要注明同一记载。显然，案例中的郭某不可能从企业外部取得同数同价的造假票证。因此，内部信息造假在数据库的追溯功能下立即现形。（2）纺织公司自然应该有生产过程，比如清花、并棉、粗纱、细纱、织布和染整等工序，因案例不可能有此生产过程的上下工序，这样在数据库中一查便知。（3）生产中都有原材料、在产品、产成品入库、出库、库存等物品数量的增减变化，此库存变化在电子盘库中一片空白，事实真相即可显示。

## 四 对称方案的功能

在反腐中，中央提出着重构建不敢腐、不能腐、不想腐的体制机制，织密、扎牢制度笼子。笔者认为，不能腐就是构建一套完整的制度体系，以严密的制度封死涉腐的可能。具体到打假治假，笔者认为遏制造假的严密的制度笼子就是信息对称，而"九一十五"方案称得起是牢不可破的制度笼子。

如果将"九一十五"方案称作打假防假的制度笼子，其严密程度则体现在以下五大功能上。

## （一）源头数据排除造假功能

"九一十五"方案中，经济特别是会计的原始凭证、记账凭证（包括账簿）的两个加注和全部录入数据库，使任何信息造假被排除在外，若执意造假将立即现形，绝无藏身之地。

## （二）电子信息技术快速核对功能

"九一十五"方案中，审查核对不靠翻阅纸质凭证、不靠手打算盘，而是利用数据库查阅核对。数据库的高速运行可保障造假信息在极短的时间内迅速被发现。

## （三）数据库便捷的追溯功能

"九一十五"方案中，账证信息都加注了生产过程的上下工序和经营过程的前后流程，并且加注了经济活动的预算、定额、差异数量和差异控制的合理区间，使检查人员可从生产经营的任何一个节点，下追上溯至经营前后的起止两端，用两端外部信息的客观真实倒逼企业内部任何一个节点信息的真实无假，使造假作弊不可能，若造假可随时被发现。

## （四）企业内审实时审计功能

"九一十五"方案中，管理人员随干实管，会计人员随管实算，内审人员则实现了随算实审，这使得企业任何经济信息一旦录入数据库，都随时随地处于内审人员的监督之下，只要有信息造假，内审会即刻发现。企业内审的随算实审使之由事后审计成功蜕变为事中审计，具备了实时审计功能。

## （五）外部审计企内化功能

由于内审与企业、内审与核心领导的同根同祖关系，内审往往只是听命于核心领导，难以发挥应有作用。但是，企业数据库+大数据+外部审计这一监督平台，使外审人员只要接通平台终端就能亮丽转身置身于企业内部，随时获取监督所需的真实经济信息，致使外审成功转型内审，既能以第三者身份审核，又能如同内审那样随时核对、鉴证任何信息，使外审具备了企业内审实时监督的功能。

# 本章小结

综上所述，本章论述归纳为三点研究结论。

一是反腐打假依然任重道远。从成功告破的反腐打假案例来分析，可以看到，其中的事后查审、耗费较大和手工查账的代价是反腐打假得以广泛、持续深入的一道难题，反腐打假还有一条漫长之路。

二是信息不对称密码的破解。贪污腐败、信息虚假的密码在于经济运行的原始凭证。原始凭证内容繁杂、互不链接且茫如大海，审查核对如大海捞针。破解不对称密码的钥匙应是信息对称的"九一十五"方案。方案中通过两个加注、信息全部录入数据库等措施对原始凭证进行系列改进，规范的信息转换技术和现代化电子核对技术为钱物的实时核对提供了可靠保证。

三是织密、扎牢反腐打假的制度笼子。中央多次强调织密、扎牢不能腐的制度笼子。"九一十五"方案的源头数据排除造假功能、电子信息技术快速核对功能、数据库便捷的追溯功能、企业内审实时审计功能和外部审计企内化功能，为不能涉腐、不能造假编织了一个极密极牢的制度笼子。

# 第十章

# 信息对称应用：保险企业

2016年12月中旬召开的中央经济工作会议提出了2017年经济工作坚持稳中求进，提高发展质量和效益，宏观政策要稳、微观政策要活、改革政策要实、社会政策要托底，推进供给侧结构性改革的总体要求，特别强调"要把防控金融风险放到更加重要的位置，下决心处置一批风险点，着力防控资产泡沫，提高和改进监管能力，确保不发生系统性金融风险"。可见，防控风险，特别是对金融领域风险的监管，已经提到中央非常重要的工作日程。

## 第一节　保险企业风险现状

投资保险是把投保人的零星保费集中起来以满足未来险灾来临时的大额保障支出。从投保角度看，保险是分摊意外事故损失的一种财务安排；从保险企业角度看，保险企业是服务公众、解人之忧的公共性、社会性企业。大凡企业都要追求盈利，保险企业也有追求收益且越多越好的一面。因此，保险企业将零星保费集中成巨额资金后，利用投保和保障的时间差，将巨资用在何方，便是对保险企业经营目标——"姓保姓投"的考验。可惜一些保险企业太过涉险面临极大风险，万能险就是其中之一。

### 一　保险企业风险

保险保险，重在保障风险，重在保险企业信用，即投保人按期交费，急用时保险企业必须足额保障。因此，保险企业如何经营业务则是保障投保人所需的关键。

(一)"姓保"还是"姓投"

万能险是人身险的一种,特殊之处在于将保费分设两个账户,即用于保障功能的保障账户和盈利功能的投资账户。保险企业设置最低保障利率,自行决定保障与投资比例。问题在于,我国保额保费比很低,交费期缩短,保费前置,投资功能过度放大。比如,一些保险企业把万能险视为定期理财产品,成为迈入资本市场举牌的"提款机"。根据保监会网站的数据,2016 年小半年有 11 家万能险占比较高的保险企业增资总额达 250 亿元,占寿险公司同期增资的 76%,将如此高比例的保费用于投资,显见此等保险企业已"姓投"不"姓保"了。

(二)长配还是短配

短钱长配是指保险企业将投保的短期保费(比如几个月至 1 年)集中起来投向期限为几年乃至几十年的长期投资。众所周知,投资不能收回,保险企业资产端(投保额)的久期(持有期)远低于负债端(保障额、退保等)的久期。其现金流入只能是受资企业的现金分红,受资企业有无盈利,盈利分不分,分多分少是不确定数,而保障支出、巨额退保则是刚性的。这样便给保险企业带来巨大的现金流出压力。解决现金出入数量、期间不对称的办法是在新的年度出售更多的万能险,以新的保费收入支付现金短缺。

(三)高利还是中利

不少保险企业为扩大销售,往往以高利吸引,使稍有规模资金的居民很少储蓄而是购买理财产品。比如,寿险的万能账户年利率超过 5.5%,甚至超过 6%,以高预期收益博取眼球,使中短期险种的额度占全年额度的 70% 以上。在西方国家,万能险的保额保费比例高,全部长期交费,甚至终身制,我国的高利率短期限给保险企业带来很大风险。

## 二 监管部门发声

在《2016 年中国经济大调查》中,受访的 10 万个家庭投资消费大数据显示,受访者对保险的投资意愿从 2007 年的末位 6.14% 升至 2016 年的第一位 36.79%,而股票和银行理财产品则分别以 33.05%、32.69% 位列第二、第三。面对金融,包括保险行业的巨大风险,中央做出了明确指示,监管部门多次严厉发声。

（1）中央明确指示。2017年12月中旬的中央经济工作会议明确提出，要把防止金融风险放到更加重要的位置，下决心处置一批风险点，着重防控资产泡沫，提高和改进监管能力，确保不发生系统性金融风险。

（2）监管部门发声。2016年12月19日，多家报纸刊载证监会主席激烈斥责资本市场"险资举牌"的行为是"用来路不正的钱，从门口的野蛮人变成了行业的强盗"。

（3）保监会出面。2016年12月13日，针对万能险、保险企业增资等市场关注的热点话题，保监会主席发表比"妖魔论"措辞更加严厉的斥责声。

（4）证监会行动。据新华社2016年12月28日电，当年前10个月证监会移送"老鼠仓"（用来公开信息交易）案件占比达50%，案发领域由公募基金向保险、券商和银行等资管行业蔓延，从业人员共同犯罪，公募和私募内外勾结的苗头出现。2015年以来，证监会移送给公安部门的有关内幕交易、操纵市场等典型犯罪案例及线索61起，占比38%。

（5）制度新规。2016年年底前制定的《商业银行理财业务监管管理办法（征求意见稿）》是我国史上最严的银行理财监管新规定，比如"禁止发行分级理财产品""禁止银行理财投资股市""理财业务分类管理""非标准资产只对接信托通道""银行理财需计提风险准备金"等条款都是对银行等理财的严格监管。

## 第二节　风险防控创新

鉴于上述保险企业的严峻形势，为防控风险，保护投保人权益，根据中央经济工作会议精神，笔者认为，防控和规避风险的主要举措是提高公众的风险意识，进行制度创新和技术创新。

### 一　风险意识

投资有风险，理财需谨慎，这本是时下人人皆知的道理，但仍有不少人一步步走向陷阱，不撞南墙不回头。比如，炒股走火入魔，炒得血本无归；买保险，"交保150天，预期年化率3.90%"。这种高收益必然伴随着极大的风险。其风险来自投资特别是炒股。投资炒股一方面有收益，另一方面有风险，特别是多次转投。具体如图 10-1 所示。

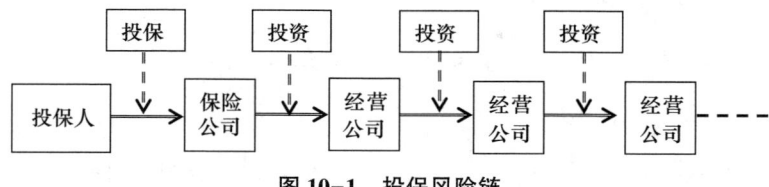

```
    投保      投资       投资       投资
     ↓        ↓         ↓         ↓
投保人 → 保险公司 → 经营公司 → 经营公司 → 经营公司 - - - -
```

图 10-1　投保风险链

从图 10-1 可见，保险公司为盈利将保费集中投向一级公司，一级公司为盈利将资金投向二级公司……这种投资传递链条越长风险越大。其中，任一链条断裂只能由上一层级公司承担，最后很可能返传给投保人，使投保蚀本。因此，投保人一定要认清风险，不为短期高利所迷，要增强风险意识，谨慎投资。

## 二　制度创新

在实务中，防控经济风险靠法规监控，监控则靠制度创新，用新的有效的法规制度遏制保险企业风险。

（一）借鉴西方

万能险是西方国家发起最早、较为成熟的保险主流品种，是保险资金的合法渊源。比如美国万能险的保额保费比高，多是长期交费甚至终身交纳。我国万能险保额保费比低、交费期短、退保额大、保费前置、投资购股比重过大，形成巨大的潜在风险。吸取西方有益经验，通过提高保额比例、延长交费期限、保费置中、限制投资功能，大大降低保险企业风险，应是可供借鉴的制度安排。

（二）创新保险品种

2016 年 12 月 19 日《金陵晚报》刊载报道称，江苏省一保险公司将保险保障与运动奖励相结合，通过对投保者的长期健康管理，比如步数达标可捐赠、可换积分、可兑换奖品等，以激励运动达标，提升身体素质。将运动健身与保障额度相结合，运动达标、健身达标可提升保险保障额度，是保险新品种的一个创造。由此联想，能否将环境保护、雾霾治理与保险相结合，从而提高环境生态质量、净化大气污染等，都应组织团队进行探索。

## 三 技术创新

笔者提出的防控保险企业风险的技术创新是信息对称。

### （一）关于信息不对称

我们认为经济风险来自信息不对称。所谓信息不对称是指经济活动的一方（委托人）不能直接掌握另一方（代理人）的行为，最多只能根据行为结果做出判断。因此，消除风险、争取成功的诀窍便是"知己知彼"即信息对称。西方经济学家七八十年的研究只注重信息不对称下如何通过博弈达成均衡而无人研究如何实现信息对称。

### （二）关于信息对称

信息对称则指在委托代理之间，在拥有信息的数量、质量、构成、密度和时效等方面实现大体相同，即委托人在重大决策、评价业绩和监管代理人方面所需主要信息都能及时得到。笔者提出的在制造企业实现信息对称的有效途径是"九一十五"方案，即九大核对、一组数据库、十种技法和五项操作（有关对称方案的具体内容参见第五章第四节）。

### （三）关于技术创新

保险企业也是企业，投保人作为委托人拥有对代理人的经济业务监督权。根据国务院2014年印发的《企业信息公示条例》，笔者研究认为，投保人对保险企业监督的技术创新，可概括为"四公开"，即保费保期公开、保额保障公开、投资去向公开和风险评级公开。

（1）保费保期公开。保险企业应主动公开收到的保费保期加权平均数，说明保险公司的资产状况。

（2）保额保障公开。保险企业应主动公开承担的保障额即负债的加权平均数。通过保费保额比较，计算资产负债率，让投保人了解保险企业杠杆程度，判断风险大小。

（3）投资去向公开。保险企业应主动公开保费用于何方，投向什么企业，购买什么股票以及投资占保费的比例。

（4）风险评级公开。应向股市股指一样，保险企业的综合风险指数也要定期计算和公开。笔者认为，应创新保险企业风险指数计算方法，由专家组成专门机构，根据国内外保险企业的大量数据和能够认可的公式计算保险企业综合风险指数并定期向社会公布。

## 本章小结

综上所述，本章可归纳出如下四点研究结论。

第一，投资有风险，不论将资金投向债券、黄金、股票、房产、新三板还是海外资产都有风险。投资有风险是由未能把握经济规律和经济预期不确定决定的。

第二，保险有风险，不能顾名思义把投保理解为绝对保险、没有风险，因为保险企业也要理财，且当下投资占比过高，风险太大，因此投保要谨慎。

第三，风险可防控，保险企业风险防控的主要途径，一是提高投保人的风险意识，谨慎投保；二是制度创新，不断出台严防保险企业风险的法规制度，严控保险企业过度投资、追逐盈利；三是技术创新，比如开发保险新产品和保费、保额、投资、风险等级"四公开"。

第四，信息对称是防控风险的根本途径，风险来自信息不对称，如何使投保人掌握对称的信息是规避保险企业风险的根本途径。

# 附 录

# 相关文件

## 附录一 中共中央办公厅印发《关于统筹规范督查检查考核工作的通知》

新华社北京 10 月 9 日电 近日，中共中央办公厅印发了《关于统筹规范督查检查考核工作的通知》。全文如下：

为了更好推动党的十九大精神和党中央决策部署贯彻落实，深入推进全面从严治党，进一步改进工作作风，坚决克服形式主义、官僚主义，经中央领导同志同意，现就统筹规范督查检查考核工作通知如下。

### 一 提高思想认识，明确总体要求

督查检查考核工作是推动党的理论和路线方针政策、党中央决策部署贯彻落实的重要手段，是改进党的作风、激励广大干部担当作为的重要举措。近年来，督查检查考核工作不断加强，激励鞭策的指挥棒作用有力发挥，必须坚持不懈抓下去。但也存在名目繁多、频率过高、多头重复、重留痕轻实绩等问题，地方和基层应接不暇、不堪重负，干部群众反映强烈，既不利于集中精力抓落实，也助长了形式主义、官僚主义，损害党群干群关系，必须下决心加以解决，把督查检查考核工作做得更好更有成效。

做好督查检查考核工作的总体要求是：以习近平新时代中国特色社会主义思想为指导，全面贯彻党的十九大和十九届二中、三中全会精神，牢固树立"四个意识"、坚决做到"两个维护"，着力加强党中央集中统一领导，强化各级党委统筹协调，严格控制总量，坚持以上率下，不断增强督查检查考核工作的科学性、针对性、实效性，切实减轻基层负担，进一步激发干部崇尚实干、攻坚克难的责任担当，凝聚起决胜全面建成小康社会、夺取新时代中国特色社会主义伟大胜利、实现中华民族伟大复兴中国梦的强大力量。

## 二 严格控制总量，实行计划管理

规范督查检查考核工作，必须从源头抓起，从上级机关做起。除党中央、国务院统一部署和依法依规开展的督查检查考核外，中央和国家机关各部门不得自行设置以地方党委和政府为对象的督查检查考核项目，不得在部门文件中自行规定全国性督查检查考核事项，确需开展的要一事一报。要严格控制总量和频次，中央和国家机关各部门原则上每年搞1次综合性督查检查考核，同类事项可合并进行，涉及多部门的联合组团下去，防止重复扎堆、层层加码，不能兴师动众，动辄对着县乡村和厂矿企业学校，影响地方和基层的正常工作。部门督查检查考核不能打着中央的旗号，日常调研指导工作不能随意冠以督查、检查、巡查、督察、督导等名义。

实行年度计划和审批报备制度。中央和国家机关各部门拟开展的涉及地方党委和政府以及本系统全国性的业务督查检查考核事项，要按照归口管理原则，年初分别报中央办公厅、国务院办公厅研究审核，由中央办公厅统一报党中央审批，以年度计划的形式印发执行。对紧急突发事项的督查检查，可以按程序报批后实施。省区市开展的全省性督查检查考核也要制定年度计划，报中央办公厅备案。

## 三 注重工作实绩，改进方式方法

要完善考核评价体系，突出党中央决策部署的贯彻执行情况，科学合理设置指标，视内容区分发达与欠发达地区、城市与乡村、地方与部门、机关与企事业单位等，体现差异化要求，避免"一刀切""一锅煮"。改进督查检查考核办法，必要的记录、台账要看，但主要看工作实绩，不能一味要求基层填表格报材料，不能简单以留痕多少评判工作好坏，不能工作刚安排就督查检查、刚部署就进行考核，不搞花拳绣腿，不要繁文缛节，不做表面文章。坚持走群众路线，加强常态化了解，多到现场看，多见具体事，多听群众说，更多关注改革发展、政策落地情况和群众获得感满意度。督查检查要突出问题导向，既着重发现落实中存在的问题，又及时了解有关政策需要完善的地方。对督查检查考核中发现的问题，要以适当方式进行反馈，加强督促整改，不能简单以问责代替整改，也不能简单搞终身问责。创新督查检查考核方式，充分运用信息化手段，实现信息资源共享，优化第三方评估，提高督查检查考核的质量和效率。

### 四　加强组织领导，激励担当作为

各地区各部门党委（党组）要强化主体责任，加强组织领导。中央层面建立由中央办公厅牵头，中央和国家机关有关部门参加的统筹协调机制，加强对督查检查考核工作的计划管理和监督实施。开展专项清理，从中央和国家机关做起，各级党委和政府要坚决撤销形式主义、劳民伤财、虚头巴脑的督查检查考核事项，大幅度压缩数量，对县乡村和厂矿企业学校的督查检查考核事项要减少50%以上。清理后保留的事项实行清单管理，可以公开的公开，接受社会监督，确保执行到位，严防反弹回潮。各地区各部门清理情况报中央办公厅。

要强化督查检查考核结果的分析运用，鲜明树立重实干重实绩的导向，对政治坚定、奋发有为的干部要褒奖和鼓励，对慢作为、不作为、乱作为的干部要警醒和惩戒。对各种告状信、检举信，经核实有问题的要依纪依法处理，没问题的要及时澄清、公开正名，对诬告陷害的要严肃追究责任，推动形成勇于担当作为、敢于抵制歪风邪气的良好政治生态。

各地区各部门要结合实际，制定贯彻落实通知的具体措施。

## 附录二　中共中央办公厅、国务院办公厅印发《关于深化国有企业和国有资本审计监督的若干意见》

新华社北京 3 月 31 日电　近日，中共中央办公厅、国务院办公厅印发了《关于深化国有企业和国有资本审计监督的若干意见》，标志着国有企业和国有资本审计监督体系和制度进一步完善。

意见提出，深化国有企业和国有资本审计监督的总体思路是，全面贯彻落实党的十八大和十八届三中、四中、五中、六中全会精神，深入贯彻习近平总书记系列重要讲话精神和治国理政新理念新思想新战略，按照党中央、国务院决策部署，紧紧围绕统筹推进"五位一体"总体布局和协调推进"四个全面"战略布局，牢固树立新发展理念，坚持有利于国有资产保值增值、有利于提高国有经济竞争力、有利于放大国有资本功能的方针，创新审计理念，完善审计监督体制机制，改进审计方式方法，做到应审尽审、有审必严，推动审计发现的问题整改到位、问责到位，促进党和国家方针政策、重大决策部署在国有企业贯彻执行，促进国有企业深化改革，提高经营管理水平，坚定不移把国有企业做强做优做大。

意见强调，深化国有企业和国有资本审计监督，要坚持依法审计、客观求实、推动发展、统筹安排的原则，认真贯彻落实宪法及审计法等法律法规，依法独立履行审计监督职责，审慎区分无意过失与明知故犯、工作失误与失职渎职、探索实践与以权谋私，客观作出结论和处理，着力发现国有企业和国有资本管理运营中存在的普遍性、倾向性、典型性问题，关注体制性障碍和制度性缺陷，反映发展运营中的突出矛盾和风险隐患，积极提出解决重大问题和推动改革发展的建议，促进国有企业深化改革，不断增强国有经济活力、控制力、影响力和抗风险能力，防范国有资产流失。

意见明确，深化国有企业和国有资本审计监督，要围绕国有企业、国有资本、境外投资以及国有企业领导人员履行经济责任情况，做到应审尽审、有审必严。要完善国有企业和国有资本审计监督体制机制，做到国有企业、国有资本走到哪里，审计就跟进到哪里，不留死角。国有企业主要领导人员要切实履行整改第一责任。国有资产监管等部门对审计发现移送的重大问题，要依纪依法依规处理，严肃追责问责，将审计结果及整改情况作为考核、任免、奖惩的重要依据。

意见要求，各级国有资产监管机构要依法依规履行监管职责，组织做好对国有企业的内部审计工作。地方各级党委和政府要统一思想，切实加强对国有企业和国有资本审计工作的组织领导，结合实际做好安排部署，明确目标任务，完善保障措施，强化督促落实，确保审计工作有序实施、取得实效。

## 附录三　中办国办印发《关于完善审计制度若干重大问题的框架意见》及相关配套文件

新华社北京 12 月 8 日电　新华社 8 日受权播发中共中央办公厅、国务院办公厅印发的《关于完善审计制度若干重大问题的框架意见》及相关配套文件，对完善审计制度、保障依法独立行使审计监督权作出了部署和安排。

框架意见及配套文件提出，完善审计制度的总体目标是通过健全有利于依法独立行使审计监督权的审计管理体制，建立具有审计职业特点的审计人员管理制度，对公共资金、国有资产、国有资源和领导干部履行经济责任情况实行审计全覆盖，到2020年，基本形成与国家治理体系和治理能力现代化相适应的审计监督机制，更好地发挥审计在保障国家重大决策部署贯彻落实、维护国家经济安全、推动深化改革、促进依法治国、推进廉政建设中的重要作用。

框架意见及配套文件明确，完善审计制度的任务主要是实行审计全覆盖、强化审计机关对下级审计机关的领导、探索省以下地方审计机关人财物管理改革、推进审计职业化建设、加强审计队伍思想和作风建设、建立健全履行法定审计职责保障机制、完善审计结果运用机制、加强对审计机关的监督。

其中，重点任务有3项：一是实行审计全覆盖。通过加强审计资源统筹整合和创新审计技术方法，依法全面履行审计监督职责，坚持党政同责、同责同审，对公共资金、国有资产、国有资源和领导干部履行经济责任情况实行审计全覆盖。二是探索省以下地方审计机关人财物管理改革。围绕增强审计监督的整体合力和独立性，从领导干部管理、机构编制和人员管理、经费预算和资产管理、审计项目计划统筹管理、审计结果报告和公告、审计执法责任、审计信息化等方面强化上级审计机关对下级审计机关的领导，强化全国审计工作的统筹。三是推进审计职业化建设。根据审计职业特点，建立分类科学、权责一致的审计人员管理制度和职业保障机制，提升审计队伍的政治素质和专业能力。

《框架意见》及配套文件要求，审计署负责牵头、组织协调有关部门抓好落实。中央有关部门要加强对完善审计制度的支持和配合，推动各项改革措施落实。省级党委、政府要加强对本地区有关工作的领导，抓紧研究制定本地区的落实意见和方案，明确具体措施和时间表。

# 附录四　中共中央、国务院关于深化国有企业改革的指导意见

（2015年8月24日）

国有企业属于全民所有，是推进国家现代化、保障人民共同利益的重要力量，是我们党和国家事业发展的重要物质基础和政治基础。改革开放以来，国有企业改革发展不断取得重大进展，总体上已经同市场经济相融合，运行质量和效益明显提升，在国际国内市场竞争中涌现出一批具有核心竞争力的骨干企业，为推动经济社会发展、保障和改善民生、开拓国际市场、增强我国综合实力作出了重大贡献，国有企业经营管理者队伍总体上是好的，广大职工付出了不懈努力，成就是突出的。但也要看到，国有企业仍然存在一些亟待解决的突出矛盾和问题，一些企业市场主体地位尚未真正确立，现代企业制度还不健全，国有资产监管体制有待完善，国有资本运行效率需进一步提高；一些企业管理混乱，内部人控制、利益输送、国有资产流失等问题突出，企业办社会职能和历史遗留问题还未完全解决；一些企业党组织管党治党责任不落实、作用被弱化。面向未来，国有企业面临日益激烈的国际竞争和转型升级的巨大挑战。在推动我国经济保持中高速增长和迈向中高端水平、完善和发展中国特色社会主义制度、实现中华民族伟大复兴中国梦的进程中，国有企业肩负着重大历史使命和责任。要认真贯彻落实党中央、国务院战略决策，按照"四个全面"战略布局的要求，以经济建设为中心，坚持问题导向，继续推进国有企业改革，切实破除体制机制障碍，坚定不移做强做优做大国有企业。为此，提出以下意见。

## 一　总体要求

（一）指导思想

高举中国特色社会主义伟大旗帜，认真贯彻落实党的十八大和十八届三中、四中全会精神，深入学习贯彻习近平总书记系列重要讲话精神，坚持和完善基本经济制度，坚持社会主义市场经济改革方向，适应市场化、现代化、国际化新形势，以解放和发展社会生产力为标准，以提高国有资本效率、增强国有企业活力为中心，完善产权清晰、权责明确、政企分

开、管理科学的现代企业制度，完善国有资产监管体制，防止国有资产流失，全面推进依法治企，加强和改进党对国有企业的领导，做强做优做大国有企业，不断增强国有经济活力、控制力、影响力、抗风险能力，主动适应和引领经济发展新常态，为促进经济社会持续健康发展、实现中华民族伟大复兴中国梦作出积极贡献。

(二) 基本原则

——坚持和完善基本经济制度。这是深化国有企业改革必须把握的根本要求。必须毫不动摇巩固和发展公有制经济，毫不动摇鼓励、支持、引导非公有制经济发展。坚持公有制主体地位，发挥国有经济主导作用，积极促进国有资本、集体资本、非公有资本等交叉持股、相互融合，推动各种所有制资本取长补短、相互促进、共同发展。

——坚持社会主义市场经济改革方向。这是深化国有企业改革必须遵循的基本规律。国有企业改革要遵循市场经济规律和企业发展规律，坚持政企分开、政资分开、所有权与经营权分离，坚持权利、义务、责任相统一，坚持激励机制和约束机制相结合，促使国有企业真正成为依法自主经营、自负盈亏、自担风险、自我约束、自我发展的独立市场主体。社会主义市场经济条件下的国有企业，要成为自觉履行社会责任的表率。

——坚持增强活力和强化监管相结合。这是深化国有企业改革必须把握的重要关系。增强活力是搞好国有企业的本质要求，加强监管是搞好国有企业的重要保障，要切实做到两者的有机统一。继续推进简政放权，依法落实企业法人财产权和经营自主权，进一步激发企业活力、创造力和市场竞争力。进一步完善国有企业监管制度，切实防止国有资产流失，确保国有资产保值增值。

——坚持党对国有企业的领导。这是深化国有企业改革必须坚守的政治方向、政治原则。要贯彻全面从严治党方针，充分发挥企业党组织政治核心作用，加强企业领导班子建设，创新基层党建工作，深入开展党风廉政建设，坚持全心全意依靠工人阶级，维护职工合法权益，为国有企业改革发展提供坚强有力的政治保证、组织保证和人才支撑。

——坚持积极稳妥统筹推进。这是深化国有企业改革必须采用的科学方法。要正确处理推进改革和坚持法治的关系，正确处理改革发展稳定关系，正确处理搞好顶层设计和尊重基层首创精神的关系，突出问题导向，坚持分类推进，把握好改革的次序、节奏、力度，确保改革扎实推进、务求实效。

(三) 主要目标

到 2020 年，在国有企业改革重要领域和关键环节取得决定性成果，形成更加符合我国基本经济制度和社会主义市场经济发展要求的国有资产管理体制、现代企业制度、市场化经营机制，国有资本布局结构更趋合理，造就一大批德才兼备、善于经营、充满活力的优秀企业家，培育一大批具有创新能力和国际竞争力的国有骨干企业，国有经济活力、控制力、影响力、抗风险能力明显增强。

——国有企业公司制改革基本完成，发展混合所有制经济取得积极进展，法人治理结构更加健全，优胜劣汰、经营自主灵活、内部管理人员能上能下、员工能进能出、收入能增能减的市场化机制更加完善。

——国有资产监管制度更加成熟，相关法律法规更加健全，监管手段和方式不断优化，监管的科学性、针对性、有效性进一步提高，经营性国有资产实现集中统一监管，国有资产保值增值责任全面落实。

——国有资本配置效率显著提高，国有经济布局结构不断优化、主导作用有效发挥，国有企业在提升自主创新能力、保护资源环境、加快转型升级、履行社会责任中的引领和表率作用充分发挥。

——企业党的建设全面加强，反腐倡廉制度体系、工作体系更加完善，国有企业党组织在公司治理中的法定地位更加巩固，政治核心作用充分发挥。

## 二 分类推进国有企业改革

(四) 划分国有企业不同类别

根据国有资本的战略定位和发展目标，结合不同国有企业在经济社会发展中的作用、现状和发展需要，将国有企业分为商业类和公益类。通过界定功能、划分类别，实行分类改革、分类发展、分类监管、分类定责、分类考核，提高改革的针对性、监管的有效性、考核评价的科学性，推动国有企业同市场经济深入融合，促进国有企业经济效益和社会效益有机统一。按照谁出资谁分类的原则，由履行出资人职责的机构负责制定所出资企业的功能界定和分类方案，报本级政府批准。各地区可结合实际，划分并动态调整本地区国有企业功能类别。

### （五）推进商业类国有企业改革

商业类国有企业按照市场化要求实行商业化运作，以增强国有经济活力、放大国有资本功能、实现国有资产保值增值为主要目标，依法独立自主开展生产经营活动，实现优胜劣汰、有序进退。

主业处于充分竞争行业和领域的商业类国有企业，原则上都要实行公司制股份制改革，积极引入其他国有资本或各类非国有资本实现股权多元化，国有资本可以绝对控股、相对控股，也可以参股，并着力推进整体上市。对这些国有企业，重点考核经营业绩指标、国有资产保值增值和市场竞争能力。

主业处于关系国家安全、国民经济命脉的重要行业和关键领域、主要承担重大专项任务的商业类国有企业，要保持国有资本控股地位，支持非国有资本参股。对自然垄断行业，实行以政企分开、政资分开、特许经营、政府监管为主要内容的改革，根据不同行业特点实行网运分开、放开竞争性业务，促进公共资源配置市场化；对需要实行国有全资的企业，也要积极引入其他国有资本实行股权多元化；对特殊业务和竞争性业务实行业务板块有效分离，独立运作、独立核算。对这些国有企业，在考核经营业绩指标和国有资产保值增值情况的同时，加强对服务国家战略、保障国家安全和国民经济运行、发展前瞻性战略性产业以及完成特殊任务的考核。

### （六）推进公益类国有企业改革

公益类国有企业以保障民生、服务社会、提供公共产品和服务为主要目标，引入市场机制，提高公共服务效率和能力。这类企业可以采取国有独资形式，具备条件的也可以推行投资主体多元化，还可以通过购买服务、特许经营、委托代理等方式，鼓励非国有企业参与经营。对公益类国有企业，重点考核成本控制、产品服务质量、营运效率和保障能力，根据企业不同特点有区别地考核经营业绩指标和国有资产保值增值情况，考核中要引入社会评价。

## 三 完善现代企业制度

### （七）推进公司制股份制改革

加大集团层面公司制改革力度，积极引入各类投资者实现股权多元化，大力推动国有企业改制上市，创造条件实现集团公司整体上市。根据不同企业的功能定位，逐步调整国有股权比例，形成股权结构多元、股东行为规范、内部约束有效、运行高效灵活的经营机制。允许将部分国有资本转化为优先股，在少数特定领域探索建立国家特殊管理股制度。

（八）健全公司法人治理结构

重点是推进董事会建设，建立健全权责对等、运转协调、有效制衡的决策执行监督机制，规范董事长、总经理行权行为，充分发挥董事会的决策作用、监事会的监督作用、经理层的经营管理作用、党组织的政治核心作用，切实解决一些企业董事会形同虚设、"一把手"说了算的问题，实现规范的公司治理。要切实落实和维护董事会依法行使重大决策、选人用人、薪酬分配等权利，保障经理层经营自主权，法无授权任何政府部门和机构不得干预。加强董事会内部的制衡约束，国有独资、全资公司的董事会和监事会均应有职工代表，董事会外部董事应占多数，落实一人一票表决制度，董事对董事会决议承担责任。改进董事会和董事评价办法，强化对董事的考核评价和管理，对重大决策失误负有直接责任的要及时调整或解聘，并依法追究责任。进一步加强外部董事队伍建设，拓宽来源渠道。

（九）建立国有企业领导人员分类分层管理制度

坚持党管干部原则与董事会依法产生、董事会依法选择经营管理者、经营管理者依法行使用人权相结合，不断创新有效实现形式。上级党组织和国有资产监管机构按照管理权限加强对国有企业领导人员的管理，广开推荐渠道，依规考察提名，严格履行选用程序。根据不同企业类别和层级，实行选任制、委任制、聘任制等不同选人用人方式。推行职业经理人制度，实行内部培养和外部引进相结合，畅通现有经营管理者与职业经理人身份转换通道，董事会按市场化方式选聘和管理职业经理人，合理增加市场化选聘比例，加快建立退出机制。推行企业经理层成员任期制和契约化管理，明确责任、权利、义务，严格任期管理和目标考核。

（十）实行与社会主义市场经济相适应的企业薪酬分配制度

企业内部的薪酬分配权是企业的法定权利，由企业依法依规自主决定，完善既有激励又有约束、既讲效率又讲公平、既符合企业一般规律又体现国有企业特点的分配机制。建立健全与劳动力市场基本适应、与企业经济效益和劳动生产率挂钩的工资决定和正常增长机制。推进全员绩效考核，以业绩为导向，科学评价不同岗位员工的贡献，合理拉开收入分配差距，切实做到收入能增能减和奖惩分明，充分调动广大职工积极性。对国有企业领导人员实行与选任方式相匹配、与企业功能性质相适应、与经营业绩相挂钩的差异化薪酬分配办法。对党中央、国务院和地方党委、政府及其部门任命的国有企业领导人员，合理确定基本年薪、绩效年薪和任期激励收入。对市场化选聘的职业经理人实行市场化薪酬分配机制，可以采取多种方式探索完善中长期激励机制。健全与激励机制相对称的经济责任审计、信息披露、延期支付、追索扣回等约束机制。严格规范履职待遇、业务支出，严禁将公款用于个人支出。

（十一）深化企业内部用人制度改革

建立健全企业各类管理人员公开招聘、竞争上岗等制度，对特殊管理人员可以通过委托人才中介机构推荐等方式，拓宽选人用人视野和渠道。建立分级分类的企业员工市场化公开招聘制度，切实做到信息公开、过程公开、结果公开。构建和谐劳动关系，依法规范企业各类用工管理，建立健全以合同管理为核心、以岗位管理为基础的市场化用工制度，真正形成企业各类管理人员能上能下、员工能进能出的合理流动机制。

## 四 完善国有资产管理体制

（十二）以管资本为主推进国有资产监管机构职能转变

国有资产监管机构要准确把握依法履行出资人职责的定位，科学界定国有资产出资人监管的边界，建立监管权力清单和责任清单，实现以管企业为主向以管资本为主的转变。该管的要科学管理、决不缺位，重点管好国有资本布局、规范资本运作、提高资本回报、维护资本安全；不该管的要依法放权、决不越位，将依法应由企业自主经营决策的事项归位于企业，将延伸到子企业的管理事项原则上归位于一级企业，将配合承担的公共管理职能归位于相关政府部门和单位。大力推进依法监管，着力创新监管方式和手段，改变行政化管理方式，改进考核体系和办法，提高监管的科学性、有效性。

（十三）以管资本为主改革国有资本授权经营体制

改组组建国有资本投资、运营公司，探索有效的运营模式，通过开展投资融资、产业培育、资本整合，推动产业集聚和转型升级，优化国有资本布局结构；通过股权运作、价值管理、有序进退，促进国有资本合理流动，实现保值增值。科学界定国有资本所有权和经营权的边界，国有资产监管机构依法对国有资本投资、运营公司和其他直接监管的企业履行出资人职责，并授权国有资本投资、运营公司对授权范围内的国有资本履行出资人职责。国有资本投资、运营公司作为国有资本市场化运作的专业平台，依法自主开展国有资本运作，对所出资企业行使股东职责，按照责权对应原则切实承担起国有资产保值增值责任。开展政府直接授权国有资本投资、运营公司履行出资人职责的试点。

（十四）以管资本为主推动国有资本合理流动优化配置

坚持以市场为导向、以企业为主体，有进有退、有所为有所不为，优化国有资本布局结构，增强国有经济整体功能和效率。紧紧围绕服务国家战略，落实国家产业政策和重点产业布局调整总体要求，优化国有资本重点投资方向和领域，推动国有资本向关系国家安全、国民经济命脉和国计民生的重要行业和关键领域、重点基础设施集中，向前瞻性战略性产业集中，向具有核心竞争力的优势企业集中。发挥国有资本投资、运营公司的作用，清理退出一批、重组整合一批、创新发展一批国有企业。建立健全优胜劣汰市场化退出机制，充分发挥失业救济和再就业培训等的作用，解决好职工安置问题，切实保障退出企业依法实现关闭或破产，加快处置低效无效资产，淘汰落后产能。支持企业依法合规通过证券交易、产权交易等资本市场，以市场公允价格处置企业资产，实现国有资本形态转换，变现的国有资本用于更需要的领域和行业。推动国有企业加快管理创新、商业模式创新，合理限定法人层级，有效压缩管理层级。发挥国有企业在实施创新驱动发展战略和制造强国战略中的骨干和表率作用，强化企业在技术创新中的主体地位，重视培养科研人才和高技能人才。支持国有企业开展国际化经营，鼓励国有企业之间以及与其他所有制企业以资本为纽带，强强联合、优势互补，加快培育一批具有世界一流水平的跨国公司。

（十五）以管资本为主推进经营性国有资产集中统一监管

稳步将党政机关、事业单位所属企业的国有资本纳入经营性国有资产集中统一监管体系，具备条件的进入国有资本投资、运营公司。加强国有资产基础管理，按照统一制度规范、统一工作体系的原则，抓紧制定企业国有资产基础管理条例。建立覆盖全部国有企业、分级管理的国有资本经营预算管理制度，提高国有资本收益上缴公共财政比例，2020年提高到

30%，更多用于保障和改善民生。划转部分国有资本充实社会保障基金。

## 五　发展混合所有制经济

（十六）推进国有企业混合所有制改革

以促进国有企业转换经营机制，放大国有资本功能，提高国有资本配置和运行效率，实现各种所有制资本取长补短、相互促进、共同发展为目标，稳妥推动国有企业发展混合所有制经济。对通过实行股份制、上市等途径已经实行混合所有制的国有企业，要着力在完善现代企业制度、提高资本运行效率上下功夫；对于适宜继续推进混合所有制改革的国有企业，要充分发挥市场机制作用，坚持因地施策、因业施策、因企施策，宜独则独、宜控则控、宜参则参，不搞拉郎配，不搞全覆盖，不设时间表，成熟一个推进一个。改革要依法依规、严格程序、公开公正，切实保护混合所有制企业各类出资人的产权权益，杜绝国有资产流失。

（十七）引入非国有资本参与国有企业改革

鼓励非国有资本投资主体通过出资入股、收购股权、认购可转债、股权置换等多种方式，参与国有企业改制重组或国有控股上市公司增资扩股以及企业经营管理。实行同股同权，切实维护各类股东合法权益。在石油、天然气、电力、铁路、电信、资源开发、公用事业等领域，向非国有资本推出符合产业政策、有利于转型升级的项目。依照外商投资产业指导目录和相关安全审查规定，完善外资安全审查工作机制。开展多类型政府和社会资本合作试点，逐步推广政府和社会资本合作模式。

（十八）鼓励国有资本以多种方式入股非国有企业

充分发挥国有资本投资、运营公司的资本运作平台作用，通过市场化方式，以公共服务、高新技术、生态环保、战略性产业为重点领域，对发展潜力大、成长性强的非国有企业进行股权投资。鼓励国有企业通过投资入股、联合投资、重组等多种方式，与非国有企业进行股权融合、战略合作、资源整合。

（十九）探索实行混合所有制企业员工持股

坚持试点先行，在取得经验基础上稳妥有序推进，通过实行员工持股建立激励约束长效机制。优先支持人才资本和技术要素贡献占比较高的转制科研院所、高新技术企业、科技服务型企业开展员工持股试点，支持对企业经营业绩和持续发展有直接或较大影响的科研人员、经营管理人员和业务骨干等持股。员工持股主要采取增资扩股、出资新设等方式。完善相关政策，健全审核程序，规范操作流程，严格资产评估，建立健全股权流转和退出机制，确保员工持股公开透明，严禁暗箱操作，防止利益输送。

## 六　强化监督防止国有资产流失

（二十）强化企业内部监督

完善企业内部监督体系，明确监事会、审计、纪检监察、巡视以及法律、财务等部门的监督职责，完善监督制度，增强制度执行力。强化对权力集中、资金密集、资源富集、资产聚集的部门和岗位的监督，实行分事行权、分岗设权、分级授权，定期轮岗，强化内部流程控制，防止权力滥用。建立审计部门向董事会负责的工作机制。落实企业内部监事会对董事、经理和其他高级管理人员的监督。进一步发挥企业总法律顾问在经营管理中的法律审核把关作用，推进企业依法经营、合规管理。集团公司要依法依规、尽职尽责加强对子企业的管理和监督。大力推进厂务公开，健全以职工代表大会为基本形式的企业民主管理制度，加强企业职工民主监督。

（二十一）建立健全高效协同的外部监督机制

强化出资人监督，加快国有企业行为规范法律法规制度建设，加强对企业关键业务、改革重点领域、国有资本运营重要环节以及境外国有资产的监督，规范操作流程，强化专业检查，开展总会计师由履行出资人职责机构委派的试点。加强和改进外派监事会制度，明确职责定位，强化与有关专业监督机构的协作，加强当期和事中监督，强化监督成果运用，建立健全核查、移交和整改机制。健全国有资本审计监督体系和制度，实行企业国有资产审计监督全覆盖，建立对企业国有资本的经常性审计制度。加强纪检监察监督和巡视工作，强化对企业领导人员廉洁从业、行使权力等的监督，加大大案要案查处力度，狠抓对存在问题的整改落实。整合出资人监管、外派监事会监督和审计、纪检监察、巡视等监督力量，建立监督工作会商机制，加强统筹，创新方式，共享资源，减少重复检查，提高监督效能。建立健全监督意见反馈整改机制，形成监督工作的闭环。

（二十二）实施信息公开加强社会监督

完善国有资产和国有企业信息公开制度，设立统一的信息公开网络平台,依法依规、及时准确披露国有资本整体运营和监管、国有企业公司治理以及管理架构、经营情况、财务状况、关联交易、企业负责人薪酬等信息,建设阳光国企。认真处理人民群众关于国有资产流失等问题的来信、来访和检举,及时回应社会关切。充分发挥媒体舆论监督作用,有效保障社会公众对企业国有资产运营的知情权和监督权。

(二十三)严格责任追究

建立健全国有企业重大决策失误和失职、渎职责任追究倒查机制,建立和完善重大决策评估、决策事项履职记录、决策过错认定标准等配套制度,严厉查处侵吞、贪污、输送、挥霍国有资产和逃废金融债务的行为。建立健全企业国有资产的监督问责机制,对企业重大违法违纪问题敷衍不追、隐匿不报、查处不力的,严格追究有关人员失职渎职责任,视不同情形给予纪律处分或行政处分,构成犯罪的,由司法机关依法追究刑事责任。

## 七 加强和改进党对国有企业的领导

(二十四)充分发挥国有企业党组织政治核心作用

把加强党的领导和完善公司治理统一起来,将党建工作总体要求纳入国有企业章程,明确国有企业党组织在公司法人治理结构中的法定地位,创新国有企业党组织发挥政治核心作用的途径和方式。在国有企业改革中坚持党的建设同步谋划、党的组织及工作机构同步设置、党组织负责人及党务工作人员同步配备、党的工作同步开展,保证党组织工作机构健全、党务工作者队伍稳定、党组织和党员作用得到有效发挥。坚持和完善双向进入、交叉任职的领导体制,符合条件的党组织领导班子成员可以通过法定程序进入董事会、监事会、经理层,董事会、监事会、经理层成员中符合条件的党员可以依照有关规定和程序进入党组织领导班子;经理层成员与党组织领导班子成员适度交叉任职;董事长、总经理原则上分设,党组织书记、董事长一般由一人担任。

国有企业党组织要切实承担好、落实好从严管党治党责任。坚持从严治党、思想建党、制度治党,增强管党治党意识,建立健全党建工作责任制,聚精会神抓好党建工作,做到守土有责、守土负责、守土尽责。党组织书记要切实履行党建工作第一责任人职责,党组织班子其他成员要切实履行"一岗双责",结合业务分工抓好党建工作。中央企业党组织书记同时担任企业其他主要领导职务的,应当设立1名专职抓企业党建工作的副书记。加强国有企业基层党组织建设和党员队伍建设，强化国有企业基层党建工作的基础保障，充分发挥基层党组织战斗堡垒作用、共产党员先锋模范作用。加强企业党组织对群众工作的领导，发挥好工会、共青团等群团组织的作用，深入细致做好职工群众的思想政治工作。把建立党的组织、开展党的工作，作为国有企业推进混合所有制改革的必要前提，根据不同类型混合所有制企业特点，科学确定党组织的设置方式、职责定位、管理模式。

（二十五）进一步加强国有企业领导班子建设和人才队伍建设

根据企业改革发展需要，明确选人用人标准和程序，创新选人用人方式。强化党组织在企业领导人员选拔任用、培养教育、管理监督中的责任，支持董事会依法选择经营管理者、经营管理者依法行使用人权，坚决防止和整治选人用人中的不正之风。加强对国有企业领导人员尤其是主要领导人员的日常监督管理和综合考核评价，及时调整不胜任、不称职的领导人员，切实解决企业领导人员能上不能下的问题。以强化忠诚意识、拓展世界眼光、提高战略思维、增强创新精神、锻造优秀品行为重点，加强企业家队伍建设，充分发挥企业家作用。大力实施人才强企战略，加快建立健全国有企业集聚人才的体制机制。

（二十六）切实落实国有企业反腐倡廉"两个责任"

国有企业党组织要切实履行好主体责任，纪检机构要履行好监督责任。加强党性教育、法治教育、警示教育，引导国有企业领导人员坚定理想信念，自觉践行"三严三实"要求，正确履职行权。建立切实可行的责任追究制度，与企业考核等挂钩，实行"一案双查"。推动国有企业纪律检查工作双重领导体制具体化、程序化、制度化，强化上级纪委对下级纪委的领导。加强和改进国有企业巡视工作，强化对权力运行的监督和制约。坚持运用法治思维和法治方式反腐败，完善反腐倡廉制度体系，严格落实反"四风"规定，努力构筑企业领导人员不敢腐、不能腐、不想腐的有效机制。

## 八　为国有企业改革创造良好环境条件

（二十七）完善相关法律法规和配套政策

加强国有企业相关法律法规立改废释工作，确保重大改革于法有据。切实转变政府职能，减少审批、优化制度、简化手续、提高效率。完善公共服务体系，推进政府购买服务，加快建立稳定可靠、补偿合理、公开透明的企业公共服务支出补偿机制。完善和落实国有企业重组整合涉及的资产评估增值、土地变更登记和国有资产无偿划转等方面税收优惠政策。完善国有企业退出的相关政策，依法妥善处理劳动关系调整、社会保险关系接续等问题。

（二十八）加快剥离企业办社会职能和解决历史遗留问题

完善相关政策，建立政府和国有企业合理分担成本的机制，多渠道筹措资金，采取分离移交、重组改制、关闭撤销等方式，剥离国有企业职工家属区"三供一业"和所办医院、学校、社区等公共服务机构，继续推进厂办大集体改革，对国有企业退休人员实施社会化管理，妥善解决国有企业历史遗留问题，为国有企业公平参与市场竞争创造条件。

（二十九）形成鼓励改革创新的氛围

坚持解放思想、实事求是，鼓励探索、实践、创新。全面准确评价国有企业，大力宣传中央关于全面深化国有企业改革的方针政策，宣传改革的典型案例和经验，营造有利于国有企业改革的良好舆论环境。

（三十）加强对国有企业改革的组织领导

各级党委和政府要统一思想，以高度的政治责任感和历史使命感，切实履行对深化国有企业改革的领导责任。要根据本指导意见，结合实际制定实施意见，加强统筹协调、明确责任分工、细化目标任务、强化督促落实，确保深化国有企业改革顺利推进，取得实效。

金融、文化等国有企业的改革，中央另有规定的依其规定执行。

# 附录五　企业信息公示暂行条例

中华人民共和国国务院令　第 654 号

《企业信息公示暂行条例》已经 2014 年 7 月 23 日国务院第 57 次常务会议通过，现予公布，自 2014 年 10 月 1 日起施行。

总理　李克强

2014 年 8 月 7 日

第一条　为了保障公平竞争，促进企业诚信自律，规范企业信息公示，强化企业信用约束，维护交易安全，提高政府监管效能，扩大社会监督，制定本条例。

第二条　本条例所称企业信息，是指在工商行政管理部门登记的企业从事生产经营活动过程中形成的信息，以及政府部门在履行职责过程中产生的能够反映企业状况的信息。

第三条　企业信息公示应当真实、及时。公示的企业信息涉及国家秘密、国家安全或者社会公共利益的，应当报请主管的保密行政管理部门或者国家安全机关批准。县级以上地方人民政府有关部门公示的企业信息涉及企业商业秘密或者个人隐私的，应当报请上级主管部门批准。

第四条　省、自治区、直辖市人民政府领导本行政区域的企业信息公示工作，按照国家社会信用信息平台建设的总体要求，推动本行政区域企业信用信息公示系统的建设。

第五条　国务院工商行政管理部门推进、监督企业信息公示工作，组织企业信用信息公示系统的建设。国务院其他有关部门依照本条例规定做好企业信息公示相关工作。

县级以上地方人民政府有关部门依照本条例规定做好企业信息公示工作。

第六条　工商行政管理部门应当通过企业信用信息公示系统，公示其在履行职责过程中产生的下列企业信息：

（一）注册登记、备案信息；

（二）动产抵押登记信息；

（三）股权出质登记信息；

（四）行政处罚信息；

（五）其他依法应当公示的信息。

前款规定的企业信息应当自产生之日起20个工作日内予以公示。

第七条　工商行政管理部门以外的其他政府部门（以下简称其他政府部门）应当公示其在履行职责过程中产生的下列企业信息：

（一）行政许可准予、变更、延续信息；

（二）行政处罚信息；

（三）其他依法应当公示的信息。

其他政府部门可以通过企业信用信息公示系统，也可以通过其他系统公示前款规定的企业信息。工商行政管理部门和其他政府部门应当按照国家社会信用信息平台建设的总体要求，实现企业信息的互联共享。

**第八条** 企业应当于每年 1 月 1 日至 6 月 30 日，通过企业信用信息公示系统向工商行政管理部门报送上一年度年度报告，并向社会公示。

当年设立登记的企业，自下一年起报送并公示年度报告。

**第九条** 企业年度报告内容包括：

（一）企业通信地址、邮政编码、联系电话、电子邮箱等信息；

（二）企业开业、歇业、清算等存续状态信息；

（三）企业投资设立企业、购买股权信息；

（四）企业为有限责任公司或者股份有限公司的，其股东或者发起人认缴和实缴的出资额、出资时间、出资方式等信息；

（五）有限责任公司股东股权转让等股权变更信息；

（六）企业网站以及从事网络经营的网店的名称、网址等信息；

（七）企业从业人数、资产总额、负债总额、对外提供保证担保、所有者权益合计、营业总收入、主营业务收入、利润总额、净利润、纳税总额信息。

前款第一项至第六项规定的信息应当向社会公示，第七项规定的信息由企业选择是否向社会公示。

经企业同意，公民、法人或者其他组织可以查询企业选择不公示的信息。

**第十条** 企业应当自下列信息形成之日起 20 个工作日内通过企业信用信息公示系统向社会公示：

（一）有限责任公司股东或者股份有限公司发起人认缴和实缴的出资额、出资时间、出资方式等信息；

（二）有限责任公司股东股权转让等股权变更信息；

（三）行政许可取得、变更、延续信息；

（四）知识产权出质登记信息；

（五）受到行政处罚的信息；

（六）其他依法应当公示的信息。

工商行政管理部门发现企业未依照前款规定履行公示义务的，应当责令其限期履行。

**第十一条** 政府部门和企业分别对其公示信息的真实性、及时性负责。

**第十二条** 政府部门发现其公示的信息不准确的，应当及时更正。公民、法人或者其他组织有证据证明政府部门公示的信息不准确的，有权要求该政府部门予以更正。

企业发现其公示的信息不准确的，应当及时更正；但是，企业年度报告公示信息的更正应当在每年6月30日之前完成。更正前后的信息应当同时公示。

**第十三条** 公民、法人或者其他组织发现企业公示的信息虚假的，可以向工商行政管理部门举报，接到举报的工商行政管理部门应当自接到举报材料之日起20个工作日内进行核查，予以处理，并将处理情况书面告知举报人。

公民、法人或者其他组织对依照本条例规定公示的企业信息有疑问的，可以向政府部门申请查询，收到查询申请的政府部门应当自收到申请之日起20个工作日内书面答复申请人。

**第十四条** 国务院工商行政管理部门和省、自治区、直辖市人民政府工商行政管理部门应当按照公平规范的要求，根据企业注册号等随机摇号，确定抽查的企业，组织对企业公示信息的情况进行检查。

工商行政管理部门抽查企业公示的信息，可以采取书面检查、实地核查、网络监测等方式。工商行政管理部门抽查企业公示的信息，可以委托会计师事务所、税务师事务所、律师事务所等专业机构开展相关工作，并依法利用其他政府部门作出的检查、核查结果或者专业机构作出的专业结论。

抽查结果由工商行政管理部门通过企业信用信息公示系统向社会公布。

**第十五条** 工商行政管理部门对企业公示的信息依法开展抽查或者根据举报进行核查，企业应当配合，接受询问调查，如实反映情况，提供相关材料。

对不予配合情节严重的企业，工商行政管理部门应当通过企业信用信息公示系统公示。

**第十六条** 任何公民、法人或者其他组织不得非法修改公示的企业信息，不得非法获取企业信息。

**第十七条** 有下列情形之一的，由县级以上工商行政管理部门列入经营异常名录，通过企业信用信息公示系统向社会公示，提醒其履行公示义务；情节严重的，由有关主管部门依照有关法律、行政法规规定给予行政处罚；造成他人损失的，依法承担赔偿责任；构成犯罪的，依法追究刑事责任：

（一）企业未按照本条例规定的期限公示年度报告或者未按照工商行政管理部门责令的期限公示有关企业信息的；

（二）企业公示信息隐瞒真实情况、弄虚作假的。

被列入经营异常名录的企业依照本条例规定履行公示义务的，由县级以上工商行政管理部门移出经营异常名录；满3年未依照本条例规定履行公示义务的，由国务院工商行政管理部门或者省、自治区、直辖市人民政府工商行政管理部门列入严重违法企业名单，并通过企业信用信息公示系统向社会公示。被列入严重违法企业名单的企业的法定代表人、负责人，3年内不得担任其他企业的法定代表人、负责人。

企业自被列入严重违法企业名单之日起满5年未再发生第一款规定情形的，由国务院工商行政管理部门或者省、自治区、直辖市人民政府工商行政管理部门移出严重违法企业名单。

**第十八条** 县级以上地方人民政府及其有关部门应当建立健全信用约束机制，在政府采购、工程招投标、国有土地出让、授予荣誉称号等工作中，将企业信息作为重要考量因素，对被列入经营异常名录或者严重违法企业名单的企业依法予以限制或者禁入。

**第十九条** 政府部门未依照本条例规定履行职责的，由监察机关、上一级政府部门责令改正；情节严重的，对负有责任的主管人员和其他直接责任人员依法给予处分；构成犯罪的，依法追究刑事责任。

**第二十条** 非法修改公示的企业信息，或者非法获取企业信息的，依照有关法律、行政法规规定追究法律责任。

**第二十一条** 公民、法人或者其他组织认为政府部门在企业信息公示工作中的具体行政行为侵犯其合法权益的，可以依法申请行政复议或者提起行政诉讼。

**第二十二条** 企业依照本条例规定公示信息，不免除其依照其他有关法律、行政法规规定公示信息的义务。

**第二十三条** 法律、法规授权的具有管理公共事务职能的组织公示企业信息适用本条例关于政府部门公示企业信息的规定。

**第二十四条** 国务院工商行政管理部门负责制定企业信用信息公示系统的技术规范。

个体工商户、农民专业合作社信息公示的具体办法由国务院工商行政管理部门另行制定。

**第二十五条** 本条例自 2014 年 10 月 1 日起施行。

## 附录六　中共中央关于全面深化改革若干重大问题的决定

（2013 年 11 月 12 日中国共产党第十八届中央委员会第三次全体会议通过）

为贯彻落实党的十八大关于全面深化改革的战略部署，十八届中央委员会第三次全体会议研究了全面深化改革的若干重大问题，作出如下决定。

### 一　全面深化改革的重大意义和指导思想

（1）改革开放是党在新的时代条件下带领全国各族人民进行的新的伟大革命，是当代中国最鲜明的特色。党的十一届三中全会召开三十五年来，我们党以巨大的政治勇气，锐意推进经济体制、政治体制、文化体制、社会体制、生态文明体制和党的建设制度改革，不断扩大开放，决心之大、变革之深、影响之广前所未有，成就举世瞩目。

改革开放最主要的成果是开创和发展了中国特色社会主义，为社会主义现代化建设提供了强大动力和有力保障。事实证明，改革开放是决定当代中国命运的关键抉择，是党和人民事业大踏步赶上时代的重要法宝。

实践发展永无止境，解放思想永无止境，改革开放永无止境。面对新形势新任务，全面建成小康社会，进而建成富强民主文明和谐的社会主义现代化国家、实现中华民族伟大复兴的中国梦，必须在新的历史起点上全面深化改革，不断增强中国特色社会主义道路自信、理论自信、制度自信。

（2）全面深化改革，必须高举中国特色社会主义伟大旗帜，以马克思列宁主义、毛泽东思想、邓小平理论、"三个代表"重要思想、科学发展观为指导，坚定信心，凝聚共识，统筹谋划，协同推进，坚持社会主义市场经济改革方向,以促进社会公平正义、增进人民福祉为出发点和落脚点,进一步解放思想、解放和发展社会生产力、解放和增强社会活力,坚决破除各方面体制机制弊端,努力开拓中国特色社会主义事业更加广阔的前景。

全面深化改革的总目标是完善和发展中国特色社会主义制度,推进国家治理体系和治理能力现代化。必须更加注重改革的系统性、整体性、协同性,加快发展社会主义市场经济、民主政治、先进文化、和谐社会、生态文明,让一切劳动、知识、技术、管理、资本的活力竞相迸发,让一切创造社会财富的源泉充分涌流,让发展成果更多更公平惠及全体人民。

紧紧围绕使市场在资源配置中起决定性作用深化经济体制改革,坚持和完善基本经济制度,加快完善现代市场体系、宏观调控体系、开放型经济体系,加快转变经济发展方式,加快建设创新型国家,推动经济更有效率、更加公平、更可持续发展。

紧紧围绕坚持党的领导、人民当家作主、依法治国有机统一深化政治体制改革,加快推进社会主义民主政治制度化、规范化、程序化,建设社会主义法治国家,发展更加广泛、更加充分、更加健全的人民民主。

紧紧围绕建设社会主义核心价值体系、社会主义文化强国深化文化体制改革,加快完善文化管理体制和文化生产经营机制,建立健全现代公共文化服务体系、现代文化市场体系,推动社会主义文化大发展大繁荣。

紧紧围绕更好保障和改善民生、促进社会公平正义深化社会体制改革,改革收入分配制度,促进共同富裕,推进社会领域制度创新,推进基本公共服务均等化,加快形成科学有效的社会治理体制,确保社会既充满活力又和谐有序。

紧紧围绕建设美丽中国深化生态文明体制改革,加快建立生态文明制度,健全国土空间开发、资源节约利用、生态环境保护的体制机制,推动形成人与自然和谐发展现代化建设新格局。

紧紧围绕提高科学执政、民主执政、依法执政水平深化党的建设制度改革,加强民主集中制建设,完善党的领导体制和执政方式,保持党的先进性和纯洁性,为改革开放和社会主义现代化建设提供坚强政治保证。

(3) 全面深化改革,必须立足于我国长期处于社会主义初级阶段这个最大实际,坚持发展仍是解决我国所有问题的关键这个重大战略判断,以经济建设为中心,发挥经济体制改革牵引作用,推动生产关系同生产力、上层建筑同经济基础相适应，推动经济社会持续健康发展。

经济体制改革是全面深化改革的重点，核心问题是处理好政府和市场的关系，使市场在资源配置中起决定性作用和更好发挥政府作用。市场决定资源配置是市场经济的一般规律，健全社会主义市场经济体制必须遵循这条规律，着力解决市场体系不完善、政府干预过多和监管不到位问题。

必须积极稳妥从广度和深度上推进市场化改革，大幅度减少政府对资源的直接配置，推动资源配置依据市场规则、市场价格、市场竞争实现效益最大化和效率最优化。政府的职责和作用主要是保持宏观经济稳定，加强和优化公共服务，保障公平竞争，加强市场监管，维护市场秩序，推动可持续发展，促进共同富裕，弥补市场失灵。

（4）改革开放的成功实践为全面深化改革提供了重要经验，必须长期坚持。最重要的是，坚持党的领导，贯彻党的基本路线，不走封闭僵化的老路，不走改旗易帜的邪路，坚定走中国特色社会主义道路，始终确保改革正确方向；坚持解放思想、实事求是、与时俱进、求真务实，一切从实际出发，总结国内成功做法，借鉴国外有益经验，勇于推进理论和实践创新；坚持以人为本，尊重人民主体地位，发挥群众首创精神，紧紧依靠人民推动改革，促进人的全面发展；坚持正确处理改革发展稳定关系，胆子要大、步子要稳，加强顶层设计和摸着石头过河相结合，整体推进和重点突破相促进，提高改革决策科学性，广泛凝聚共识，形成改革合力。

当前，我国发展进入新阶段，改革进入攻坚期和深水区。必须以强烈的历史使命感，最大限度集中全党全社会智慧，最大限度调动一切积极因素，敢于啃硬骨头，敢于涉险滩，以更大决心冲破思想观念的束缚、突破利益固化的藩篱，推动中国特色社会主义制度自我完善和发展。

到二〇二〇年，在重要领域和关键环节改革上取得决定性成果，完成本决定提出的改革任务，形成系统完备、科学规范、运行有效的制度体系，使各方面制度更加成熟更加定型。

## 二 坚持和完善基本经济制度

公有制为主体、多种所有制经济共同发展的基本经济制度，是中国特色社会主义制度的重要支柱，也是社会主义市场经济体制的根基。公有制经济和非公有制经济都是社会主义市场经济的重要组成部分，都是我国经济社会发展的重要基础。必须毫不动摇巩固和发展公有制经济，坚持公有制主体地位，发挥国有经济主导作用，不断增强国有经济活力、控制力、影响力。必须毫不动摇鼓励、支持、引导非公有制经济发展，激发非公有制经济活力和创造力。

（5）完善产权保护制度。产权是所有制的核心。健全归属清晰、权责明确、保护严格、流转顺畅的现代产权制度。公有制经济财产权不可侵犯，非公有制经济财产权同样不可侵犯。

国家保护各种所有制经济产权和合法利益，保证各种所有制经济依法平等使用生产要素、公开公平公正参与市场竞争、同等受到法律保护，依法监管各种所有制经济。

（6）积极发展混合所有制经济。国有资本、集体资本、非公有资本等交叉持股、相互融合的混合所有制经济，是基本经济制度的重要实现形式，有利于国有资本放大功能、保值增值、提高竞争力，有利于各种所有制资本取长补短、相互促进、共同发展。允许更多国有经济和其他所有制经济发展成为混合所有制经济。国有资本投资项目允许非国有资本参股。允许混合所有制经济实行企业员工持股，形成资本所有者和劳动者利益共同体。

完善国有资产管理体制，以管资本为主加强国有资产监管，改革国有资本授权经营体制，组建若干国有资本运营公司，支持有条件的国有企业改组为国有资本投资公司。国有资本投资运营要服务于国家战略目标，更多投向关系国家安全、国民经济命脉的重要行业和关键领域，重点提供公共服务、发展重要前瞻性战略性产业、保护生态环境、支持科技进步、保障国家安全。

划转部分国有资本充实社会保障基金。完善国有资本经营预算制度，提高国有资本收益上缴公共财政比例，二〇二〇年提到百分之三十，更多用于保障和改善民生。

（7）推动国有企业完善现代企业制度。国有企业属于全民所有，是推进国家现代化、保障人民共同利益的重要力量。国有企业总体上已经同市场经济相融合，必须适应市场化、国际化新形势，以规范经营决策、资产保值增值、公平参与竞争、提高企业效率、增强企业活力、承担社会责任为重点，进一步深化国有企业改革。

准确界定不同国有企业功能。国有资本加大对公益性企业的投入，在提供公共服务方面作出更大贡献。国有资本继续控股经营的自然垄断行业，实行以政企分开、政资分开、特许经营、政府监管为主要内容的改革，根据不同行业特点实行网运分开、放开竞争性业务，推进公共资源配置市场化。进一步破除各种形式的行政垄断。

健全协调运转、有效制衡的公司法人治理结构。建立职业经理人制度，更好发挥企业家作用。深化企业内部管理人员能上能下、员工能进能出、收入能增能减的制度改革。建立长效激励约束机制，强化国有企业经营投资责任追究。探索推进国有企业财务预算等重大信息公开。

国有企业要合理增加市场化选聘比例，合理确定并严格规范国有企业管理人员薪酬水平、职务待遇、职务消费、业务消费。

（8）支持非公有制经济健康发展。非公有制经济在支撑增长、促进创新、扩大就业、增加税收等方面具有重要作用。坚持权利平等、机会平等、规则平等，废除对非公有制经济各种形式的不合理规定，消除各种隐性壁垒，制定非公有制企业进入特许经营领域具体办法。

鼓励非公有制企业参与国有企业改革，鼓励发展非公有资本控股的混合所有制企业，鼓励有条件的私营企业建立现代企业制度。

## 三 加快完善现代市场体系

建设统一开放、竞争有序的市场体系，是使市场在资源配置中起决定性作用的基础。必须加快形成企业自主经营、公平竞争，消费者自由选择、自主消费，商品和要素自由流动、平等交换的现代市场体系，着力清除市场壁垒，提高资源配置效率和公平性。

（9）建立公平开放透明的市场规则。实行统一的市场准入制度，在制定负面清单基础上，各类市场主体可依法平等进入清单之外领域。探索对外商投资实行准入前国民待遇加负面清单的管理模式。推进工商注册制度便利化，削减资质认定项目，由先证后照改为先照后证，把注册资本实缴登记制逐步改为认缴登记制。推进国内贸易流通体制改革，建设法治化营商环境。

改革市场监管体系，实行统一的市场监管，清理和废除妨碍全国统一市场和公平竞争的各种规定和做法，严禁和惩处各类违法实行优惠政策行为，反对地方保护，反对垄断和不正当竞争。建立健全社会征信体系，褒扬诚信，惩戒失信。健全优胜劣汰市场化退出机制，完善企业破产制度。

（10）完善主要由市场决定价格的机制。凡是能由市场形成价格的都交给市场，政府不进行不当干预。推进水、石油、天然气、电力、交通、电信等领域价格改革，放开竞争性环节价格。政府定价范围主要限定在重要公用事业、公益性服务、网络型自然垄断环节，提高透明度，接受社会监督。完善农产品价格形成机制，注重发挥市场形成价格作用。

（11）建立城乡统一的建设用地市场。在符合规划和用途管制前提下，允许农村集体经营性建设用地出让、租赁、入股，实行与国有土地同等入市、同权同价。缩小征地范围，规范征地程序，完善对被征地农民合理、规范、多元保障机制。扩大国有土地有偿使用范围，减少非公益性用地划拨。建立兼顾国家、集体、个人的土地增值收益分配机制，合理提高个人收益。完善土地租赁、转让、抵押二级市场。

（12）完善金融市场体系。扩大金融业对内对外开放，在加强监管前提下，允许具备条件的民间资本依法发起设立中小型银行等金融机构。推进政策性金融机构改革。健全多层次资本市场体系，推进股票发行注册制改革，多渠道推动股权融资，发展并规范债券市场，提高直接融资比重。完善保险经济补偿机制，建立巨灾保险制度。发展普惠金融。鼓励金融创新，丰富金融市场层次和产品。

完善人民币汇率市场化形成机制，加快推进利率市场化，健全反映市场供求关系的国债收益率曲线。推动资本市场双向开放，有序提高跨境资本和金融交易可兑换程度，建立健全宏观审慎管理框架下的外债和资本流动管理体系，加快实现人民币资本项目可兑换。

落实金融监管改革措施和稳健标准，完善监管协调机制，界定中央和地方金融监管职责和风险处置责任。建立存款保险制度，完善金融机构市场化退出机制。加强金融基础设施建设，保障金融市场安全高效运行和整体稳定。

（13）深化科技体制改革。建立健全鼓励原始创新、集成创新、引进消化吸收再创新的体制机制，健全技术创新市场导向机制，发挥市场对技术研发方向、路线选择、要素价格、各类创新要素配置的导向作用。建立产学研协同创新机制，强化企业在技术创新中的主体地位，发挥大型企业创新骨干作用，激发中小企业创新活力，推进应用型技术研发机构市场化、企业化改革，建设国家创新体系。

加强知识产权运用和保护，健全技术创新激励机制，探索建立知识产权法院。打破行政主导和部门分割，建立主要由市场决定技术创新项目和经费分配、评价成果的机制。发展技术市场，健全技术转移机制，改善科技型中小企业融资条件，完善风险投资机制，创新商业模式，促进科技成果资本化、产业化。

整合科技规划和资源，完善政府对基础性、战略性、前沿性科学研究和共性技术研究的支持机制。国家重大科研基础设施依照规定应该开放的一律对社会开放。建立创新调查制度和创新报告制度，构建公开透明的国家科研资源管理和项目评价机制。

改革院士遴选和管理体制，优化学科布局，提高中青年人才比例，实行院士退休和退出制度。

### 四　加快转变政府职能

科学的宏观调控，有效的政府治理，是发挥社会主义市场经济体制优势的内在要求。必须切实转变政府职能，深化行政体制改革，创新行政管理方式，增强政府公信力和执行力，建设法治政府和服务型政府。

（14）健全宏观调控体系。宏观调控的主要任务是保持经济总量平衡，促进重大经济结构协调和生产力布局优化，减缓经济周期波动影响，防范区域性、系统性风险，稳定市场预期，实现经济持续健康发展。健全以国家发展战略和规划为导向、以财政政策和货币政策为主要手段的宏观调控体系，推进宏观调控目标制定和政策手段运用机制化，加强财政政策、货币政策与产业、价格等政策手段协调配合，提高相机抉择水平，增强宏观调控前瞻性、针对性、协同性。形成参与国际宏观经济政策协调的机制，推动国际经济治理结构完善。

深化投资体制改革，确立企业投资主体地位。企业投资项目，除关系国家安全和生态安全、涉及全国重大生产力布局、战略性资源开发和重大公共利益等项目外，一律由企业依法依规自主决策，政府不再审批。强化节能节地节水、环境、技术、安全等市场准入标准，建立健全防范和化解产能过剩长效机制。

完善发展成果考核评价体系，纠正单纯以经济增长速度评定政绩的偏向，加大资源消耗、环境损害、生态效益、产能过剩、科技创新、安全生产、新增债务等指标的权重，更加重视劳动就业、居民收入、社会保障、人民健康状况。加快建立国家统一的经济核算制度，编制全国和地方资产负债表，建立全社会房产、信用等基础数据统一平台，推进部门信息共享。

（15）全面正确履行政府职能。进一步简政放权，深化行政审批制度改革，最大限度减少中央政府对微观事务的管理，市场机制能有效调节的经济活动，一律取消审批，对保留的行政审批事项要规范管理、提高效率；直接面向基层、量大面广、由地方管理更方便有效的经济社会事项，一律下放地方和基层管理。

政府要加强发展战略、规划、政策、标准等制定和实施，加强市场活动监管，加强各类公共服务提供。加强中央政府宏观调控职责和能力，加强地方政府公共服务、市场监管、社会管理、环境保护等职责。推广政府购买服务，凡属事务性管理服务，原则上都要引入竞争机制，通过合同、委托等方式向社会购买。

加快事业单位分类改革，加大政府购买公共服务力度，推动公办事业单位与主管部门理顺关系和去行政化，创造条件，逐步取消学校、科研院所、医院等单位的行政级别。建立事业单位法人治理结构，推进有条件的事业单位转为企业或社会组织。建立各类事业单位统一登记管理制度。

（16）优化政府组织结构。转变政府职能必须深化机构改革。优化政府机构设置、职能配置、工作流程，完善决策权、执行权、监督权既相互制约又相互协调的行政运行机制。严格绩效管理，突出责任落实，确保权责一致。

统筹党政群机构改革，理顺部门职责关系。积极稳妥实施大部门制。优化行政区划设置，有条件的地方探索推进省直接管理县（市）体制改革。严格控制机构编制，严格按规定职数配备领导干部，减少机构数量和领导职数，严格控制财政供养人员总量。推进机构编制管理科学化、规范化、法制化。

## 五　深化财税体制改革

财政是国家治理的基础和重要支柱，科学的财税体制是优化资源配置、维护市场统一、促进社会公平、实现国家长治久安的制度保障。必须完善立法、明确事权、改革税制、稳定税负、透明预算、提高效率，建立现代财政制度，发挥中央和地方两个积极性。

（17）改进预算管理制度。实施全面规范、公开透明的预算制度。审核预算的重点由平衡状态、赤字规模向支出预算和政策拓展。清理规范重点支出同财政收支增幅或生产总值挂钩事项，一般不采取挂钩方式。建立跨年度预算平衡机制，建立权责发生制的政府综合财务报告制度，建立规范合理的中央和地方政府债务管理及风险预警机制。

完善一般性转移支付增长机制，重点增加对革命老区、民族地区、边疆地区、贫困地区的转移支付。中央出台增支政策形成的地方财力缺口，原则上通过一般性转移支付调节。清理、整合、规范专项转移支付项目，逐步取消竞争性领域专项和地方资金配套，严格控制引导类、救济类、应急类专项，对保留专项进行甄别，属地方事务的划入一般性转移支付。

（18）完善税收制度。深化税收制度改革，完善地方税体系，逐步提高直接税比重。推进增值税改革，适当简化税率。调整消费税征收范围、环节、税率，把高耗能、高污染产品及部分高档消费品纳入征收范围。逐步建立综合与分类相结合的个人所得税制。加快房地产税立法并适时推进改革，加快资源税改革，推动环境保护费改税。

按照统一税制、公平税负、促进公平竞争的原则，加强对税收优惠特别是区域税收优惠政策的规范管理。税收优惠政策统一由专门税收法律法规规定，清理规范税收优惠政策。完善国税、地税征管体制。

（19）建立事权和支出责任相适应的制度。适度加强中央事权和支出责任，国防、外交、国家安全、关系全国统一市场规则和管理等作为中央事权；部分社会保障、跨区域重大项目建设维护等作为中央和地方共同事权，逐步理顺事权关系；区域性公共服务作为地方事权。中央和地方按照事权划分相应承担和分担支出责任。中央可通过安排转移支付将部分事权支出责任委托地方承担。对于跨区域且对其他地区影响较大的公共服务，中央通过转移支付承担一部分地方事权支出责任。

保持现有中央和地方财力格局总体稳定，结合税制改革，考虑税种属性，进一步理顺中央和地方收入划分。

## 六 健全城乡发展一体化体制机制

城乡二元结构是制约城乡发展一体化的主要障碍。必须健全体制机制，形成以工促农、以城带乡、工农互惠、城乡一体的新型工农城乡关系，让广大农民平等参与现代化进程、共同分享现代化成果。

（20）加快构建新型农业经营体系。坚持家庭经营在农业中的基础性地位，推进家庭经营、集体经营、合作经营、企业经营等共同发展的农业经营方式创新。坚持农村土地集体所有权,依法维护农民土地承包经营权,发展壮大集体经济。稳定农村土地承包关系并保持长久不变,在坚持和完善最严格的耕地保护制度前提下,赋予农民对承包地占有、使用、收益、流转及承包经营权抵押、担保权能,允许农民以承包经营权入股发展农业产业化经营。鼓励承包经营权在公开市场上向专业大户、家庭农场、农民合作社、农业企业流转,发展多种形式规模经营。

鼓励农村发展合作经济,扶持发展规模化、专业化、现代化经营,允许财政项目资金直接投向符合条件的合作社,允许财政补助形成的资产转交合作社持有和管护,允许合作社开展信用合作。鼓励和引导工商资本到农村发展适合企业化经营的现代种养业,向农业输入现代生产要素和经营模式。

(21) 赋予农民更多财产权利。保障农民集体经济组织成员权利,积极发展农民股份合作,赋予农民对集体资产股份占有、收益、有偿退出及抵押、担保、继承权。保障农户宅基地用益物权,改革完善农村宅基地制度,选择若干试点,慎重稳妥推进农民住房财产权抵押、担保、转让,探索农民增加财产性收入渠道。建立农村产权流转交易市场,推动农村产权流转交易公开、公正、规范运行。

(22) 推进城乡要素平等交换和公共资源均衡配置。维护农民生产要素权益,保障农民工同工同酬,保障农民公平分享土地增值收益,保障金融机构农村存款主要用于农业农村。健全农业支持保护体系,改革农业补贴制度,完善粮食主产区利益补偿机制。完善农业保险制度。鼓励社会资本投向农村建设,允许企业和社会组织在农村兴办各类事业。统筹城乡基础设施建设和社区建设,推进城乡基本公共服务均等化。

(23) 完善城镇化健康发展体制机制。坚持走中国特色新型城镇化道路,推进以人为核心的城镇化,推动大中小城市和小城镇协调发展、产业和城镇融合发展,促进城镇化和新农村建设协调推进。优化城市空间结构和管理格局,增强城市综合承载能力。

推进城市建设管理创新。建立透明规范的城市建设投融资机制,允许地方政府通过发债等多种方式拓宽城市建设融资渠道,允许社会资本通过特许经营等方式参与城市基础设施投资和运营,研究建立城市基础设施、住宅政策性金融机构。完善设市标准,严格审批程序,对具备行政区划调整条件的县可有序改市。对吸纳人口多、经济实力强的镇,可赋予同人口和经济规模相适应的管理权。建立和完善跨区域城市发展协调机制。

推进农业转移人口市民化，逐步把符合条件的农业转移人口转为城镇居民。创新人口管理，加快户籍制度改革，全面放开建制镇和小城市落户限制，有序放开中等城市落户限制，合理确定大城市落户条件，严格控制特大城市人口规模。稳步推进城镇基本公共服务常住人口全覆盖，把进城落户农民完全纳入城镇住房和社会保障体系，在农村参加的养老保险和医疗保险规范接入城镇社保体系。建立财政转移支付同农业转移人口市民化挂钩机制，从严合理供给城市建设用地，提高城市土地利用率。

## 七 构建开放型经济新体制

适应经济全球化新形势，必须推动对内对外开放相互促进、引进来和走出去更好结合，促进国际国内要素有序自由流动、资源高效配置、市场深度融合，加快培育参与和引领国际经济合作竞争新优势，以开放促改革。

（24）放宽投资准入。统一内外资法律法规，保持外资政策稳定、透明、可预期。推进金融、教育、文化、医疗等服务业领域有序开放，放开育幼养老、建筑设计、会计审计、商贸物流、电子商务等服务业领域外资准入限制，进一步放开一般制造业。加快海关特殊监管区域整合优化。

建立中国上海自由贸易试验区是党中央在新形势下推进改革开放的重大举措，要切实建设好、管理好，为全面深化改革和扩大开放探索新途径、积累新经验。在推进现有试点基础上，选择若干具备条件地方发展自由贸易园（港）区。

扩大企业及个人对外投资，确立企业及个人对外投资主体地位，允许发挥自身优势到境外开展投资合作，允许自担风险到各国各地区自由承揽工程和劳务合作项目，允许创新方式走出去开展绿地投资、并购投资、证券投资、联合投资等。

加快同有关国家和地区商签投资协定，改革涉外投资审批体制，完善领事保护体制，提供权益保障、投资促进、风险预警等更多服务，扩大投资合作空间。

（25）加快自由贸易区建设。坚持世界贸易体制规则，坚持双边、多边、区域次区域开放合作，扩大同各国各地区利益汇合点，以周边为基础加快实施自由贸易区战略。改革市场准入、海关监管、检验检疫等管理体制,加快环境保护、投资保护、政府采购、电子商务等新议题谈判,形成面向全球的高标准自由贸易区网络。

扩大对香港特别行政区、澳门特别行政区和台湾地区开放合作。

(26) 扩大内陆沿边开放。抓住全球产业重新布局机遇,推动内陆贸易、投资、技术创新协调发展。创新加工贸易模式,形成有利于推动内陆产业集群发展的体制机制。支持内陆城市增开国际客货运航线,发展多式联运,形成横贯东中西、联结南北方对外经济走廊。推动内陆同沿海沿边通关协作,实现口岸管理相关部门信息互换、监管互认、执法互助。

加快沿边开放步伐,允许沿边重点口岸、边境城市、经济合作区在人员往来、加工物流、旅游等方面实行特殊方式和政策。建立开发性金融机构,加快同周边国家和区域基础设施互联互通建设,推进丝绸之路经济带、海上丝绸之路建设,形成全方位开放新格局。

## 八 加强社会主义民主政治制度建设

发展社会主义民主政治,必须以保证人民当家作主为根本,坚持和完善人民代表大会制度、中国共产党领导的多党合作和政治协商制度、民族区域自治制度以及基层群众自治制度,更加注重健全民主制度、丰富民主形式,从各层次各领域扩大公民有序政治参与,充分发挥我国社会主义政治制度优越性。

(27) 推动人民代表大会制度与时俱进。坚持人民主体地位,推进人民代表大会制度理论和实践创新,发挥人民代表大会制度的根本政治制度作用。完善中国特色社会主义法律体系,健全立法起草、论证、协调、审议机制,提高立法质量,防止地方保护和部门利益法制化。健全"一府两院"由人大产生、对人大负责、受人大监督制度。健全人大讨论、决定重大事项制度,各级政府重大决策出台前向本级人大报告。加强人大预算决算审查监督、国有资产监督职能。落实税收法定原则。加强人大常委会同人大代表的联系,充分发挥代表作用。通过建立健全代表联络机构、网络平台等形式密切代表同人民群众联系。

完善人大工作机制,通过座谈、听证、评估、公布法律草案等扩大公民有序参与立法途径,通过询问、质询、特定问题调查、备案审查等积极回应社会关切。

(28) 推进协商民主广泛多层制度化发展。协商民主是我国社会主义民主政治的特有形式和独特优势,是党的群众路线在政治领域的重要体现。在党的领导下,以经济社会发展重大问题和涉及群众切身利益的实际问题为内容,在全社会开展广泛协商,坚持协商于决策之前和决策实施之中。

构建程序合理、环节完整的协商民主体系,拓宽国家政权机关、政协组织、党派团体、基层组织、社会组织的协商渠道。深入开展立法协商、行政协商、民主协商、参政协商、社会协商。加强中国特色新型智库建设,建立健全决策咨询制度。

发挥统一战线在协商民主中的重要作用。完善中国共产党同各民主党派的政治协商,认真听取各民主党派和无党派人士意见。中共中央根据年度工作重点提出规划,采取协商会、谈心会、座谈会等进行协商。完善民主党派中央直接向中共中央提出建议制度。贯彻党的民族政策,保障少数民族合法权益,巩固和发展平等团结互助和谐的社会主义民族关系。

发挥人民政协作为协商民主重要渠道作用。重点推进政治协商、民主监督、参政议政制度化、规范化、程序化。各级党委和政府、政协制定并组织实施协商年度工作计划,就一些重要决策听取政协意见。完善人民政协制度体系,规范协商内容、协商程序。拓展协商民主形式,更加活跃有序地组织专题协商、对口协商、界别协商、提案办理协商,增加协商密度,提高协商成效。在政协健全委员联络机构,完善委员联络制度。

(29) 发展基层民主。畅通民主渠道,健全基层选举、议事、公开、述职、问责等机制。开展形式多样的基层民主协商,推进基层协商制度化,建立健全居民、村民监督机制,促进群众在城乡社区治理、基层公共事务和公益事业中依法自我管理、自我服务、自我教育、自我监督。健全以职工代表大会为基本形式的企事业单位民主管理制度,加强社会组织民主机制建设,保障职工参与管理和监督的民主权利。

## 九 推进法治中国建设

建设法治中国,必须坚持依法治国、依法执政、依法行政共同推进,坚持法治国家、法治政府、法治社会一体建设。深化司法体制改革,加快建设公正高效权威的社会主义司法制度,维护人民权益,让人民群众在每一个司法案件中都感受到公平正义。

(30) 维护宪法法律权威。宪法是保证党和国家兴旺发达、长治久安的根本法，具有最高权威。要进一步健全宪法实施监督机制和程序，把全面贯彻实施宪法提高到一个新水平。建立健全全社会忠于、遵守、维护、运用宪法法律的制度。坚持法律面前人人平等，任何组织或者个人都不得有超越宪法法律的特权，一切违反宪法法律的行为都必须予以追究。

普遍建立法律顾问制度。完善规范性文件、重大决策合法性审查机制。建立科学的法治建设指标体系和考核标准。健全法规、规章、规范性文件备案审查制度。健全社会普法教育机制，增强全民法治观念。逐步增加有地方立法权的较大的市数量。

（31）深化行政执法体制改革。整合执法主体，相对集中执法权，推进综合执法，着力解决权责交叉、多头执法问题，建立权责统一、权威高效的行政执法体制。减少行政执法层级，加强食品药品、安全生产、环境保护、劳动保障、海域海岛等重点领域基层执法力量。理顺城管执法体制，提高执法和服务水平。

完善行政执法程序，规范执法自由裁量权，加强对行政执法的监督，全面落实行政执法责任制和执法经费由财政保障制度，做到严格规范公正文明执法。完善行政执法与刑事司法衔接机制。

（32）确保依法独立公正行使审判权检察权。改革司法管理体制，推动省以下地方法院、检察院人财物统一管理，探索建立与行政区划适当分离的司法管辖制度，保证国家法律统一正确实施。

建立符合职业特点的司法人员管理制度，健全法官、检察官、人民警察统一招录、有序交流、逐级遴选机制，完善司法人员分类管理制度，健全法官、检察官、人民警察职业保障制度。

（33）健全司法权力运行机制。优化司法职权配置，健全司法权力分工负责、互相配合、互相制约机制，加强和规范对司法活动的法律监督和社会监督。

改革审判委员会制度，完善主审法官、合议庭办案责任制，让审理者裁判、由裁判者负责。明确各级法院职能定位，规范上下级法院审级监督关系。

推进审判公开、检务公开，录制并保留全程庭审资料。增强法律文书说理性，推动公开法院生效裁判文书。严格规范减刑、假释、保外就医程序，强化监督制度。广泛实行人民陪审员、人民监督员制度，拓宽人民群众有序参与司法渠道。

（34）完善人权司法保障制度。国家尊重和保障人权。进一步规范查封、扣押、冻结、处理涉案财物的司法程序。健全错案防止、纠正、责任追究机制，严禁刑讯逼供、体罚虐待，严格实行非法证据排除规则。逐步减少适用死刑罪名。

废止劳动教养制度，完善对违法犯罪行为的惩治和矫正法律，健全社区矫正制度。

健全国家司法救助制度，完善法律援助制度。完善律师执业权利保障机制和违法违规执业惩戒制度，加强职业道德建设，发挥律师在依法维护公民和法人合法权益方面的重要作用。

## 十　强化权力运行制约和监督体系

坚持用制度管权管事管人，让人民监督权力，让权力在阳光下运行，是把权力关进制度笼子的根本之策。必须构建决策科学、执行坚决、监督有力的权力运行体系，健全惩治和预防腐败体系，建设廉洁政治，努力实现干部清正、政府清廉、政治清明。

（35）形成科学有效的权力制约和协调机制。完善党和国家领导体制，坚持民主集中制，充分发挥党的领导核心作用。规范各级党政主要领导干部职责权限，科学配置党政部门及内设机构权力和职能，明确职责定位和工作任务。

加强和改进对主要领导干部行使权力的制约和监督，加强行政监察和审计监督。

推行地方各级政府及其工作部门权力清单制度，依法公开权力运行流程。完善党务、政务和各领域办事公开制度，推进决策公开、管理公开、服务公开、结果公开。

（36）加强反腐败体制机制创新和制度保障。加强党对党风廉政建设和反腐败工作统一领导。改革党的纪律检查体制，健全反腐败领导体制和工作机制，改革和完善各级反腐败协调小组职能。

落实党风廉政建设责任制，党委负主体责任，纪委负监督责任，制定实施切实可行的责任追究制度。各级纪委要履行协助党委加强党风建设和组织协调反腐败工作的职责，加强对同级党委特别是常委会成员的监督，更好发挥党内监督专门机关作用。

推动党的纪律检查工作双重领导体制具体化、程序化、制度化，强化上级纪委对下级纪委的领导。查办腐败案件以上级纪委领导为主，线索处置和案件查办在向同级党委报告的同时必须向上级纪委报告。各级纪委书记、副书记的提名和考察以上级纪委会同组织部门为主。

全面落实中央纪委向中央一级党和国家机关派驻纪检机构，实行统一名称、统一管理。派驻机构对派出机关负责，履行监督职责。改进中央和省区市巡视制度，做到对地方、部门、企事业单位全覆盖。

健全反腐倡廉法规制度体系，完善惩治和预防腐败、防控廉政风险、防止利益冲突、领导干部报告个人有关事项、任职回避等方面法律法规，推行新提任领导干部有关事项公开制度试点。健全民主监督、法律监督、舆论监督机制，运用和规范互联网监督。

（37）健全改进作风常态化制度。围绕反对形式主义、官僚主义、享乐主义和奢靡之风，加快体制机制改革和建设。健全领导干部带头改进作风、深入基层调查研究机制，完善直接联系和服务群众制度。改革会议公文制度，从中央做起带头减少会议、文件，着力改进会风文风。健全严格的财务预算、核准和审计制度，着力控制"三公"经费支出和楼堂馆所建设。完善选人用人专项检查和责任追究制度，着力纠正跑官要官等不正之风。改革政绩考核机制，着力解决"形象工程""政绩工程"以及不作为、乱作为等问题。

规范并严格执行领导干部工作生活保障制度，不准多处占用住房和办公用房，不准超标准配备办公用房和生活用房，不准违规配备公车，不准违规配备秘书，不准超规格警卫，不准超标准进行公务接待，严肃查处违反规定超标准享受待遇等问题。探索实行官邸制。

完善并严格执行领导干部亲属经商、担任公职和社会组织职务、出国定居等相关制度规定，防止领导干部利用公共权力或自身影响为亲属和其他特定关系人谋取私利，坚决反对特权思想和作风。

## 十一 推进文化体制机制创新

建设社会主义文化强国，增强国家文化软实力，必须坚持社会主义先进文化前进方向，坚持中国特色社会主义文化发展道路，培育和践行社会主义核心价值观，巩固马克思主义在意识形态领域的指导地位，巩固全党全国各族人民团结奋斗的共同思想基础。坚持以人民为中心的工作导向，坚持把社会效益放在首位、社会效益和经济效益相统一，以激发全民族文化创造活力为中心环节，进一步深化文化体制改革。

（38）完善文化管理体制。按照政企分开、政事分开原则，推动政府部门由办文化向管文化转变，推动党政部门与其所属的文化企事业单位进一步理顺关系。建立党委和政府监管国有文化资产的管理机构，实行管人管事管资产管导向相统一。

健全坚持正确舆论导向的体制机制。健全基础管理、内容管理、行业管理以及网络违法犯罪防范和打击等工作联动机制，健全网络突发事件处置机制，形成正面引导和依法管理相结合的网络舆论工作格局。整合新闻媒体资源，推动传统媒体和新兴媒体融合发展。推动新闻发布制度化。严格新闻工作者职业资格制度，重视新型媒介运用和管理，规范传播秩序。

（39）建立健全现代文化市场体系。完善文化市场准入和退出机制，鼓励各类市场主体公平竞争、优胜劣汰，促进文化资源在全国范围内流动。继续推进国有经营性文化单位转企改制，加快公司制、股份制改造。对按规定转制的重要国有传媒企业探索实行特殊管理股制度。推动文化企业跨地区、跨行业、跨所有制兼并重组，提高文化产业规模化、集约化、专业化水平。

鼓励非公有制文化企业发展，降低社会资本进入门槛，允许参与对外出版、网络出版，允许以控股形式参与国有影视制作机构、文艺院团改制经营。支持各种形式小微文化企业发展。

在坚持出版权、播出权特许经营前提下，允许制作和出版、制作和播出分开。建立多层次文化产品和要素市场，鼓励金融资本、社会资本、文化资源相结合。完善文化经济政策，扩大政府文化资助和文化采购，加强版权保护。健全文化产品评价体系，改革评奖制度，推出更多文化精品。

（40）构建现代公共文化服务体系。建立公共文化服务体系建设协调机制，统筹服务设施网络建设，促进基本公共文化服务标准化、均等化。建立群众评价和反馈机制，推动文化惠民项目与群众文化需求有效对接。整合基层宣传文化、党员教育、科学普及、体育健身等设施，建设综合性文化服务中心。

明确不同文化事业单位功能定位，建立法人治理结构，完善绩效考核机制。推动公共图书馆、博物馆、文化馆、科技馆等组建理事会，吸纳有关方面代表、专业人士、各界群众参与管理。

引入竞争机制，推动公共文化服务社会化发展。鼓励社会力量、社会资本参与公共文化服务体系建设,培育文化非营利组织。

(41)提高文化开放水平。坚持政府主导、企业主体、市场运作、社会参与,扩大对外文化交流,加强国际传播能力和对外话语体系建设,推动中华文化走向世界。理顺内宣外宣体制,支持重点媒体面向国内国际发展。培育外向型文化企业,支持文化企业到境外开拓市场。鼓励社会组织、中资机构等参与孔子学院和海外文化中心建设,承担人文交流项目。

积极吸收借鉴国外一切优秀文化成果,引进有利于我国文化发展的人才、技术、经营管理经验。切实维护国家文化安全。

## 十二 推进社会事业改革创新

实现发展成果更多更公平惠及全体人民,必须加快社会事业改革,解决好人民最关心最直接最现实的利益问题,努力为社会提供多样化服务,更好满足人民需求。

(42)深化教育领域综合改革。全面贯彻党的教育方针,坚持立德树人,加强社会主义核心价值体系教育,完善中华优秀传统文化教育,形成爱学习、爱劳动、爱祖国活动的有效形式和长效机制,增强学生社会责任感、创新精神、实践能力。强化体育课和课外锻炼,促进青少年身心健康、体魄强健。改进美育教学,提高学生审美和人文素养。大力促进教育公平,健全家庭经济困难学生资助体系,构建利用信息化手段扩大优质教育资源覆盖面的有效机制,逐步缩小区域、城乡、校际差距。统筹城乡义务教育资源均衡配置,实行公办学校标准化建设和校长教师交流轮岗,不设重点学校重点班,破解择校难题,标本兼治减轻学生课业负担。加快现代职业教育体系建设,深化产教融合、校企合作,培养高素质劳动者和技能型人才。创新高校人才培养机制,促进高校办出特色争创一流。推进学前教育、特殊教育、继续教育改革发展。

推进考试招生制度改革,探索招生和考试相对分离、学生考试多次选择、学校依法自主招生、专业机构组织实施、政府宏观管理、社会参与监督的运行机制,从根本上解决一考定终身的弊端。义务教育免试就近入学,试行学区制和九年一贯对口招生。推行初高中学业水平考试和综合素质评价。加快推进职业院校分类招考或注册入学。逐步推行普通高校基于统一高考和高中学业水平考试成绩的综合评价多元录取机制。探索全国统考减少科目、不分文理科、外语等科目社会化考试一年多考。试行普通高校、高职院校、成人高校之间学分转换，拓宽终身学习通道。

深入推进管办评分离，扩大省级政府教育统筹权和学校办学自主权，完善学校内部治理结构。强化国家教育督导，委托社会组织开展教育评估监测。健全政府补贴、政府购买服务、助学贷款、基金奖励、捐资激励等制度，鼓励社会力量兴办教育。

（43）健全促进就业创业体制机制。建立经济发展和扩大就业的联动机制，健全政府促进就业责任制度。规范招人用人制度，消除城乡、行业、身份、性别等一切影响平等就业的制度障碍和就业歧视。完善扶持创业的优惠政策，形成政府激励创业、社会支持创业、劳动者勇于创业新机制。完善城乡均等的公共就业创业服务体系，构建劳动者终身职业培训体系。增强失业保险制度预防失业、促进就业功能，完善就业失业监测统计制度。创新劳动关系协调机制，畅通职工表达合理诉求渠道。

促进以高校毕业生为重点的青年就业和农村转移劳动力、城镇困难人员、退役军人就业。结合产业升级开发更多适合高校毕业生的就业岗位。政府购买基层公共管理和社会服务岗位更多用于吸纳高校毕业生就业。健全鼓励高校毕业生到基层工作的服务保障机制，提高公务员定向招录和事业单位优先招聘比例。实行激励高校毕业生自主创业政策，整合发展国家和省级高校毕业生就业创业基金。实施离校未就业高校毕业生就业促进计划，把未就业的纳入就业见习、技能培训等就业准备活动之中，对有特殊困难的实行全程就业服务。

（44）形成合理有序的收入分配格局。着重保护劳动所得，努力实现劳动报酬增长和劳动生产率提高同步，提高劳动报酬在初次分配中的比重。健全工资决定和正常增长机制，完善最低工资和工资支付保障制度，完善企业工资集体协商制度。改革机关事业单位工资和津贴补贴制度，完善艰苦边远地区津贴增长机制。健全资本、知识、技术、管理等由要素市场决定的报酬机制。扩展投资和租赁服务等途径，优化上市公司投资者回报机制，保护投资者尤其是中小投资者合法权益，多渠道增加居民财产性收入。

完善以税收、社会保障、转移支付为主要手段的再分配调节机制，加大税收调节力度。建立公共资源出让收益合理共享机制。完善慈善捐助减免税制度，支持慈善事业发挥扶贫济困积极作用。

规范收入分配秩序，完善收入分配调控体制机制和政策体系，建立个人收入和财产信息系统,保护合法收入,调节过高收入,清理规范隐性收入,取缔非法收入,增加低收入者收入,扩大中等收入者比重,努力缩小城乡、区域、行业收入分配差距,逐步形成橄榄型分配格局。

(45) 建立更加公平可持续的社会保障制度。坚持社会统筹和个人账户相结合的基本养老保险制度,完善个人账户制度,健全多缴多得激励机制,确保参保人权益,实现基础养老金全国统筹,坚持精算平衡原则。推进机关事业单位养老保险制度改革。整合城乡居民基本养老保险制度、基本医疗保险制度。推进城乡最低生活保障制度统筹发展。建立健全合理兼顾各类人员的社会保障待遇确定和正常调整机制。完善社会保险关系转移接续政策,扩大参保缴费覆盖面,适时适当降低社会保险费率。研究制定渐进式延迟退休年龄政策。加快健全社会保障管理体制和经办服务体系。健全符合国情的住房保障和供应体系,建立公开规范的住房公积金制度,改进住房公积金提取、使用、监管机制。

健全社会保障财政投入制度,完善社会保障预算制度。加强社会保险基金投资管理和监督,推进基金市场化、多元化投资运营。制定实施免税、延期征税等优惠政策,加快发展企业年金、职业年金、商业保险,构建多层次社会保障体系。

积极应对人口老龄化,加快建立社会养老服务体系和发展老年服务产业。健全农村留守儿童、妇女、老年人关爱服务体系,健全残疾人权益保障、困境儿童分类保障制度。

(46) 深化医药卫生体制改革。统筹推进医疗保障、医疗服务、公共卫生、药品供应、监管体制综合改革。深化基层医疗卫生机构综合改革,健全网络化城乡基层医疗卫生服务运行机制。加快公立医院改革,落实政府责任,建立科学的医疗绩效评价机制和适应行业特点的人才培养、人事薪酬制度。完善合理分级诊疗模式,建立社区医生和居民契约服务关系。充分利用信息化手段,促进优质医疗资源纵向流动。加强区域公共卫生服务资源整合。取消以药补医,理顺医药价格,建立科学补偿机制。改革医保支付方式,健全全民医保体系。加快健全重特大疾病医疗保险和救助制度。完善中医药事业发展政策和机制。

鼓励社会办医,优先支持举办非营利性医疗机构。社会资金可直接投向资源稀缺及满足多元需求服务领域,多种形式参与公立医院改制重组。允许医师多点执业,允许民办医疗机构纳入医保定点范围。

坚持计划生育的基本国策，启动实施一方是独生子女的夫妇可生育两个孩子的政策，逐步调整完善生育政策，促进人口长期均衡发展。

## 十三　创新社会治理体制

创新社会治理，必须着眼于维护最广大人民根本利益，最大限度增加和谐因素，增强社会发展活力，提高社会治理水平，全面推进平安中国建设，维护国家安全，确保人民安居乐业、社会安定有序。

（47）改进社会治理方式。坚持系统治理，加强党委领导，发挥政府主导作用，鼓励和支持社会各方面参与，实现政府治理和社会自我调节、居民自治良性互动。坚持依法治理，加强法治保障，运用法治思维和法治方式化解社会矛盾。坚持综合治理，强化道德约束，规范社会行为，调节利益关系，协调社会关系，解决社会问题。坚持源头治理，标本兼治、重在治本，以网格化管理、社会化服务为方向，健全基层综合服务管理平台，及时反映和协调人民群众各方面各层次利益诉求。

（48）激发社会组织活力。正确处理政府和社会关系，加快实施政社分开，推进社会组织明确权责、依法自治、发挥作用。适合由社会组织提供的公共服务和解决的事项，交由社会组织承担。支持和发展志愿服务组织。限期实现行业协会商会与行政机关真正脱钩，重点培育和优先发展行业协会商会类、科技类、公益慈善类、城乡社区服务类社会组织，成立时直接依法申请登记。加强对社会组织和在华境外非政府组织的管理，引导它们依法开展活动。

（49）创新有效预防和化解社会矛盾体制。健全重大决策社会稳定风险评估机制。建立畅通有序的诉求表达、心理干预、矛盾调处、权益保障机制，使群众问题能反映、矛盾能化解、权益有保障。

改革行政复议体制，健全行政复议案件审理机制，纠正违法或不当行政行为。完善人民调解、行政调解、司法调解联动工作体系，建立调处化解矛盾纠纷综合机制。

改革信访工作制度，实行网上受理信访制度，健全及时就地解决群众合理诉求机制。把涉法涉诉信访纳入法治轨道解决，建立涉法涉诉信访依法终结制度。

（50）健全公共安全体系。完善统一权威的食品药品安全监管机构，建立最严格的覆盖全过程的监管制度，建立食品原产地可追溯制度和质量标识制度，保障食品药品安全。深化安全生产管理体制改革，建立隐患排查治理体系和安全预防控制体系，遏制重特大安全事故。健全防灾减灾救灾体制。加强社会治安综合治理，创新立体化社会治安防控体系，依法严密防范和惩治各类违法犯罪活动。

坚持积极利用、科学发展、依法管理、确保安全的方针，加大依法管理网络力度，加快完善互联网管理领导体制，确保国家网络和信息安全。

设立国家安全委员会，完善国家安全体制和国家安全战略，确保国家安全。

## 十四　加快生态文明制度建设

建设生态文明，必须建立系统完整的生态文明制度体系，实行最严格的源头保护制度、损害赔偿制度、责任追究制度，完善环境治理和生态修复制度，用制度保护生态环境。

（51）健全自然资源资产产权制度和用途管制制度。对水流、森林、山岭、草原、荒地、滩涂等自然生态空间进行统一确权登记，形成归属清晰、权责明确、监管有效的自然资源资产产权制度。建立空间规划体系，划定生产、生活、生态空间开发管制界限，落实用途管制。健全能源、水、土地节约集约使用制度。

健全国家自然资源资产管理体制，统一行使全民所有自然资源资产所有者职责。完善自然资源监管体制，统一行使所有国土空间用途管制职责。

（52）划定生态保护红线。坚定不移实施主体功能区制度，建立国土空间开发保护制度，严格按照主体功能区定位推动发展，建立国家公园体制。建立资源环境承载能力监测预警机制，对水土资源、环境容量和海洋资源超载区域实行限制性措施。对限制开发区域和生态脆弱的国家扶贫开发工作重点县取消地区生产总值考核。

探索编制自然资源资产负债表，对领导干部实行自然资源资产离任审计。建立生态环境损害责任终身追究制。

（53）实行资源有偿使用制度和生态补偿制度。加快自然资源及其产品价格改革，全面反映市场供求、资源稀缺程度、生态环境损害成本和修复效益。坚持使用资源付费和谁污染环境、谁破坏生态谁付费原则，逐步将资源税扩展到占用各种自然生态空间。稳定和扩大退耕还林、退牧还草范围，调整严重污染和地下水严重超采区耕地用途，有序实现耕地、河湖休养生息。建立有效调节工业用地和居住用地合理比价机制，提高工业用地价格。坚持谁受益、谁补偿原则，完善对重点生态功能区的生态补偿机制，推动地区间建立横向生态补偿制度。发展环保市场，推行节能量、碳排放权、排污权、水权交易制度，建立吸引社会资本投入生态环境保护的市场化机制，推行环境污染第三方治理。

（54）改革生态环境保护管理体制。建立和完善严格监管所有污染物排放的环境保护管理制度，独立进行环境监管和行政执法。建立陆海统筹的生态系统保护修复和污染防治区域联动机制。健全国有林区经营管理体制，完善集体林权制度改革。及时公布环境信息，健全举报制度，加强社会监督。完善污染物排放许可制，实行企事业单位污染物排放总量控制制度。对造成生态环境损害的责任者严格实行赔偿制度，依法追究刑事责任。

## 十五　深化国防和军队改革

紧紧围绕建设一支听党指挥、能打胜仗、作风优良的人民军队这一党在新形势下的强军目标，着力解决制约国防和军队建设发展的突出矛盾和问题，创新发展军事理论，加强军事战略指导，完善新时期军事战略方针，构建中国特色现代军事力量体系。

（55）深化军队体制编制调整改革。推进领导管理体制改革，优化军委总部领导机关职能配置和机构设置，完善各军兵种领导管理体制。健全军委联合作战指挥机构和战区联合作战指挥体制，推进联合作战训练和保障体制改革。完善新型作战力量领导体制。加强信息化建设集中统管。优化武装警察部队力量结构和指挥管理体制。

优化军队规模结构，调整改善军兵种比例、官兵比例、部队与机关比例，减少非战斗机构和人员。依据不同方向安全需求和作战任务改革部队编成。加快新型作战力量建设。深化军队院校改革，健全军队院校教育、部队训练实践、军事职业教育三位一体的新型军事人才培养体系。

（56）推进军队政策制度调整改革。健全完善与军队职能任务需求和国家政策制度创新相适应的军事人力资源政策制度。以建立军官职业化制度为牵引，逐步形成科学规范的军队干部制度体系。健全完善文职人员制度。完善兵役制度、士官制度、退役军人安置制度改革配套政策。

健全军费管理制度，建立需求牵引规划、规划主导资源配置机制。健全完善经费物资管理标准制度体系。深化预算管理、集中收付、物资采购和军人医疗、保险、住房保障等制度改革。

健全军事法规制度体系，探索改进部队科学管理的方式方法。

（57）推动军民融合深度发展。在国家层面建立推动军民融合发展的统一领导、军地协调、需求对接、资源共享机制。健全国防工业体系，完善国防科技协同创新体制，改革国防科研生产管理和武器装备采购体制机制，引导优势民营企业进入军品科研生产和维修领域。改革完善依托国民教育培养军事人才的政策制度。拓展军队保障社会化领域。深化国防教育改革。健全国防动员体制机制，完善平时征用和战时动员法规制度。深化民兵预备役体制改革。调整理顺边海空防管理体制机制。

## 十六  加强和改善党对全面深化改革的领导

全面深化改革必须加强和改善党的领导，充分发挥党总揽全局、协调各方的领导核心作用，建设学习型、服务型、创新型的马克思主义执政党，提高党的领导水平和执政能力，确保改革取得成功。

（58）全党同志要把思想和行动统一到中央关于全面深化改革重大决策部署上来，正确处理中央和地方、全局和局部、当前和长远的关系，正确对待利益格局调整，充分发扬党内民主，坚决维护中央权威，保证政令畅通，坚定不移实现中央改革决策部署。

中央成立全面深化改革领导小组，负责改革总体设计、统筹协调、整体推进、督促落实。

各级党委要切实履行对改革的领导责任，完善科学民主决策机制，以重大问题为导向，把各项改革举措落到实处。加强各级领导班子建设，完善干部教育培训和实践锻炼制度，不断提高领导班子和领导干部推动改革能力。创新基层党建工作，健全党的基层组织体系，充分发挥基层党组织的战斗堡垒作用，引导广大党员积极投身改革事业，发扬"钉钉子"精神，抓铁有痕、踏石留印，为全面深化改革作出积极贡献。

（59）全面深化改革，需要有力的组织保证和人才支撑。坚持党管干部原则，深化干部人事制度改革，构建有效管用、简便易行的选人用人机制，使各方面优秀干部充分涌现。发挥党组织领导和把关作用，强化党委（党组）、分管领导和组织部门在干部选拔任用中的权重和干部考察识别的责任，改革和完善干部考核评价制度，改进竞争性选拔干部办法，改进优秀年轻干部培养选拔机制，区分实施选任制和委任制干部选拔方式，坚决纠正唯票取人、唯分取人等现象，用好各年龄段干部，真正把信念坚定、为民服务、勤政务实、敢于担当、清正廉洁的好干部选拔出来。

打破干部部门化，拓宽选人视野和渠道，加强干部跨条块跨领域交流。破除"官本位"观念，推进干部能上能下、能进能出。完善和落实领导干部问责制，完善从严管理干部队伍制度体系。深化公务员分类改革，推行公务员职务与职级并行、职级与待遇挂钩制度，加快建立专业技术类、行政执法类公务员和聘任人员管理制度。完善基层公务员录用制度，在艰苦边远地区适当降低进入门槛。

建立集聚人才体制机制，择天下英才而用之。打破体制壁垒，扫除身份障碍，让人人都有成长成才、脱颖而出的通道，让各类人才都有施展才华的广阔天地。完善党政机关、企事业单位、社会各方面人才顺畅流动的制度体系。健全人才向基层流动、向艰苦地区和岗位流动、在一线创业的激励机制。加快形成具有国际竞争力的人才制度优势，完善人才评价机制，增强人才政策开放度，广泛吸引境外优秀人才回国或来华创业发展。

（60）人民是改革的主体，要坚持党的群众路线，建立社会参与机制，充分发挥人民群众积极性、主动性、创造性，充分发挥工会、共青团、妇联等人民团体作用，齐心协力推进改革。鼓励地方、基层和群众大胆探索，加强重大改革试点工作，及时总结经验，宽容改革失误，加强宣传和舆论引导，为全面深化改革营造良好社会环境。

全党同志要紧密团结在以习近平同志为总书记的党中央周围，锐意进取，攻坚克难，谱写改革开放伟大事业历史新篇章，为全面建成小康社会、不断夺取中国特色社会主义新胜利、实现中华民族伟大复兴的中国梦而奋斗！

# 参考文献

## 一 中文文献

［英］布赖恩·科伊尔：《公司治理手册》，周清杰译，中国财政经济出版社2007年版。

柴美群：《公司治理模式再造研究——以信息对称为视角》，《技术经济与管理研究》2014年第3期。

柴美群：《公司治理研究：长效监督和信息公开》，电子科技大学出版社2016年版。

柴美群、刘爱英：《信息对称理论架构创新研究》，《商业时代》2014年第1期。

柴美群、杨文会：《信息对称下公司审计转型研究——兼论国有企业财务信息公开》，《财会通讯》2014年第8期。

柴美群、赵益朝：《信息对称技术研究》，《现代商贸工业》2013年第24期。

陈一夫：《公司治理效率：对完善激励约束机制的探询》，硕士学位论文，吉林大学，2005年。

程文浩：《预防腐败》，清华大学出版社2011年版。

崔勇：《谈如何落实国有企业基层纪检组织监督责任》，《才智》2017年第12期。

樊纲：《论当前国有企业产权关系的改革》，《改革》1995年第1期。

樊行健、宋仕杰：《企业内部监督模式的内涵与生成机理》，《财会学习》2011年第10期。

付琛瑜：《论完善国有企业经营者行为内部法律监督制衡机制》，《河南商业高等专科学校学报》2006年第1期。

高明华、杜雯翠：《国有企业负责人监督体系再解构：分类与分层》，《改革》2014年第12期。

高四维：《亿元国有资产"公转私"黑幕是如何揭开的》，《中国青年报》2015年9月7日第1版。

高旭军：《"公司监督机制失衡症"和独立董事》，《南开学报》2003年第1期。

郭洪英、胡斌：《我国国有企业职业经理人激励约束机制创新研究——基于委托—代理理论》，《上海工程技术大学教育研究》2015年第2期。

郭媛媛：《公开与透明：国有大企业信息披露制度研究》，经济管理出版社2012年版。

郭媛媛、周伟贤：《国有企业信息披露制度的国际比较和启示》，《未来与发展》2010年第4期。

韩烨：《国有企业公司治理研究》，硕士学位论文，吉林大学，2013年。

郝云宏、王从芳：《我国公司治理结构的缺陷及改进》，《现代管理科学》2005年第2期。

黄群慧：《企业家激励约束与国有企业改革》，经济管理出版社2000年版。

黄群慧、李春琦：《报酬、声誉与经营者长期化行为的激励》，《中国工业经济》2001年第1期。

黄速建、金书娟：《中国国有资产管理体制改革30年》，《经济管理》2009年第1期。

解冲：《完善公司治理的外部因素——对美国的考察和我国的借鉴》，《江苏商论》2003年第12期。

金美月、王晓云：《论国有企业内部控制存在的问题及对策》，《商场现代化》2015年第1期。

金雪军、余津津：《"股票期权"激励机制与国有企业改革》，《管理世界》2000年第5期。

剧锦文：《公司治理理论的比较分析——兼析sane公司治理理论的异同》，《宏观经济研究》2008年第6期。

孔峰、李念：《国有企业经理人外部监督博弈模型和机制研究》，《商业研究》2014 年第 5 期。

孔玉生、苗晴、宋文阁：《试论国有企业财务信息公开披露管理》，《建设服务型政府的理论与实践研讨会暨中国行政管理学会 2008 年年会论文集》，北京，2008 年 10 月。

雷晓艳：《内部审计与持续监督》，《中国管理信息化》2011 年第 7 期。

李福永：《新时代国有企业"三重一大"决策监督机制的探索与思考》，《领导科学》2018 年第 5 期。

李海英：《会计信息不对称以及治理》，《企业导报》2011 年第 17 期。

李济广：《企业治理体制中的国有企业监督制约机制：基于案例的研究》，《上海大学学报》2011 年第 7 期。

李勤：《公司治理中的监督机制》，《董事会》2007 年第 8 期。

李文宣：《国有企业内部审计监督与纪检监察的职能融合》，《财会学习》2018 年第 1 期。

李玉函：《关于我国国有企业改革背景下审计监督全覆盖的几点思考》，《商业会计》2017 年第 2 期。

李宗勇：《公司外部监督制度与理论的思考及批判》，《商业研究》2004 年第 3 期。

厉以宁：《中国经济双重转型之路》，中国人民大学出版社 2013 年版。

林天宇：《关于在基层国有企业构建立体化"大监督"体系的思考》，《现代国有企业研究》2017 年第 12 期。

林毅夫等：《充分信息与国有企业改革》，上海人民出版社 1997 年版。

林毅夫、李周：《现代企业制度的内涵与国有企业改革方向》，《经济研究》1997 年第 3 期。

林毅夫、谭国富：《自生能力、政策性负担、责任归属和预算软约束》，《经济社会体制比较》2000 年第 4 期。

刘汉永：《关于国有企业构建"大监督"体系的思考》，《当代石油石化》2017 年第 12 期。

刘江燕：《基于新常态下完善国有企业审计监督的现实需求及对策建

议》,《审计与理财》2017年第5期。

刘李胜、刘铮:《上市公司激励约束机制——设计、比较和选择》,经济科学出版社2012年版。

刘社建:《国有企业监督机制的演进与变迁》,《上海经济研究》2013年第1期。

刘银国:《国有企业公司治理问题研究》,博士学位论文,合肥工业大学,2006年。

刘征宇:《国有企业内部监督约束机制研究》,《管理科学文摘》2002年第6期。

吕鸿江:《建立有效的激励机制、约束机制是完善公司治理结构的关键》,《现代管理科学》2003年第3期。

马咏华:《对代理人的信息激励与提高公司治理效率关系研究》,《上海经济研究》2004年第7期。

[美] 玛格丽特·M. 布莱尔:《所有权与控制——面向21世纪的公司治理探索》,张荣刚译,中国社会科学出版社1995年版。

聂宏光:《新形势下"新、老三会"的职能与定位》,《理论界》2011年第1期。

欧婷:《我国公司监督机制现状分析》,《内江科技》2009年第2期。

欧婷:《我国上市公司监督机制的完善与发展》,硕士学位论文,西安建筑科技大学,2009年。

潘广洲:《国有企业改革之要——健全国有企业法人治理结构》,《企业改革与管理》2015年第12期。

秦荣生:《国有企业监督的机构设置和制度安排研究》,《审计研究》2003年第6期。

邱杰:《查"病根"开"药方"》,《中国纪检监察报》2018年6月20日第5版。

孙耀吾、周湘峰:《经营者激励约束均衡机制与企业治理模式》,《现代财经》2003年第9期。

谭冰:《国有企业监督执纪"四种形态"的运用分析》,《人力资源管理》2018年第4期。

谭鹏:《完善公司治理结构下的独立董事制度》,《市场周刊》(理论研究)2007年第3期。

田志龙：《经营者监督与激励——公司治理的理论与实践》，中国发展出版社1999年版。

佟福全：《新西兰、新加坡国有企业改革及其共同规律性》，《管理世界》1997年第4期。

王炳文：《从委托代理理论视角论继续深化国有企业改革》，《求实》2014年第6期。

王崇洁：《试论新时期国有企业财务管理与内部控制体系的建设》，《人力资源管理》2018年第4期。

王继强：《关于金融危机环境下民营企业公司治理与内控有效性问题的研究》，中国会计学会高等工科院校分会2009年学术会议（第十六届学术年会），北京，2009年10月。

王庆娟：《中国经济转轨中的公司治理：发展的视角》，经济科学出版社2013年版。

王胜洲、柴美群：《基于博弈的企业财务信息披露质量研究》，《企业活力》2012年第5期。

王世权、王丹：《公司治理制度变迁的驱动因素与约束条件——基于国有企业内部监督制度演化的案例分析》，《产业经济评论》2011年第9期。

温胜精：《内部控制制度缘何失效———起舞弊案例引发的思考》，《中国内部审计》2005年第12期。

吴金群：《国有企业治理结构变迁及其政治根源（1978—2008）》，《江海学刊》2008年第3期。

吴敬琏：《现代公司与企业改革》，天津人民出版社1994年版。

吴晓巍：《会计信息失真·国有企业监督·财务监督委派制——兼评会计委派制的几种理论解释》，《会计研究》2002年第6期。

吴泽桐、吴亦湖：《国有企业经营管理者激励现状分析与问题对策》，《经济管理》2001年第9期。

奚祥英：《完善国有企业改制的监督制约机制——企业外部监督制约机制的制度性措施》，《武汉交通科技大学学报》1999年第2期。

席酉民、项兵、刘志峰：《我国企业监督机制的探讨》，《管理工程学报》1994年第2期。

肖黎：《独立董事制度与公司业绩：来自中国上市公司的证据》，《南京审计学院学报》2004 年第 2 期。

许自飞：《央企外部协同监督法律支持研究》，《合作经济与科技》2017 年第 8 期。

薛有志、马程程：《国有企业监督制度的"困境"摆脱与创新》，《改革》2018 年第 3 期。

严复海：《监控机制与公司治理》，《甘肃社会科学》2002 年第 6 期。

阳桂桃、肖卫宏：《国有企业内部监督资源整合与协调机制研究》，《企业改革与管理》2015 年第 9 期。

杨水利：《国有企业经营者激励与监督机制》，科学出版社 2011 年版。

杨肃昌：《国有企业财务监督机制研究》，中国财政经济出版社 2003 年版。

杨贞武、田耀贵：《建立国有企业内部监督体系的探索与实践》，《企业管理》2016 年第 12 期。

叶连松：《推进供给侧结构性改革：振兴实体经济》，中国经济出版社 2017 年版。

于敏：《谈企业的外部监督机制》，《山西财税》2005 年第 7 期。

［西］泽维尔·维夫斯：《公司治理：理论与经验研究》，张定胜等译，中国人民大学出版社 2006 年版。

张桂芳：《以"管资本"为主的国有资产监管改革路径与措施——对上海市国有企业中高级管理人员的调研思考》，《西部论坛》2017 年第 7 期。

张慧：《国有企业外部监督机制研究》，硕士学位论文，福建师范大学，2014 年。

张阮容：《新常态下国有企业内部监督机构整合研究》，《商业会计》2017 年第 6 期。

张维迎：《企业理论与中国企业改革》，北京大学出版社 1999 年版。

张文魁：《改革开放以来国有资产管理体制演进及走向评估》，《改革》2008 年第 12 期。

赵红茂：《公司治理：形成有效的监督约束与激励机制》，《现代企业》2002 年第 12 期。

赵蕾：《国有企业会计监督机制存在的问题及创新》，《中国商论》

2017年第6期。

郑峰:《论新形势下国有企业重大经济事项应对策略》,《现代国有企业研究》2016年第8期。

郑石桥、李曼、郑卓:《国有企业监督制度"稻草人"现象——一个制度协调理论架构》,《北京师范大学学报》2013年第9期。

周婷:《国有企业信息披露的现状、原因及对策》,《经济论坛》2014年第1期。

朱慈蕴等:《公司内部监督机制——不同模式在变革与交融中演进》,法律出版社2007年版。

邹燕秋:《建立对国有企业管理者的全方位监督网络》,《学习论坛》2001年第2期。

## 二 英文文献

Aghion, P. and Bolton, P., "An Incomplete Contract Approach to Financial Contracting", *Review of Economic Studies*, 1992, (59): 473-494.

Aghion, P. and Tirole, J., "Formal and Real Authority in Organization", *Journal of Political Economy*, 1997, 105 (1): 1-29.

Akerlof, George A., "The Market for 'Lemons': Quality Uncertainty and the Market Mechanism", *The Quarterly Journal of Economics*, 1970, 84 (3): 488-500.

Banaga, A., "Conceptual Framework for Corporate Governance and Effective Management", *Corporate Governance*, 1995, (5): 27.

Berle, A. J. R. and Means, G., *The Modern Corporation and Private Property*, New York: MacMillan, 1932.

Blair, Margaret M., *Ownership and Control: Rethinking Corporate Governance for the Twenty-First Century*, Washington: Brooking Institution, 1995.

Cadbury, A., "The Cadbury Report: The UK Perspective", Keynote Address to the First Asian-Pacific Corporate Governance Conference, 1993.

Coase, Ronald H., "The Nature of the Firm", *Economics*, 1937.

Cochran, Philip P. and Wartick, Steven L., "Corporate Government: A Literature Review", USA: Financial Executives Research Foundation, 1998.

Colin, Mayer, "Corporate Governance in Market and Transition Economies", For Presentation at the International Conference Chinese Corporate Governance, Shanghai, 1995.

Fama, Eugene F. and Jensen, Michael C., "Separation of Ownership and Control", *Journal of Law and Economics*, 1983, (6): 301-349.

Gilson, R. J. and M. J. Roe, "Understanding the Japanese Keiretsu: Overlaps between Corporate Governance and Industuial Organization", *The Yale Law Journal*, 1993, (102): 871-906.

Goergen, M. and L. Renneboog, *Corporate Governance and Shareholder Value*, Blacewell Publishing, 2006.

Goldman, E. and Slezak, S. L., "An Equilibrium Model of Incentive Contracts in the Presence of Information Manipulation", *Journal of Financial Economics*, 2006, 80 (3): 603-626.

Harsanyi, John C., "Games with Incomplete Information Played by Bayesian Players, I: Basic Model", *Management Science*, 1967, 14 (3): 159-182.

Hart, O. and Holmstrom, B., "The Theory of Contracts", in T. Bewley, ed., *Advances in Economic Theory*, Cambridge: Cambridge University Press, 1987.

Hart, Olive, "Corporate Governance: Some Theory and Implications", *The Economic Journal*, 1995, (105): 678-689.

Hart, Oliver, *Firms, Contracts, Financial Structure*, Oxford University Press, 1995.

Hay, Donald and Guy S. Liu, "The Efficiency of Firms: What Difference Does Competition Maket?", *The Economic Journal*, 1997, 107 (442): 597-617.

Jensen and Meckling, "Rights and Production Functions: An Application of Labor-Managed Firms and Co-Determination", *Journal of Business*, 1979, (52): 469-506.

La Porta, R., F. Lopez-De-Silances, A. Shleifer, "Corporate Ownership around the World", *Journal of Finance*, 1999, 54 (2): 417-518.

La Porta, R., F. Lopez-De-Silances, A. Shleifer, R. W. Vishny, "Law and Finance", *Journal of Political Economy*, 1998, 106 (6): 1131-1155.

Martin, Stepher and David Parker, *The Impact of Privatization-Ownership and Corporate in the UK*, Rontledge, 1997.

Miller, Merton H., "Do the M&M Propositions Apply to Banks?", *Journal of Banking and Finance*, 1995, (19): 3-4.

Mirrlees, James A., "An Exploration in the Theory of Optimum Income Taxation", *Review of Economic Studies*, 1971, 38 (2): 175-208.

NACD Blue Ribbon Commission, "Performance Evaluation of CEO, Boards and Directors", USA: National Association of Corporate Directors, 1994.

Nash, John F., "Equilibrium Points in N-Person Games", *Proceedings of the National Academy of Sciences*, 1950, 36 (1): 48-49.

Niedenhoff, H.-U., *Mitbestimmung in der Bundesreplik Deutschland*, 10. Aufl. Koeln: Deutschlander Instituts-Verlag, 1995.

Radin, Tara J., "700 Families to Feed: The Challenge of Corporate Citizenship", *Vanderbilt Journal of Transnational Law*, 2003, 36 (1): 619-671.

Roe, Mark J., "Political Foundations for Separating Ownership from Corporate Control", *Stanford Law Review*, 2000, 53 (3): 539-606.

Selten, Reinhard, "Re-Examination of Perfectness Concept for Equilibrium Points in Extensive Games", *International Journal of Game Theory*, 1975, (4): 25-55.

Shleifer, A. and R. Vishny, "A Survey of Corporate Governance", *Journal of Finance*, 1997, 52 (2): 737-783.

Simon, Herbert A., *Administrative Behavior*, New York, NY: Macmillan, 1947.

Spence, Michael, "Job Market Signaling", *Quarterly Journal of Economics*, 1973, 87 (3): 355-374.

Stiglitz, Joseph E. and Rothschild, Michael, "Equilibrium in Competitive Insurance Markets: An Essay on the Economics of Imperfect Information", *The Quarterly Journal of Economics*, 1976, 90 (4): 630-649.

Tittenbrun, Jacek, *Private versus Public Enterprises*, London: Janus Publishing Company, 1996.

Tricker, Robert I., *Corporate Governance*, Gower Publishing Company

Limited, 1984.

Williamson, O. , *Markets and Hierarchies*: *Analysis and Antitrust Implications*, New York: Free Press, 1975.

Vickrey, William S. , "Counterspeculation, Auctions and Competitive Sealed Tenders", *Journal of Finance*, 1961, 16 (1): 8-37.

Vicker, J. , "Concept of Competition", *Oxford Economic Paper*, 1996, 1.

Zajac, E. J. and Wesphal, J. D. , "The Costs and Benefits of Managerial Incentives and Monitoring in Large U. S. Corporations: When is More Not Better?", *Strategic Management Journal*, 1994, (15): 121-142.

# 后　　记

　　国有企业因信息不对称引发的高管腐败、资产流失和事后监督弊端，说明只要存在信息不对称，委托代理双方就不可能实现均衡，外部监督倍感无奈。本书提出了实现信息对称的"九一十五"方案，通过信息对称方案实现企业的事中监督，进而遏制代理人腐败，防止国有资产流失，强化公司治理。

　　本书是 2017 年度河北省社会科学发展研究重点课题"基于信息对称的国有企业外部监督的创新性研究"（课题编号：201702120205）的主要研究成果之一。本书获得河北经贸大学学术著作出版基金资助。

　　回顾整个研究过程，感慨万千。两年来，本人和团队成员不敢有丝毫懈怠，查阅资料、实地调研、实验研究、方法论证、数据分析，汇集众多的艰辛与努力。

　　在课题研究过程中乃至本书稿的撰写完成，都得到了来自多方面的鼓励和帮助，汇聚了众多学者、前辈、同人的无私支持。特别是原中共中央委员、中共河北省委书记叶连松老领导老前辈在百忙中审阅书稿目录提出宝贵意见，并欣然为本书作序。他深刻论述了深化国有企业改革、建立健全完善的法人治理结构和我国大型国有企业实施的现代企业制度所面临的问题，阐发了自己的见解和观点，并对本书的内容作了全面而深刻的述评，给予高度评价，在此表示衷心的感谢！同时，感谢我的同事给予的宝贵意见和指导建议；感谢我的朋友们，在迷惑时给予的鼓励；感谢我的家人，对我一如既往的理解和支持。

　　在本书的出版过程中，得到了中国社会科学出版社的鼎力支持，在此一并表示衷心的感谢。

　　最后，对所有在课题构思、申报、研究、出版过程中给予无私帮助的学者、同人、朋友表示深深的感谢与祝福，祝愿他们永远与安康、幸福、成就相伴。

希望本书能引发众多前辈、专家学者的兴趣和关注，在本领域的研究上集思广益，求得更大突破。书稿虽出，而心有余悸，由于知识、经验和水平有限，本书在理论和方法上仍存在许多不足，诚请各位学者、同人和广大读者不吝赐教、批评指正。

柴美群

2018 年 12 月 28 日